Friedrichs

PalmPilot

echt einfach

D1993403

Jakob Friedrichs

PalmPilot

echt einfach

Das kinderleichte Computerbuch

Mit 196 Abbildungen

Franzis'

Die Deutsche Bibliothek – CIP-Einheitsaufnahme

Ein Titeldatensatz für diese Publikation ist bei
Der Deutschen Bibliothek erhältlich

Herausgeber: Natascha Nicol / Ralf Albrecht

© 2001 Franzis´ Verlag GmbH, 85586 Poing

Alle Rechte vorbehalten, auch die der fotomechanischen Wiedergabe und der Speicherung in elektronischen Medien.

Die meisten Produktbezeichnungen von Hard- und Software sowie Firmennamen und Firmenlogos, die in diesem Werk genannt werden, sind in der Regel gleichzeitig auch eingetragene Warenzeichen und sollten als solche betrachtet werden. Der Verlag folgt bei den Produktbezeichnungen im wesentlichen den Schreibweisen der Hersteller.

Satz: Nicol/Albrecht, Frankfurt
Druck: Offsetdruck Heinzelmann, München
Printed in Germany - Imprimé en Allemagne.

ISBN 3-7723-6515-9

Vorwort

Möchten Sie gerne schnell und ohne Frust mit Ihrem PalmPilot umgehen können? Dann ist dieses Buch genau das richtige für Sie. Sie werden hier Schritt für Schritt mit vielen anschaulichen Beispielen an den Umgang mit dem PalmPilot herangeführt.

Wie in allen **echt-einfach**-Büchern gibt es eine Comicfigur als Führer, die Ihnen über die ersten Klippen beim Umgang mit dem Programm hilft. Sie steht Ihnen mit Tipps und Tricks zur Seite und ermöglicht so einen problemlosen Einstieg.

Die **kinderleichten Computerbücher** der echt-einfach-Reihe sind keineswegs Kinderbücher. In allen Büchern werden Funktionen und Möglichkeiten des Programms kompetent erklärt. Dabei konzentrieren sich die Autorinnen und Autoren auf das, was Sie wirklich brauchen. Überflüssiger Ballast wird weggelassen.

Ohne PC-Chinesisch oder Technogeschwafel, dafür aber leicht verständlich, ermöglichen Ihnen die echt-einfach-Bücher sehr schnell den sicheren Umgang mit dem Computer und den Programmen.

Inhaltsverzeichnis

1 Willkommen an Bord und guten Flug

Vor Ihnen liegt der kleine Kasten mit der Aufschrift Palm. Vielleicht steht eine III dahinter oder eine V, vielleicht auch m500 oder m505 – was auch immer, wichtig ist das Wörtchen Palm. Etwas futuristisch sieht der Kleine schon aus, nicht wahr? Fast wie ein Gerät, das die Enterprise von einem fernen Planeten mitgebracht hat. Aber vielleicht erstaunt es Sie ja zu hören, dass der kleine Kasten tatsächlich selbst ein Raumschiff ist, das dazu entwickelt wurde, Ihr Leben in eine neue Dimension zu befördern.

Fackeln Sie nicht lange. Steigen Sie ein!

1.1 Gestatten: Phil, Ihr Pilot

Ich begrüße Sie an Bord und wünsche Ihnen einen guten Flug. Mein Name ist Phil und ich werde Ihnen als Ihr Pilot während dieser aufregenden Reise ins Palm-Universum mit Rat und Tat zur Seite stehen. Das Aufregendste daran ist, dass Sie nicht bloß Champagner schlürfend in Ihrem Sessel sitzen werden, während Ihnen ein paar hochgewachsene Stewardessen von der Venus Essen reichen. Nein, wo denken Sie hin? Sie sind doch nicht nur zum Vergnügen hier, oder? Das Aufregendste ist, dass Sie sich nach unserem kleinen Ausflug in die unendliche Weite jener neuen Galaxie ohne Probleme selbst als Captain an die Instrumente Ihres eigenen PalmPilot setzen können.

Denn alles, was ich Ihnen hier zeige, wird Schritt für Schritt erklärt, so dass Sie es sofort ausprobieren können und dabei die vielen Funktionen der kleinen Wundermaschine spielend kennen lernen. Hatte ich eben nicht noch behauptet, dass Sie den Flug nicht zum Spaß machen? Passen da Wörter wie »spielend« überhaupt? Aber sicher! Denn erstens sprach ich davon, dass Sie unseren Flug nicht <u>nur</u> zum Spaß angetreten haben (was beinhaltet, dass er eine ganze Menge Spaß bringen wird) und zweitens reden wir hier vom Palm, dem erfolgreichsten elektronischen »Erwachsenenspielzeug« aller Zeiten. In den ersten beiden Jahren nach

Markteinführung wurden über zwei Millionen Stück verkauft – das haben nicht mal Walkmänner oder der Videorecorder fertig gebracht! Und eine gewisse spielerische Qualität kann man dem Palm nun auch wirklich nicht absprechen. Genauso wenig wie seinen unglaublich hohen Nutzen für unzählige Bereiche in Beruf und Alltag.

Dieses Buch ist dafür geschrieben worden, Ihnen das Universum des PalmPilots in echt einfacher und unterhaltsamer Weise nahe zu bringen. Und machen Sie sich keine Sorgen, auch wenn wir uns auf der Reise in eine fremde Galaxie befinden, brauchen Sie Ihre Klingonisch-Kenntnisse nicht aufzufrischen. Auf meinen langen Flügen durchs All hatte ich genügend Zeit, mir jegliches Technikkauderwelsch abzugewöhnen. Das braucht kein Mensch. Der kleine Kasten soll so schnell wie möglich Ihr täglicher Freund und Helfer werden, darum geht es – und dabei bleibt es! »Und das alles auf nur 256 Seiten?« fragen Sie ungläubig. Versprochen ist versprochen, mehr braucht es nicht!

Die Bedienung des Palms ist leichter als Sie sich vielleicht vorstellen. Und ich habe eine Menge Tipps und Tricks zusammengetragen, die Ihnen die Navigation noch einfacher gestalten werden. Natürlich gibt es auch Wege, die man nicht beschreiten sollte. Aber keine Angst, hiervor werde ich natürlich ausdrücklich warnen. Damit Sie weder Tipps und Tricks noch die Warnungen übersehen, sind sie folgendermaßen gekennzeichnet:

Ein Tipp oder Trick

Wer wünscht sich keine Erleichterungen im Leben ...? Aufgepasst, an solchen Stellen finden Sie hierzu nützliche Details.

Warnung

Bei diesem Zeichen sollten Sie besser hinsehen! Hier steht, wie Sie sich Ärger vom Hals halten können.

1.2 PalmPilot – was ist das?

Ein PalmPilot ist ein so genannter PDA – ein Personal Digital Assistent. Klingt gut, was? Mir allerdings immer noch zu außerirdisch. Sehen wir uns das Ding doch erst mal an.

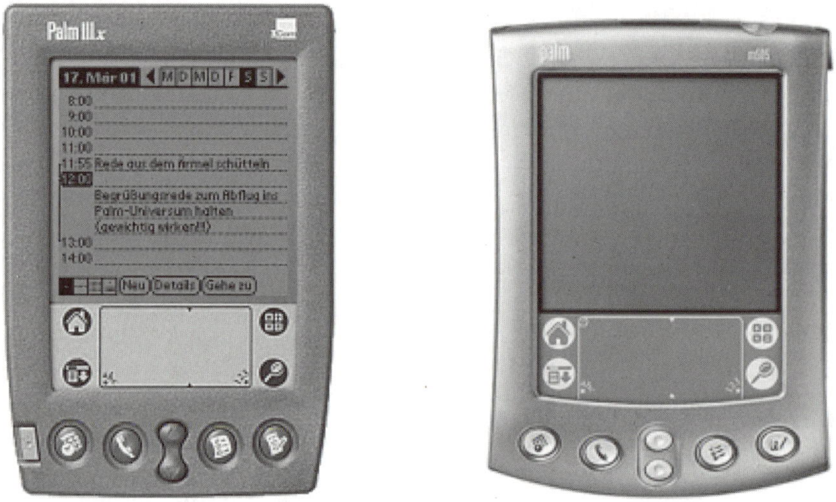

Bild 1.1: Links: Palm IIIx; rechts: das neuste Modell, Palm m505

Einen Eindruck gewonnen? Alles klar.

Das Wunderwerkzeug namens Palm ist ein äußerst leistungsfähiger Computer für die Westentasche. Er ist eine tragbare und vor allen Dingen handliche Plattform für alle Daten, die Sie im täglichen Leben benötigen – und dabei nur unwesentlich größer als ein Schokoriegel.

Aber – halt! Zertrümmern Sie nicht gleich Ihren PC oder Mac, es gibt nämlich durchaus Dinge, die Ihr Schreibtischrechner immer noch besser kann. Der Palm vermag eine Menge – und wenn ich

Menge sage, meine ich das auch! Wenn ich aber z.B. im Internet surfen will, schalte ich trotzdem lieber meinen PC an, weil das einfach komfortabler ist. Geht es allerdings darum, eine Adresse zu finden, mich durch ein Signal an einen Termin zu erinnern oder unterwegs einen Budgetplan aufzustellen, dann ist mein kleiner Freund Palm ungeschlagen.

Den PalmPilot gibt es in verschiedenen Modellen und Ausführungen. Oben haben wir uns bereits Palm III und m505 angesehen, wobei der Palm m505 das neuste Modell ist. Die ersten beiden Palms, die 1996 auf den Markt kamen, waren die Modelle 1000 und 5000 und sorgten mit ihrer hohen Funktionalität für eine kleine Sensation. Aber natürlich hat sich seither eine Menge getan und die Funktionen wurden erweitert. Welche Version Sie besitzen, sehen Sie auf der linken oberen Gehäuseseite Ihres Geräts. Ich kann an dieser Stelle nicht auf alle Unterschiede zwischen den Modellen oder ihren einzelnen Ausführungen eingehen. Aber seien Sie getrost, selbst wenn Sie ein älteres Modell besitzen, bedeutet das nicht, dass Sie während unseres Trips ins Palm-Universum auf dem Trockenen sitzen. Denn das Schöne am PalmPilot ist, dass er seine Grundfunktionen immer beibehält.

Wenn ich vom Palm spreche, gilt es immer für alle Versionen. Sage ich, dass etwas für Palm III gilt, dann bedeutet es, dass es automatisch alle Versionen ab III und darüber einschließt (also III, IIIx, IIIxe, IIIc – der III'er mit dem farbigen Display, oh lala! -, V, Vx, m500 etc). Genauso ist es, wenn ich vom Palm V spreche. Dann dürfen sich natürlich auch die angesprochen fühlen, die stolzer Besitzer eines Palm aus der aktuellen m500-Reihe sind. Aber kennzeichne ich etwas als zu Palm V gehörig, dann bedeutet es, dass jeder, der mit einem älteren Bruder arbeitet, weiterblättern kann, weil es ihn nicht betrifft. Alternativ dazu steht es ihm natürlich frei, sich ein neues Modell zu kaufen ...

Falls Sie sich fragen, wo Palm IV abgeblieben ist, muss ich Sie enttäuschen: Sie haben mich nicht bei einem Fehler ertappt. Nein! Das 4'er Modell gibt es nicht. Und zwar aus einem lustigen Grund. Im asiatischen Raum wird die Zahl Vier als Unglückszahl angesehen. Und da die Firma Palm Inc. natürlich ein Interesse daran hat, den einen oder anderen Palm in dieser Region loszuwerden, hat man sich eben entschlossen, so zu tun, als hätte man sich verzählt.

Alles OS – oder was?

Dann ist da noch die Sache mit dem Betriebssystem ... Erinnern Sie sich, wie Sie früher auf Ihrem PC mit *Windows 3.1* gearbeitet haben? Damals dachte man, das kann schon eine Menge, nicht wahr? Aber bis heute hat sich hier viel getan, und der Funktionsumfang eines neuen Betriebssystems ist kaum mit einem alten zu vergleichen (wenn es auch immer noch genauso gerne abstürzt). Beim PalmPilot ist das nicht anders (die Entwicklung meine ich, nicht die Abstürze – hier werden Sie die freudige Entdeckung machen, dass Ihr Palm Sie weitestgehend davor verschont).

Das Betriebssystem des PalmPilots nennt sich OS (kommt vom englischen Ausdruck Operating System) und die Versionshöhe lässt sich an seiner Nummer ablesen. Aktuell ist die OS-Version 3.5, von der ich auch ausgehen werde. Wenn Sie also mal einen Eintrag auf Ihrem Palm nicht so vorfinden, wie ich ihn beschreibe, dann beschweren Sie sich nicht gleich bei der Raumfahrtbehörde. Es ist gut möglich, dass eine ältere OS-Version auf Ihrem Palm läuft, die einen geringeren Funktionsumfang aufweist. Und soweit möglich, werde ich auf Versionsunterschiede hinweisen. Erwarten Sie aber bitte keine Wunder von mir – das Buch hat auch nur 256 Seiten.

Aber eine gute Nachricht habe ich noch für Sie. Ein Palm lässt sich aufrüsten – sprich, Sie haben die Möglichkeit, sein Betriebssystem auf den neusten Stand zu bringen. Wie das funktioniert, erklärt Ihnen Kapitel 14.

1.2.2 Was kann Ihr Palm?

Allein die Grundausstattung ist zu beinahe unzähligen Aktionen fähig. An dieser Stelle will ich nur die gängigsten aufführen:

- Vollelektronischer Kalender mit Erinnerungsfunktion,
- komfortable Adressverwaltung,
- Aufgabenlisten und Merkzettelfunktionen,
- E-Mails lesen und schreiben,
- Taschenrechner,
- Datensicherung und Datenaustausch mit PC oder Mac per Knopfdruck,
- Funktionserweiterung durch zahllose, vielfach kostenlos erhältliche Software,

- ab Palm III: Bequemer mobiler Datenaustausch zwischen zwei Palms über die integrierte Infrarotschnittstelle.

1.3 Wo geht der Flug hin? Ausblick auf das Palm-Buch

Will man ein neues Universum erkunden, ist es klug, sich vorher mit den dortigen Gepflogenheiten vertraut zu machen. So kann man vermeiden, in schallendes Gelächter auszubrechen, wenn man den ersten Marsianer vor sich hat, bloß weil der ein Knirps ist und eine ungewohnte Hautfarbe besitzt. In dieses Mars-Fettnäpfchen tritt nur, wer sich vorher nicht klar macht, dass er zum Planeten der kleinen grünen Männchen unterwegs ist.

In diesem Sinn habe ich auch dieses Buch konzipiert. Ich werde Ihnen die unbekannte Welt des PalmPilots nach und nach in ganzer Tiefe erschließen. Nach den ersten eigenen Gehversuchen und einem eher allgemeinen Überblick in Kapitel 2 tauchen wir von Kapitel 3 bis 9 in alle Funktionen Ihres Palms ein. Es wurde ja bereits erwähnt, dass der Palm ein Raumschiff ist, der Ihr Leben in eine neue Dimension schießen kann. Aber das tut er natürlich nur, wenn Sie ihn auch benutzen – wofür wiederum unerlässlich ist, dass Sie über das »Wie« Bescheid wissen.

Ihr Palm ist jedoch nicht nur unterwegs in der Westentasche ein Ass, sondern genauso vorzüglich in der Zusammenarbeit mit dem PC oder Mac. Er bringt dafür sogar eigene Software mit, arbeitet aber genauso entschlossen mit einer gängigen Clientsoftware wie *MS Outlook* zusammen. Machen Sie sich keine Gedanken, wie das wohl funktionieren kann. Eins nach dem Anderen – darum geht's in den Kapiteln 10 bis 12.

Aber das ist noch nicht alles. Weit gefehlt – ich hatte Ihnen ja die Tiefen des Palm-Universums versprochen! Und so wird Ihnen Kapitel 13 zeigen, wie Sie die Funktionen Ihres kleinen »Raumschiffs« ins nahezu Unendliche steigern können, indem Sie z.B. speziell für den Palm entwickelte Software aufspielen und benutzen.

Zum Schluss habe ich Ihnen in den Kapiteln 14 und 15 zum einen eine Sammlung mit Hilfestellungen für Notfälle gebastelt. Und zum anderen eine Liste mit den wichtigsten Internetadressen zusammengestellt, damit Sie auch nach unserem kleinen Rundflug niemals alleine sind, wenn Sie eine weiterführende Information zum Thema benötigen.

1.4 So finden Sie sich an Bord zurecht

Um Ihnen das Leben mit dem PalmPilot und das Erlernen all seiner Funktionen so einfach wie möglich zu machen, habe ich mir folgendes System ausgedacht:

Namen und Bezeichnungen von Dateien und Anwendungen wurden *kursiv* in den Text aufgenommen (z.B. öffnen Sie bitte den *Kalender*) und können sowohl Programme Ihres Palms meinen als auch welche, die auf Ihrem PC oder Mac installiert sind. Alle Meldungen und Texte, die von einem Programm in Menüs, Befehlen, Dialogfeldern und Kontrollelementen verwendet werden, sind in der folgenden SCHRIFT formatiert.

Andere Texte, insbesondere jene, die eine Eingabe darstellen, werden in `Schreibmaschinenschrift` dargestellt.

Finden Sie eines der Häkchen im Text, sind Sie gefordert. Häkchen bedeuten eine Aufforderung zur Mitarbeit. So zeige ich Ihnen, wie Sie

☑ Schritt für

☑ Schritt ans Ziel gelangen.

Sehen Sie im Text Pfeile (➧), dann bedeutet es, dass Sie mehrere Schritte nacheinander tun müssen, um zu der Stelle zu gelangen, an der wir uns etwas detaillierter umsehen.

Wenn ich Sie auffordere, etwas

☑ anzutippen, heißt dies, dass Sie einen Bereich auf dem PalmPilot-Display mit Ihrem Palm-Stift berühren sollen.

Spreche ich im Zusammenhang mit dem PalmPilot vom »Ziehen«, dann meine ich, dass Sie

☑ mit dem Stift auf ein Element auf dem Display tippen und dieses durch Verschieben des Stifts an eine andere Stelle bringen sollen.

So, jetzt reicht's. Genug einleitende Worte. Sie haben einen Flug durchs All gebucht und den sollen Sie auch kriegen! Wie ich gerade von meinem Co-Piloten höre, wurde uns auch bereits eine Startbahn zugewiesen. Also kommen Sie ruhig mit nach vorne ins Cockpit. Denn nach einem kurzen Blick auf die Instrumente machen wir uns auf die Socken und heben ab.

2 Zum Abflug bereit ...?

In diesem Kapitel sehen wir uns den kleinen Kasten etwas näher an. Das meiste könnten Sie sicher auch im Trial-and-Error-Prinzip rausfinden, indem Sie einfach mal munter auf den Tasten Ihres Palms drauflosdrücken. Mit unserem Rundflug wird sich Ihre Einarbeitung jedoch effektiver gestalten und letztlich schneller gehen.

2.1 Den Palm auf die Startbahn bringen

Um die ersten Schritte mit dem Palm zu gehen, ist nichts weiter nötig, als dass der Kleine Saft hat. Bis zu Modell III braucht man dazu lediglich frische Batterien ins Fach zu legen (halten bei normaler Nutzung etwa einen Monat). Ab Version V hat sich der Hersteller für die umweltfreundliche Variante von Lithium-Ionen-Akkus entschieden, die Sie erst einmal aufladen sollten, bevor wir weitermachen können (dauert beim ersten Mal etwa vier Stunden).

☑ Legen Sie hierzu Ihren Palm V oder m500 in die mitgelieferte Dockingstation (die natürlich an der Steckdose angeschlossen sein sollte ... Nein, nein, ich halte Sie nicht für dumm, aber sicher ist manchmal tatsächlich sicher ...!).

Solange unsere Brüder und Schwestern aus der Wir-haben-Akkus-Fraktion staunend vor ihrer Dockingstation sitzen und darauf warten, dass ihr neuer Freund genug Feuer unterm Hintern hat, möchte ich die Zeit nutzen, um ein paar hilfreiche Informationen rund ums Thema Batterien an den Mann zu bringen. Denn wer will schon einen Palm, der unter Gedächtnisschwund leidet?

Aufgepasst: Damit Ihr Palm nicht den Kopf verliert

Bis Palm III: Müssen Sie Batterien wechseln, haben Sie genau 30 Sekunden Zeit dafür. Danach verschwinden alle gespeicherten Daten im Nirwana. Sollte das mal passieren, ist es allerdings auch nicht tragisch, solange Sie Ihre Daten vorher per *Hotsync* (mehr dazu in Kapitel 10) auf dem PC gesichert haben.

Übrigens: Legen Sie den PalmPilot bis einschließlich Version III tatsächlich nur für den *Hotsync*-Vorgang in die Dockingstation. Sonst klaut diese Ihren Batterien unnötig Energie.

Akkus? Bis einschließlich Palm III keine gute Idee! Normale Batterien siechen langsam vor sich hin, was genug Spielraum für den Wechsel lässt. Akkus geben dagegen von einer Sekunde zur anderen den Geist auf, was für Ihre Daten bedeuten kann, dass sie sich ohne Vorankündigung (die Ihr Palm normalerweise rechtzeitig von sich gibt) auf Nimmerwiedersehen verabschieden.

Ab Palm V: Über die eben beschriebenen Sorgen der älteren Generation können Sie nur müde lächeln. Lästiger Batteriewechsel gehört der Vergangenheit an. Legen Sie Ihren Palm jeden Tag ein paar Minuten in die Dockingstation (ob Sie's glauben oder nicht – das reicht!) und er ist immer frisch und munter. So was wie Gedächtnisschwund können Sie beruhigt vergessen.

Und sollten Sie es doch mal längere Zeit versäumen, die Akkus aufzuladen, ist auch das nicht mehr als ein Lächeln wert. Denn erstens ruft natürlich Version V ebenfalls um Hilfe, wenn sie am Verhungern ist. Und zweitens, bleibt Ihnen eine geschlagene Woche Zeit, um die Akkus aufzuladen, ist der Strom knapp geworden. (Gegen die oben erwähnten 30 Sekunden kann man das doch nur als biblisches Daten-Alter bezeichnen, oder?) Danach wird allerdings auch ein Palm ab Nummer V Opfer der Gedankenlosigkeit.

2.2 Kurzer Check der Instrumente

Ah, da sind Sie ja. Und wie ich sehe, strotz Ihr Palm inzwischen nur so vor Energie. Muss er auch – immerhin ist er ein Raumschiff. Ich bin schon ganz aufgeregt. Gleich geht's los, ab ins All. Aber lassen Sie uns vorher noch einen Blick auf die Instrumente werfen.

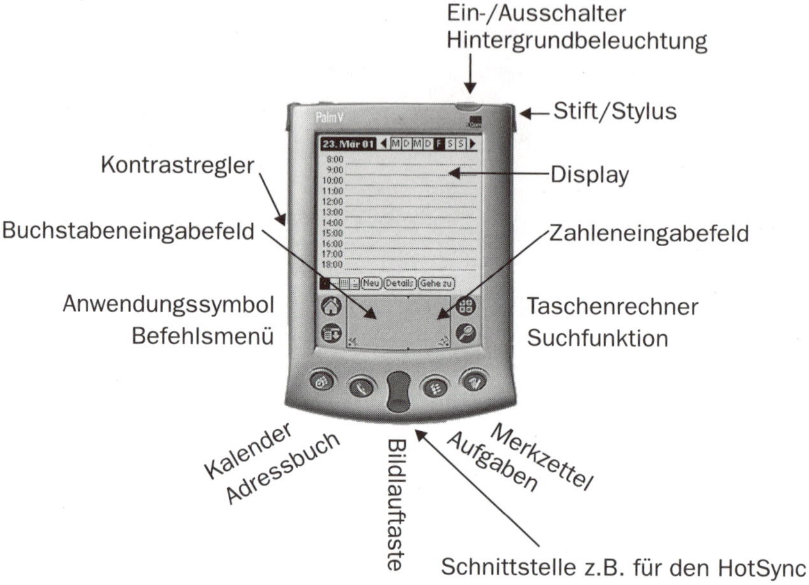

Bild 2.1: Der PalmPilot in der Version V

2.2.1 Erst mal anschalten

Bis zu Palm III finden Sie den grünen Ein- und Ausschalter auf der Vorderseite des Gehäuses links unten. Ab dem Palm V ist er oben rechts (liegt wohl am Design, dass die das ändern mussten).

☑ Zieren Sie sich nicht so, drücken Sie einfach mal drauf.

Ahhhh, auf dem Display erscheint etwas ... Aber zum Display kommen wir später, deshalb gedulden Sie sich noch einen Augenblick und lassen ruhig erscheinen, was erscheinen will.

Es werde Licht

☑ Wenn Sie nun noch einmal auf den Einschaltknopf drücken (etwa zwei Sekunden lang) finden Sie die Hintergrundbeleuchtung Ihres Palms.

☑ Sind Sie abends viel unterwegs oder brauchen den Palm wie ich als Boardcomputer auf einsamen Flügen durch den dunklen Weltraum, werden Sie den Konstrukteuren für diese Zugabe schnell dankbar sein.

☑ Ein weiterer zwei-Sekunden-Druck und das Licht ist wieder aus.

Gehört Ihnen allerdings ein Palm-Dinosaurier, muss ich Sie enttäuschen. Sie können sich den Daumen so lange plattdrücken, wie Sie wollen, Hintergrundbeleuchtung gibt es erst ab Palm III.

2.2.2 Anwendungstasten

Die so genannten Anwendungstasten sind die echten Knöpfe, die man per Hand unten auf dem Palm-Gehäuse drücken kann. So sehen sie aus:

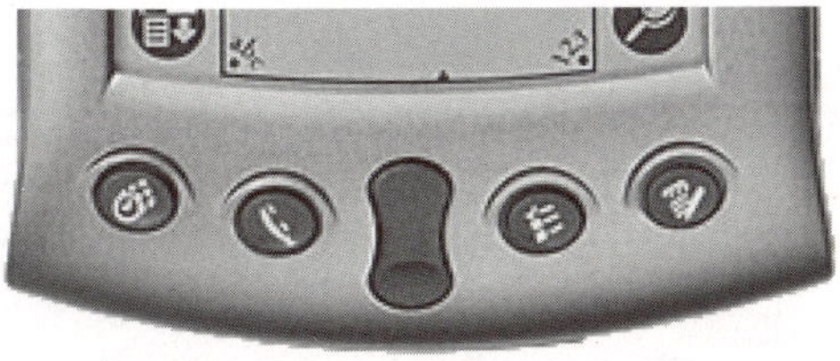

Bild 2.2: Die Anwendungstasten des Palm-Pilots: KALENDER, ADRESSBUCH, Bildlauftaste, AUFGABENLISTE und MERKZETTEL

Immer wenn Sie auf eine dieser Tasten drücken, wird Ihr Palm die der Taste zugewiesene Anwendung öffnen (wenn es Ihnen besser gefällt, dürfen Sie ruhig auch Programm statt Anwendung sagen). Sehen wir uns die Tasten von links nach rechts an.

Als Erstes finden Sie den *Kalender*, den Sie an der Uhr auf der Taste erkennen. Die Vierecke neben der Uhr sollen wohl einen Terminkalender darstellen ... Na ja, wollen wir mal nicht kleinlich sein. Ein leichter Druck darauf und auf dem Display erscheint ein vollautomatisches Zeitplanbuch (mehr dazu in Kapitel 4).

Auf der nächsten Taste ist ein Telefon abgebildet. Und hier muss ich Sie leider enttäuschen: Ein Druck darauf verwandelt Ihren

Palm nicht in ein Handy, sondern öffnet lediglich die *Adressverwaltung*. Aber die hat's in sich ...! (Wollen Sie wissen was? Kapitel 5 verrät es Ihnen.)

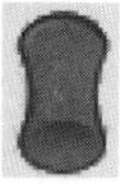

Als mittlere der fünf Tasten finden Sie eine Art Knochen, der Bildlauftaste genannt wird. Diese ist keine Anwendungstaste, mit der Sie in ein Programm gelangen, sondern zum Blättern innerhalb der Anwendungen gedacht und funktioniert im Grunde wie ein elektrischer Fensterheber im Wagen.

- ☑ Wenn Sie auf dem Display nach unten blättern wollen, drücken Sie den unteren Tastenteil.
- ☑ Wollen Sie nach oben, dann nehmen Sie eben den oberen.
- ☑ Je nach Anwendung kann die Funktionsweise allerdings auch variieren. Manchmal blättert er nicht hoch und runter, sondern springt von einer offenen Anwendung zur nächsten und wieder zurück.

Kommen wir zu Taste Nummer vier. Eine Checkliste ist darauf abgebildet und das Bild ist Programm. Mit einem Druck öffnet sich hier nämlich die *Aufgabenliste*, mit der Sie den Berg Arbeit einteilen und bewältigen können, der bisher immer gedroht hat, Sie zu überrollen. Im Fachjargon nennt man so etwas auch To-Do-Liste (und Kapitel 6 erläutert wie man damit umgeht).

Die letzte Taste startet einen vollelektronischen *Merkzettel*, den der Notizblock darauf verdeutlichen soll. Diese Anwendung ist dazu gedacht, Texte einzugeben und zu speichern (mehr dazu finden Sie in Kapitel 7).

Den Einschaltknopf austricksen

Wenn Sie im ausgeschalteten Zustand Ihres Palms auf eine der Anwendungstasten drücken, schaltet er sich automatisch ein und öffnet die der Taste zugewiesene Anwendung.

2.2.3 Das Display – Fenster des Palms

Jedes Raumschiff besitzt mindestens einen Bildschirm (manch einer sagt auch Monitor dazu). So auch Ihres. Natürlich! Raumschiffe haben ja keine Fenster, durch die man die Sterne beobachtet. Und so wird Ihnen auch das Palm-Universum über Ihren Bildschirm nahegebracht.

Dieser Bildschirm besteht aus zwei Teilen. Dem eigentlichen Display, das die oberen beiden Drittel einnimmt und aus dem unteren Drittel, in dem man die Graffiti-Schreibfläche und den APPLICATION-LAUNCHER findet. Wichtig ist: Der gesamte Bildschirm ist nicht nur zum Ansehen da, sondern gleichzeitig ein Eingabegerät, das Sie über den mitgelieferten Plastikstift bedienen können.

Bild 2.3:
Der Bildschirm:
das Fenster zum
Palm-Universum

Die meisten Standardanwendungen für Ihren Palm unterteilen die beiden oberen Drittel des Bildschirms in verschiedene Bereiche, in denen oft die gleichen Aufgaben ausgeführt werden. In dem dunkel unterlegten Balken links oben finden Sie in aller Regel den Namen der gerade aktiven Anwendung (z.B. *Aufgabenliste*, *Adressenliste* etc.). Rechts daneben wird die Kategorie des aktuellen Eintrags genannt. Darunter folgt der große Bereich des Displays, in dem Sie Ihre Daten finden. Meistens wird er von Befehlsschaltflächen abgeschlossen, über die Sie durch Tippen mit dem Stift Einträge in der Anwendung erstellen, bearbeiten oder suchen können. Wie damit umzugehen ist, erkläre ich, wenn wir uns die einzelnen Anwendungen näher ansehen.

Werfen wir einen Blick auf das untere Drittel des Bildschirms.

Graffiti-Schreibfläche

Eingerahmt von den aufgezeichneten Symbolen des Application Launchers finden Sie die so genannte Graffiti-Schreibfläche, die von den Palm-Erfindern ersonnen wurde, um Texteingaben handschriftlich möglich zu machen. Zwei winzige Dreiecke trennen den breiteren linken Teil, der für die Buchstabeneingabe vorgesehen ist, vom rechten Abschnitt, der sich auf Zahlen versteht.

Bild 2.4: Computereingabe handschriftlich? Gestatten: Die Graffiti-Schreibfläche!

Die Bezeichnung Graffiti-Schreibfläche stammt übrigens von dem speziellen Palm-Alphabet, »Graffiti« genannt, durch das Ihr Palm erkennt, was Sie schreiben. Im Grunde genommen handelt es sich dabei um einfache Blockbuchstaben, die zum Teil etwas extravaganter ausfallen. Wenn Sie Ihren Palm handschriftlich bedienen möchten, werden Sie nicht drum herum kommen, sich dieses Alphabet näher anzusehen. Aber keine Angst, um »Graffiti« zu lernen, müssen Sie nicht nachts durch die Straßen ziehen und Hauswände mit Farbe beschmieren. Und Sie müssen auch kein Michael Angelo sein. Palm-Graffiti ist einfacher, als man denkt. Sie können Ihre Neugier nicht im Zaum halten? Dann blättern Sie rasch zu Kapitel 2.3, dort steht, wie das Ganze funktioniert.

Unten links in der Graffiti-Schreibfläche finden Sie das abc-Symbol. Tippen Sie hierauf, öffnet sich die Bildschirmtastatur, die es Ihnen möglich macht, auch ohne Graffiti über die Runden zu kommen.

Gleich gegenüber, rechts unten ruht das 123-Symbol, mit dem Sie die numerische Tastatur aufrufen können. Beide Tastaturen öffnen sich jedoch nur innerhalb der Texteingabe.

Bevor wir unseren Überblick auf den Bildschirm beenden, wollen Sie sicher noch von mir wissen, was es mit jenem ominösen Application Launcher auf sich hat, den ich oben erwähnt habe. Und überhaupt, hatte ich nicht versprochen, fachchinesische Begriffe zu vermeiden? Schlagen Sie mich nicht. Ich kann nichts dafür, dass die Firma Palm ihren Kindern bisweilen Namen gibt, die wichtiger klingen, als notwendig wäre. Allerdings muss man ihr zugute halten, dass die wortwörtliche Übersetzung »Anwendungs-

Starter« wohl eher noch bescheidener daherkäme. Oder sehen Sie das etwa anders?

Was sich hinter dem Application Launcher verbirgt, ist jedenfalls eine nützliche Sache. Rund um die Graffiti-Schreibfläche ist er in vier Symbolen angeordnet, mit denen man schnell auf bestimmte Bereiche des PalmPilots zugreifen kann. Die Symbole heißen

- Anwendungen,
- Menü,
- Rechner und
- Suchen.

Im Unterschied zu den Anwendungstasten, die wir oben betrachtet haben, funktionieren diese Symbole nur, wenn Ihr Palm eingeschaltet ist.

Anwendungen

Links oben neben der Graffiti-Schreibfläche befindet sich das Symbol Anwendungen. Sie erkennen es am Haus, das darauf abgebildet ist (in dem, wenn Sie so wollen, Ihre Palm-Familie lebt). Tippt man auf dieses Symbol, öffnet sich ein Fenster mit einer Liste der Anwendungen, die Sie auf Ihrem Palm finden.

Bild 2.5: Grundausstattung des PalmPilots

In Bild 2.5 sehen Sie alle Anwendungen, die ab Werk im PalmPilot eingerichtet sind. Die Grundausstattung Ihres Raumschiffs, könnte man sagen. Immer wenn Sie eine neue Anwendung auf dem Palm installieren, finden Sie in dieser Liste auch ein neues Symbol dafür. In Kapitel 14 werde ich Ihnen verraten, wie Sie die neuen Programme auf Ihren Palm kriegen – von mir aus so viele, bis das Fenster aus den Nähten platzt.

Möchten Sie eine der Anwendungen öffnen? Nichts leichter als das.

☑ Tippen Sie einfach mit dem Stift auf das dazugehörige Symbol.

Sehen wir uns die Teile der Grundausstattung an, die sich nicht über die weiter oben bereits beschriebenen Anwendungstasten starten lassen:

- *Einstellen*: Hierdurch lässt sich Ihre eigene, vollkommen individuelle Palm-Konfiguration festlegen und speichern.
- *HotSync*: Mithilfe dieses Programms können sich der Palm und Ihr PC oder Mac verständigen.
- *Kosten*: Ihre tragbare Ausgabenkontrolle, per Tippen auf das Symbol immer für Sie da.
- *Mail*: Diese Anwendung dient Ihnen, möchten Sie unterwegs E-Mails verfassen.
- *Sicherheit*: Hier können Sie ein Kennwort definieren, um Ihren Palm vor fremden Augen zu schützen. Außerdem können Sie festlegen, welche Einträge ausgeblendet oder angezeigt werden.

Damit Sie wissen, was die Stunde schlägt

In der oberen Leiste des Fensters finden Sie dunkel untermalt eine Uhr, die Ihnen auch dann weiterhilft, wenn Sie vergessen haben, Ihre Rolex aufzuziehen. Direkt daneben befindet sich die Akku- bzw. Batterieanzeige, die Ihnen deutlich macht, ob es Ihr PalmPilot nicht mal wieder nötig hätte, »aufgezogen« zu werden. Es ist durchaus lohnenswert ab und zu einen Blick darauf zu werfen ...!

Menü

Das nächste Symbol MENÜ befindet sich direkt unter dem Haus des ANWENDUNGEN-Symbols. So etwas wie ein Zettel und ein nach unten zeigender Pfeil ist darauf abgebildet. Tippen Sie hierauf, öffnet sich das Menü der gerade aktiven Anwendung. Das Menüprinzip des Palms funktioniert ganz ähnlich wie man das von PC-Programmen kennt – ist allerdings noch einfacher zu handhaben.

So gut wie jede Palm-Anwendung verwendet Menüs, über die Sie die verschiedensten Arbeiten auf Ihrem PalmPilot ausführen können (z.B. Text kopieren oder ausschneiden und an anderer Stelle einfügen). Um mit dem Menü einer Anwendung arbeiten zu können, muss diese Anwendung selbstredend erst geöffnet werden. Sie wissen nicht mehr, wie das geht? Dann haben Sie den vorherigen Abschnitt wohl nur schlampig gelesen, was?

Wenn eine Anwendung geöffnet ist,

☑ tippen Sie einfach mit dem Stift auf das Symbol MENÜ und schon klappt sich das Menü der Anwendung aus.

☑ Nun wählen Sie die Funktion aus, die Sie benutzen möchten, und tippen wiederum mit dem Stift darauf.

Bild 2.6:
Menü: Wählen Sie, was Sie zu tun gedenken

Die konkreten Menübefehle und Arbeitsabläufe werden wir auf unserem Flug durchs Palm-Universum noch eingehend betrachten.

Rechner

Rechts oben neben der Graffiti-Schreibfläche befindet sich das RECHNER-Symbol, unschwer an den Zeichen der Grundrechenarten zu erkennen. Einmal drauftippen und auf dem Display macht sich ein handlicher Taschenrechner breit.

Bild 2.7:
Nie mehr ohne Rechenschieber!

Den *Rechner* bedient man, indem man mit dem Stift auf die jeweiligen Zahlen und Zeichen auf dem Display tippt. Tipps und Kniffe zum Umgang können Sie in Kapitel 3.4.3 nachlesen.

Suchen

Kommen wir zum Symbol mit der Lupe; dem letzten der vier um die Graffiti-Schreibfläche. Es befindet sich in der rechten unteren Ecke und wird als SUCHEN-Symbol bezeichnet. Wenn Sie hierauf tippen, öffnet sich ein Programm, mit dem Sie alle Daten Ihres Palms nach einem bestimmten Begriff durchsuchen können. Die Handhabung ist ganz einfach: Nehmen wir an, Sie wollen alle Einträge finden, in denen der Name »Luke Skywalker« vorkommt.

☑ Tippen Sie mit dem Stift auf SUCHEN.

Folgende Meldung erscheint auf dem Display:

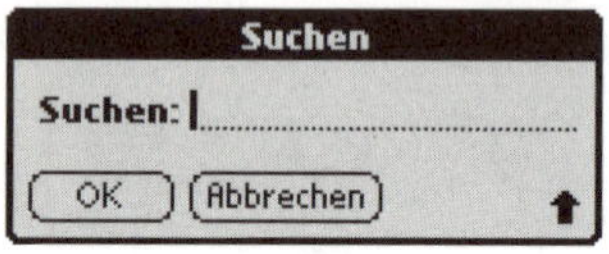

Bild 2.8:
Wer suchet, der findet – mit der Palm-Suchfunktion kein Problem!

☑ Nun geben Sie über die Tastatur oder mit Graffiti `Skywalker` ein (keine Angst – wie das funktioniert erkläre ich gleich im nächsten Abschnitt!).

☑ Zum Schluss tippen Sie auf die Befehlsschaltfläche OK.

☑ Nun sollte Ihnen Ihr Palm eine Auflistung aller Einträge, in denen das Wort »Skywalker« vorkommt, anbieten.

Wie Sie beim Suchen noch mehr Zeit sparen können

Geht es Ihnen wie mir, und Sie finden den Namen »Skywalker« nervig, weil er viel zu lang ist? Dann habe ich einen wirklich guten Tipp für Sie: Es reicht nämlich, wenn Sie bloß die ersten Buchstaben eines gesuchten Begriffs eingeben – in diesem Fall also z.B. `Sky`. Ihr PalmPilot findet trotzdem mit Lichtgeschwindigkeit alle Einträge, in denen sich Herr Skywalker versteckt hält.

2.3 Graffiti – Texteingabe für alle Lebenslagen

Ja, ja, ich weiß, Sie möchten langsam abheben ... Aber glauben Sie mir, Vorbereitungen sind durchaus wichtig, um einen guten Start hinzulegen. Und noch wichtiger sind sie, will man nicht auf halber Strecke liegen bleiben. So manch einer auf dem Weg zum Andromedanebel musste schon von der Raumpatrouille des Weltraum-ADACs aufgelesen werden, weil er kurz hinterm Mars stecken blieb und sein Raumschiff nicht mehr vor oder zurück bewegen konnte. Das wird uns auf dem Flug durch den Palm-Kosmos nicht passieren. Wir machen uns mit den Grundlagen vertraut!

Eine der wichtigsten Fragen in der Bedienung des PalmPilots ist, wie man Text in den kleinen Kasten kriegt. Hat man hiervon keine Ahnung, kann man sich den Palm als Briefbeschwerer auf den Schreibtisch stellen oder als Kleinod um den Hals hängen. Zu viel mehr taugt er dann nicht. Sicher, er sieht schon schmuck aus, der Kleine ... Mir wäre er dafür allerdings etwas zu teuer.

Es mag seltsam scheinen, dass ich so viele Worte über eine Schrifttechnik verliere, und vielleicht fragen Sie sich, seit wann es in der Raumfahrt ums Schreiben geht? Aber wollen Sie Ihr Leben nun auf Lichtgeschwindigkeitsniveau heben, oder nicht? Glauben Sie mir, dieses Raumschiff kommt erst richtig in Fahrt, wenn man weiß, wie man darauf schreibt. Hätte der Palm eine integrierte Tastatur, würde ich Sie nicht weiter nerven. Aber dann wäre er auch deutlich größer – und, nun ja, eigentlich hätten Sie sich dann auch gleich einen Laptop kaufen können.

Ich hatte ja bereits erwähnt, dass das Display Ihres PalmPilots gleichzeitig auch als Eingabefläche verwendet wird, die man durch das Tippen mit dem Palm-Stift bedient. Das gilt allerdings nicht für die Graffiti-Schreibtechnik! Diese kann man nur auf der dafür vorgesehenen Graffiti-Schreibfläche anwenden.

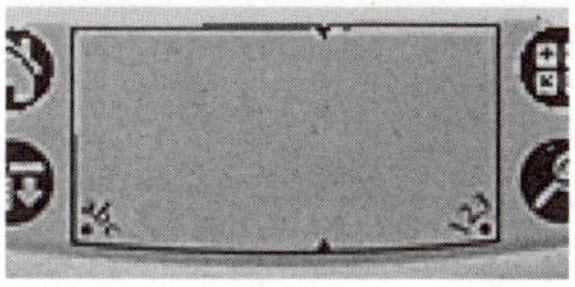

Bild 2.9: Graffiti-Schreibfläche – hier wird gekritzelt

Achtung: Benutzen Sie nie einen normalen Stift!

Wollen Sie Ihren PalmPilot noch eine Weile benutzen? Dann sollten Sie nur den mitgelieferten Plastikstift für Ihre Eingaben gebrauchen. Ein normaler Stift wird nicht nur Ihren Palm verschmutzen, sondern möglicherweise das Display und die Graffiti-Schreibfläche zerkratzen.

2.3.1 Das Graffiti-Alphabet

Sehen Sie die Unterlagen mal durch, die beim Kauf Ihres PalmPilots dabei waren. Hier sollten Sie auch eine Karte finden, auf der das gesamte Graffiti-Alphabet abgebildet ist. Für alle, die etwas voreilig die Altpapiertonne gefüttert haben, zeig ich natürlich noch mal, wie es aussieht.

Bild 2.10: Das Graffiti-Alphabet

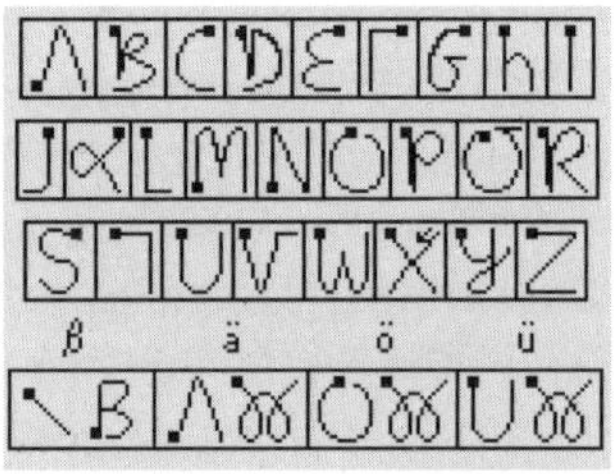

Die meisten Graffiti-Buchstaben sind lediglich Vereinfachungen der normalen Zeichen aus dem Alphabet, die Sie spielend lernen werden. An einem Ende sind sie mit einem Punkt dargestellt – lassen Sie sich aber davon nicht irritieren. Den Punkt müssen Sie nicht zeichnen. Er macht bloß deutlich, an welcher Stelle Sie den Buchstaben beginnen müssen.

Wichtig ist, dass Sie den einzelnen Graffiti-Buchstaben am Stück schreiben und nicht zwischendrin absetzen, sonst wird ihn der Palm nicht erkennen. Allerdings gibt es hier natürlich auch Ausnahmen – Sie kennen ja den Spruch mit der Regel, oder? Denn ein paar Buchstaben, werden aus mehreren Graffiti-Zeichen zusammengesetzt (z.B. ä, ö, ü). Hier ist es nicht nur erlaubt, zwischen diesen Zeichen ab- und wieder anzusetzen, sondern geradezu notwendig.

Es kann natürlich ein wenig dauern, bis Sie alle Zeichen so schreiben, dass der Palm sie auch erkennt. Und haben Sie eine Sauklaue, mag es sogar noch ein bisschen länger dauern, bis Sie sich mit ihm geeinigt haben. Aber werfen Sie ihn nicht gleich an die Wand, wenn er mal rumzickt. Geben Sie nicht auf, es lohnt sich! Graffiti vermag die Handhabe des Palms um Vielfaches zu vereinfachen.

Sehen wir uns an, wie die Zahlen aussehen:

Bild 2.11: Graffiti-Zahlen

Beachten Sie, dass Zahlen nur im rechten Drittel der Graffiti-Schreibfläche geschrieben werden dürfen. Alle anderen Zeichen haben dort wiederum nichts verloren, sondern müssen auf der linken, größeren Seite entstehen.

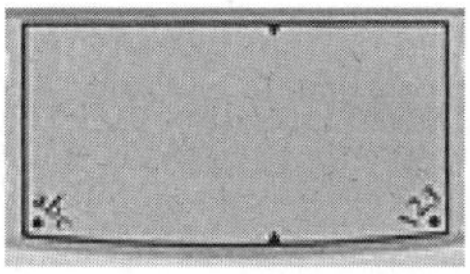

Bild 2.12: Links Buchstaben, rechts Zahlen

Der Graffiti-Spickzettel für unterwegs

Sie haben die Karte mit dem Graffiti-Alphabet aus den Palm-Unterlagen tatsächlich verschlampt? Und wollen dieses echt-einfach-Buch verständlicher Weise auch nicht den ganzen Tag unterm Arm tragen? Was machen Sie nur, wenn Sie gerade dabei sind, die Jahrhundertidee in Ihren Palm zu hacken und Ihnen ein verflixtes Graffiti-Zeichen nicht mehr einfällt? Nichts leichter als das. Der PalmPilot hat natürlich einen Spickzettel gespeichert, auf dem Sie jederzeit nachschlagen können, wenn Sie sich nicht mehr sicher sind.

☑ Tippen Sie mit dem Stift auf das Symbol MENÜ.

Auf dem Display klappt oben die Menüleiste auf.

Bild 2.13: Bildausschnitt: Menü des *Kalenders*

☑ Tippen Sie nun auf das Menü BEARB.

Bild 2.14: Bildausschnitt: Menü BEARB.

☑ Dann tippen Sie auf den Menüpunkt GRAFFITI-HILFE und Ihr Spickzettel erscheint.

Bild 2.15: Spickzettel gefällig?

☑ Um zwischen den Seiten hin und her zu blättern, benutzen Sie die Bildlauftaste oder die kleinen Dreiecke in der rechten unteren Displayecke.

☑ Haben Sie das entfallene Zeichen gefunden, tippen Sie auf die Befehlsschaltfläche FERTIG und schon können Sie weiter an Ihrer Jahrhundertidee arbeiten.

Bin ich doof oder warum geht die Graffiti-Hilfe bei mir nicht auf?

Die Graffiti-Hilfe kann man bloß öffnen, wenn man gerade dabei ist, Text einzugeben. Sehen Sie nur über Ihre Termine im *Kalender*, wird der Menüschritt Suchen ▸ Bearb. ▸ Graffiti-Hilfe nichts als einen Warnton nach sich ziehen, der Ihnen zeigt, dass Ihr Palm nicht mag, was Sie tun. Manchmal kann er schon etwas wählerisch sein ... Sie müssen einen Termin eingeben (oder wenigstens so tun), um mit dem Spickzettel belohnt zu werden.

2.3.2 Wichtige Graffiti-Zeichen

Wollen Sie ein Leerzeichen zwischen zwei Worte setzen, ziehen Sie auf der Graffiti-Schreibfläche eine horizontale Linie von links nach rechts.

Bild 2.16: Das Leerzeichen

Möchten Sie eine neue Zeile einfügen oder das nächste Wort in einer neuen Zeile beginnen, ziehen Sie eine schräge Linie von rechts oben nach links unten.

Bild 2.17: Neue Zeile

Löschen

Wollen Sie einen Buchstaben löschen, so benutzen Sie das Rückschrittzeichen: Eine horizontale Linie die von rechts nach links gezogen wird.

Bild 2.18: Löschen

Sie haben ein oder mehrere Wörter geschrieben, die Sie wieder löschen möchten? Keine Angst, Sie müssen nicht jeden Buchstaben einzeln austilgen. Es gibt einen einfacheren Weg:

☑ Markieren Sie den Text, der gelöscht werden soll, im Display (nicht auf der Graffiti-Schreibfläche), indem Sie mit dem Stift eine horizontale Linie durch die Worte ziehen. Ist Text markiert, wird er hervorgehoben dargestellt.

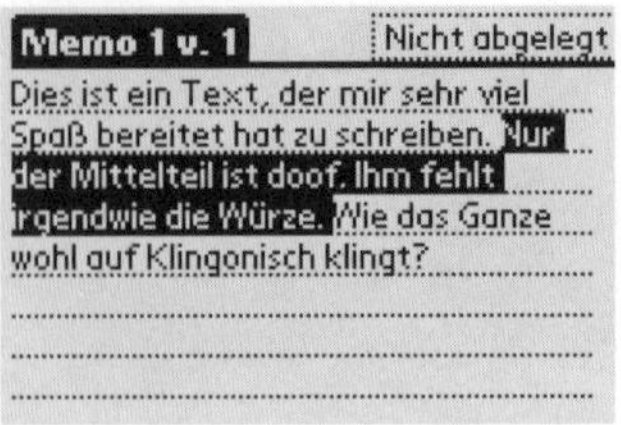

Bild 2.19: Markierter Text ist dunkel unterlegt

☑ Schreiben Sie nun auf der Graffiti-Schreibfläche das Rückschrittzeichen, löst sich der markierte Text in Wohlgefallen auf. Optional können Sie auch einen neuen Text eingeben. Der ersetzt die markierten Worte automatisch.

Groß und klein schreiben

Wahrscheinlich haben Sie bereits entdeckt, dass Ihr Palm keine Taste besitzt, mit der Sie zwischen kleinen und großen Buchstaben umschalten können. Bei Ihrem PC erledigt das ja die -Taste. In Graffiti gibt es hierfür das Umschaltzeichen: Ein senkrechter Strich, von unten nach oben gezeichnet.

Bild 2.20: Das Umschaltzeichen

Fügen Sie das Umschaltzeichen ein, wird rechts unten im Display ein kleiner nach oben gerichteter Pfeil angezeigt, an dem Sie sehen können, dass Sie erfolgreich waren. Der nächste Buchstabe, den Sie kritzeln, wird als Großbuchstabe dargestellt. Möchten Sie mehr als nur einen großen Buchstaben hintereinander schreiben, malen Sie einfach zweimal das Umschaltzeichen. Dieses doppelte Umschaltzeichen nennt man Feststellzeichen.

Bild 2.21: Das Feststellzeichen

Der Pfeil rechts unten im Display wird jetzt mit einem unterbrochenen Stiel angezeigt und alle Buchstaben, die Sie eingeben, werden groß geschrieben. Sobald Sie erneut das Umschaltzeichen machen, kehren Sie wieder zu den kleinen Buchstaben zurück.

Sie sind der Boss!

Einige Palm-Anwendungen beginnen einen Satz oder einen Eigennamen grundsätzlich mit einem Großbuchstaben und wechseln danach automatisch zu den kleinen. Eine recht hilfreiche Einrichtung, finde ich. Sollten Sie jedoch anderer Meinung sein (vielleicht wurden Sie ja als Kind von Ihrem großen Bruder verprügelt und fühlen daher große Verbundenheit zu den kleinen Buchstaben des Alphabets), können Sie dem Palm getrost einen Strich durch die Rechnung machen. Und das ist durchaus wörtlich gemeint: Zeichnen Sie einfach zweimal den Strich des Umschaltzeichens und schon schaltet Herr Palm wieder zurück und schreibt klein.

Punkt. Komma, Strich —

Interpunktionen sind beim Palm so eine Sache. Während Buchstaben und Zahlen noch relativ viel mit dem zu tun haben, was uns dereinst in der Grundschule beigebracht wurde, kann man das von den Satzzeichen nicht immer behaupten. Am besten, man benutzt so wenige wie möglich ...

Grundsätzlich gilt: Um ein Interpunktionszeichen mit Graffiti einzufügen, müssen Sie mit dem Stift erst einmal auf die Graffiti-Schreibfläche tippen. Ob Sie getroffen haben oder nicht, verrät Ihnen ein kleiner runder Punkt rechts unten im Display. Ist er da, können Sie das Graffiti-Zeichen für die Interpunktion malen und schon erscheint sie in Ihrem Text.

Am einfachsten ist der Punkt:

☑ Tippen Sie zweimal in die Graffiti-Schreibfläche (Nr. eins steht für die Interpunktionseingabe, Nr. zwei für den Punkt). Und da haben Sie ihn.

Auch das Komma ist zu bewältigen:

☑ Tippen Sie in die Graffiti-Schreibfläche und

☑ ziehen Sie danach eine schräge Linie von rechts oben nach links unten, als wollten Sie eine neue Zeile einfügen.

Bild 2.22: Das Komma

☑ Aber das Wunder geschieht, und statt der eingefügten Zeile erscheint ein Komma. An diesem Beispiel können Sie sehen, wie wichtig der vorangestellte Interpunktionspunkt für das Resultat ist.

Kommen wir zum Gedankenstrich:

☑ Bitte einmal tippen.

☑ Dann ein horizontaler Strich von links nach rechts auf die Graffiti-Schreibfläche geschmiert und Sie kriegen, was Sie wollten.

Bild 2.23: Der Gedankenstrich

Ich hoffe, Sie werden nicht sauer, aber ich kann Ihnen nicht jede einzelne Interpunktion beschreiben. Sonst kommen wir nicht mehr zu viel. Mir war wichtig, das Prinzip zu erklären. Sie haben ja den Spickzettel, unter dem Sie alle anderen Interpunktionszeichen nachsehen können (Sie erinnern sich, wo Sie ihn finden? – Na gut, weil Sie es sind: MENÜ ➧ BEARB. ➧ GRAFFITI-HILFE).

Wichtig, nicht nur für E-Mail-Junkies

Sobald Sie das erste Mal eine E-Mail-Adresse in Ihr *Adressbuch* eingeben, werden Sie sich fragen, wie wohl das Graffiti-Zeichen für »@« aussieht. Ohne dieses Zeichen landet Ihre Mail an Captain Kirk vielleicht irgendwo im All, aber sicher nicht bei CaptainKirk@Enterprise.all – wo sie hingehört. So geht's: Tippen Sie einmal auf die Graffiti-Schreibfläche und malen dann das Graffiti-O. Und schon kann sich der Captain über Post von Ihnen freuen.

Noch mehr Umschaltzeichen

Für bestimmte Sonderzeichen gibt es die so genannte Sonderzeichenumschaltung. Das ist eine schräge Linie, die Sie von links oben nach rechts unten ziehen müssen.

Bild 2.24:
Die Sonderzeichenumschaltung

Haben Sie dieses Zeichen eingegeben, sehen Sie rechts unten im Display eine kleine diagonale Linie. Mithilfe der Sonderzeichenumschaltung können Sie z.B. das Copyright-Symbol »©« darstellen, indem Sie nach der Sonderzeichenumschaltung noch das Graffiti-Zeichen für C malen:

Bild 2.25:
© auf Graffiti

Auch hier empfehle ich Ihnen einen Blick auf den Spickzettel. Auf dessen letzter Seite finden Sie alle Symbole, die mittels Sonderzeichenumschaltung erstellt werden können.

Kommen wir zum Befehlszeichen. Hiermit können Sie Ihre Arbeitszeiten nun wirklich verkürzen. Denn das Befehlszeichen führt in Kombination mit einem Graffiti-Buchstaben bestimmte Aufgaben aus, die Sie sonst umständlich übers MENÜ aufrufen müssen. Ziehen Sie einfach im Buchstabenbereich eine schräge Linie von links unten nach rechts oben.

Bild 2.26:
Das Befehlszeichen

Wenn Sie zum Beispiel den Graffiti-Spickzettel aufrufen wollen, malen Sie das Befehlszeichen und das Graffiti-G und schon können Sie sich die Menüschritte sparen.

Bild 2.27:
Graffiti-Hilfe per Graffiti aufrufen

Wollen Sie wissen, welche Menüschritte Sie mit dem Befehlszeichen umgehen können und wie der dazugehörige Graffiti-Buchstabe aussieht? Dann empfehle ich Ihnen – nein, diesmal nicht den Spickzettel! – sondern einfach in den Menüs der jeweiligen Anwendungen herumzustöbern. Rechts von den Menüeinträgen finden Sie nämlich das Befehlszeichen mit dem entsprechenden Graffiti-Buchstaben.

2.3.3 ShortCuts

Jetzt wird's interessant. Graffiti kann nämlich nicht nur einzelne Buchstaben darstellen oder Menübefehle ausführen, sondern auch etwas erstellen, das ShortCut genannt wird. Und solche ShortCuts sind echte Helfer im Palm-Universum. Mit ihnen erstellt man Abkürzungen, die einem eine Menge Schreibarbeit abnehmen.

Das wichtigste Zeichen hierfür ist der ShortCut-Strich. Für mich sieht er weniger wie ein Strich aus als eher wie ein Schal – aber mich fragt ja mal wieder keiner ... So sieht er aus:

Bild 2.28: Der ShortCut-Strich

Wird dieses Zeichen mit bestimmten Graffiti-Buchstaben kombiniert, ersetzt Ihr Palm das Ganze automatisch durch den für die jeweilige Zeichenfolge vorgesehenen Text. Einige ShortCuts sind schon ab Werk in Ihrem Palm eingestellt. Dazu gehören Wörter wie »Frühstück«, »Mittagessen« und »Abendessen«, aber auch »Besprechung« oder das aktuelle Datum.

Wollen Sie z.B. die aktuelle Uhrzeit einfügen, müssen Sie nicht mehr erst auf die Uhr sehen und dann mühsam die einzelnen Zahlen schreiben. Malen Sie einfach nur den `ShortCut-Strich` und danach die Graffiti-Buchstaben `Z` und `S` auf die Graffiti-Schreibfläche, und schon haben Sie die aktuelle Uhrzeit in Ihrem Text. So sähe dieser ShortCut aus:

Bild 2.29: Aktuelle Uhrzeit mit einem ShortCut einfügen

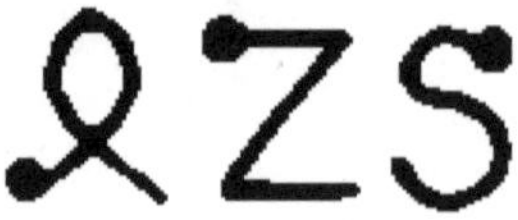

Da staunen Sie, was? Hier nun eine Liste mit den verschiedenen ShortCut-Kombinationen, die bereits ab Werk installiert sind:

- ShortCut-Strich und ZS (steht für Zeitstempel) fügt die aktuelle Uhrzeit ein.
- ShortCut-Strich und DS (steht für Datumsstempel) fügt das aktuelle Datum ein.
- ShortCut-Strich und DZS fügt das aktuelle Datum samt Uhrzeit ein.
- ShortCut-Strich und BSP fügt »Besprechung« ein.
- ShortCut-Strich und FR fügt »Frühstück« ein.
- ShortCut-Strich und MI fügt »Mittagessen« ein.
- ShortCut-Strich und AB fügt »Abendessen« ein.

Inzwischen sind mir einige Palms der Serien Vx in die Hände gefallen, bei denen das Beschriebene nicht in jedem Fall zutrifft. Es scheint mir beinahe, als ob hier nicht alle ShortCuts vom Englischen ins Deutsche übersetzt wurden. Anders kann ich mir das jedenfalls nicht erklären.

So kann man sich beispielsweise die Finger mit ShortCut-Strich + ZS wund schreiben, aber auf die Uhrzeit wartet man vergeblich. Versucht man es hingegen mit ShortCut-Strich + TS (der englischen Abkürzung für »time-stamp«) hat man Erfolg. Desgleichen bei dem ShortCut für »Besprechung«, der auch nicht funktioniert. Hier fügt allerdings ShortCut-Strich + ME »meeting« ein. Die Essenszeiten funktionieren wieder. Genauso der »Datumsstempel«. Will man allerdings Datum samt Uhrzeit einfügen braucht man wieder den englischen ShortCut (ShortCut-Strich + DTS).

Verwirrend, was? Anscheinend hat da irgendein Programmierer geschlafen. Es klingt allerdings schlimmer, als es ist. Sind Sie von diesem Fehler betroffen – machen Sie sich keine Sorgen. Denn das Beste ist, Sie können Ihre eigenen ShortCuts kreieren, durch die Sie eigene Textpassagen mit wenigen Strichen immer zur Verfügung haben. Genauso können Sie hierdurch natürlich die beschriebenen Abweichungen ausmerzen. Wie das funktioniert, wollen Sie wissen? Lesen Sie nur weiter, ich verrate es Ihnen am Schluss von Kapitel 3.

Puh, das war eine ganze Menge Graffiti, nicht wahr? Aber jetzt sind wir so gut wie durch, und das Wichtigste wird sein, das Ganze anzuwenden. Dann sehen Sie selbst, wie schnell Sie ein regelrechter Graffiti-Künstler werden. Aber freuen Sie sich nicht zu früh, ein paar Tipps habe ich noch auf Lager.

Eingabetricks für schwierige Buchstaben und Zahlen

Graffiti ist eine vereinfachte Form der Großbuchstaben des Alphabets. Vergessen Sie also am besten, dass Sie jemals so etwas wie kleine Buchstaben gelernt haben. Sonst wird es viel zu oft vorkommen, dass Sie mitten im Graffiti-Wort versuchen klein zu schreiben. Und dann wundern Sie sich, warum Ihr Palm pausenlos die falschen Schriftzeichen ausspuckt. Groß- und Kleinschreibung regelt das Umschaltzeichen – Sie schreiben immer groß! Ausnahme: »H«. Aus einem wohl nur dem Graffiti-Erfinder bekannten Grund wird dieser Buchstabe doch tatsächlich wie das kleine »h« des Alphabets geschrieben (• h). Nobody is perfect ...! Hier noch ein paar Tipps für bestimmte Zeichen:

Zeichen	Original Graffiti	echt-einfach-Tipp
B		Im Buchstabenbereich die Zahl 3 schreiben.
G		Im Buchstabenbereich die Zahl 6 schreiben.
P		Unten anfangen, die Schleife oben möglichst klein.
Q		Ein »O« mit langem Strich oben rechts.
R		Ein »P« schreiben mit einem langen Schwanz dran.
V		Von rechts nach links schreiben.
2		Im Zahlenbereich ein »Z« wie »Zwei« schreiben.
4		Im Zahlenbereich ein »C« schreiben.
5		Im Zahlenbereich ein »S« schreiben.

2.4 Doch 'ne Tastatur gefällig?

Na gut, ich gebe zu, es gibt Menschen, die können sich mit Graffiti nur schwer anfreunden. Mein Freund Thomas z.B. (der Astronaut, der mich mit dem Palm bekannt gemacht hat) hat das Wort ShortCut, glaube ich, erst durch mich kennen gelernt – und kennt es immer noch bloß vom Hörensagen. Auch gut! Für Leute wie ihn gibt es die Bildschirmtastatur.

Im Grunde genommen funktioniert sie genau wie eine normale Tastatur, bloß dass sie kleiner ist und mit dem Stift bedient wird. Aber Achtung: Sie können die Bildschirmtastatur nur dann auf Ihr Display legen, wenn Sie sich gerade in einer Texteingabe befinden. Ist dem so? Dann spitzen Sie Ihren Stift und

☑ tippen Sie auf der Graffiti-Schreibfläche unten in der linken Ecke auf das ABC-Symbol.

Bild 2.30:
Die Bildschirmtastatur – das Tool für den Graffiti-Muffel

Möchten Sie mit Zahlen arbeiten, dann

☑ tippen Sie doch bitte auf das 123-Symbol unten in der rechten Ecke der Graffiti-Schreibfläche.

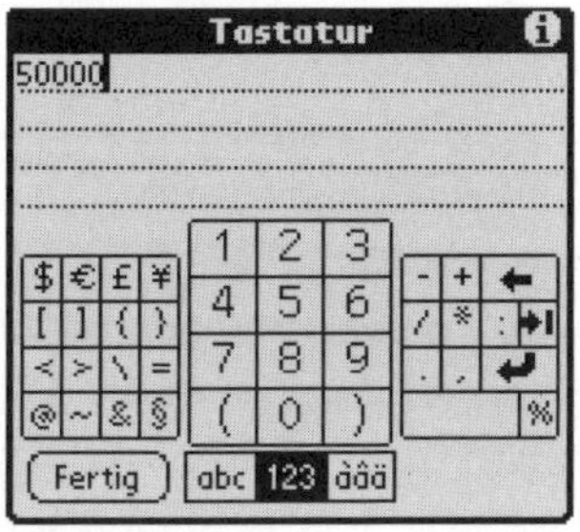

Bild 2.31:
Zahlen- und Sonderzeichentastatur

Nun können Sie nach Lust und Laune Ihren Text schreiben, indem Sie auf dem Display die Buchstaben bzw. Zahlen mit dem Stift antippen. Haben Sie alles geschrieben, was Sie schreiben wollten, bestätigen Sie das durch Tippen auf die Befehlsschaltfläche FERTIG. Und schon steht Ihr Geschreibsel an der Stelle, wo vorher noch einsam der Cursor geblinkt hat.

Übrigens kann man innerhalb der Tastatur schnell zwischen Buchstaben- und Zahlentastatur wechseln, indem man auf dem Display unten in der Mitte die Befehlsschaltflächen ABC oder 123 antippt.

3 Los geht's, wir heben ab!

Es ist soweit. Die Instrumente sind gecheckt, wir haben uns einen Überblick über den Funktionsumfang des PalmPilots verschafft, stehen auf der Startbahn und warten auf den Countdown. Unsere Herzen schlagen, reines Adrenalin jagt durch unsere Venen, beflügelt uns. Jetzt werden wir mit Warp 9 in unbekannte Weiten vordringen! Den Palm anwenden! Aaaaaaah, da kommt er: 10 – 9 – 8 – 7 – 6 – 5 – 4 – 3 – 2 – 1 – FEUER!

Vielleicht wundert Sie die Penetranz, mit der ich darauf verweise, dass der PalmPilot ein Raumschiff ist. Aber er ist es wirklich! Nicht nur, weil er futuristisch aussieht und Tasten besitzt, mit denen man die unterschiedlichsten Dinge aufs Display locken kann. Sondern vor allem, weil er es vermag, Ihr Leben in eine neue Dimension zu katapultieren. Richtig angewandt, kann er Ihr Leben zielgerichteter, überschaubarer, geordneter und damit leichtfüßiger machen. So dass Sie wieder Zeit haben, Ihr Leben zu genießen.

Mussten Sie bisher immer ein dickes Adressbuch mit sich herumschleppen und wenn es voll ist alle paar Jahre mühsam Ihre Adressen in ein noch dickeres übertragen ...? Damit ist dank Palm ein für alle Mal Schluss. Sitzen Sie gerade beim jährlichen Klassentreffen und streiten mit den anderen darüber, in welcher Kneipe Sie sich im letzten Jahr getroffen haben ...? Ihr Kalender ist nicht nur für ein Jahr gut. Im Palm können Sie sogar nachschlagen, wo das Treffen vor was weiß ich wie vielen Jahren stattfand und Ihren Freunden den Beweis grinsend unter die Nase reiben. Sind Sie sich mit Ihrer Sekretärin wieder bei der Terminvergabe in die Quere gekommen, weil keine Zeit war, die Kalender abzugleichen? Und jetzt warten sowohl Bundeskanzler als auch Oppositionsführer in Ihrem Büro auf Sie ...? Durch den *HotSync* des Palms hätte der Terminabgleich eines ganzen Jahres keine drei Minuten gedauert, und Sie hätten eine peinliche Situation weniger am Hals.

Und das waren bloß drei kleine Beispiele. Also sagen Sie selbst, ist das Ding nun ein Raumschiff oder nicht?

3.1 Wie hätten Sie's denn gerne?

Bevor wir uns den Standardanwendungen des Palms zuwenden, möchte ich vorschlagen, dass wir damit beginnen, den kleinen Kasten auf Ihre Bedürfnisse zuzuschneidern. Schalten Sie den Palm zum ersten Mal ein, werden Sie automatisch dazu eingeladen, Datum und Uhrzeit einzustellen. Das haben Sie verpasst? Kein Problem.

☑ Tippen Sie auf das Symbol ANWENDUNGEN. Die ANWENDUNGSLISTE erscheint auf dem Display.

☑ Tippen Sie in dieser Liste nun auf das Symbol EINSTELLEN.

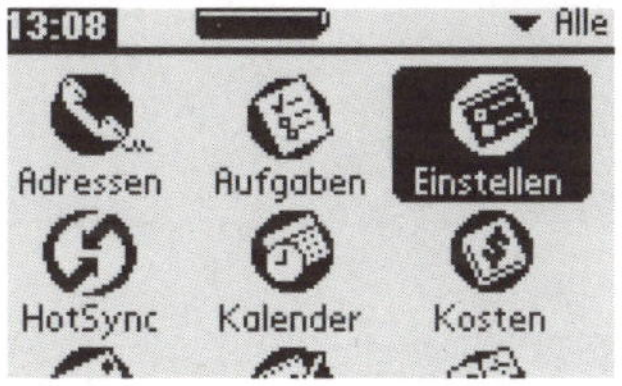

B
D
ist
mi

Das allgemeine Einstellungsfenster öffnet sich.

Bild 3.2: Grundlegende Einstellungen im PalmPilot vornehmen

Sollte sich ein anderes Fenster als das abgebildete öffnen, tippen Sie bitte auf das nach unten gerichtete schwarze Dreieck rechts oben im Fenster EINSTELLUNGEN und wählen aus der sich aufklappenden Liste den Menüpunkt ALLGEMEIN. Na also, da haben wir doch das Fenster mit den allgemeinen Einstellungen. Sehen wir uns an, was man damit anfangen kann.

3.1.1 Uhrzeit und Datum

Wenn Sie möchten, dass Ihr Palm Sie rechtzeitig an Termine erinnert, dann sollten Sie die korrekte Zeit einstellen.

☑ Tippen Sie hier hierzu auf die Uhrzeit, im Feld ZEIT EINSTELLEN.

Das Dialogfeld ZEIT EINSTELLEN klappt auf.

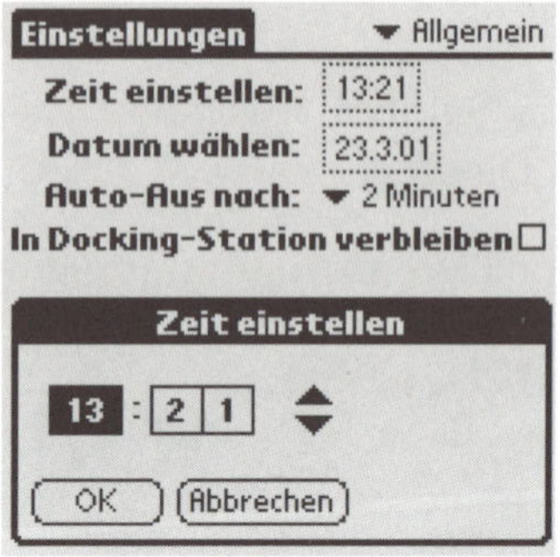

Bild 3.3: Mit den schwarzen Dreiecken stellt man die Uhrzeit des dunkel markierten Kastens rauf oder runter

Durch Tippen auf einen der Kästen markieren Sie ihn und können mittels der schwarzen Dreiecke die genaue Stunden- bzw. Minutenzahl einstellen.

☑ Wenn Sie fertig sind, tippen Sie zur Bestätigung auf die Befehlsschaltfläche OK.

Taataaa – die Uhrzeit ist eingestellt! Und wir sind zurück im Fenster der allgemeinen Einstellungen. Nun kümmern wir uns um das korrekte Datum.

☑ Hierfür tippen Sie auf das Datum im Feld DATUM WÄHLEN.

Folgendes Fenster öffnet sich:

Bild 3.4: Dialogfeld DATUM WAHLEN

BARMER
Deutschlands größte Krankenkasse

Um die Jahreszahl einzustellen, tippen Sie auf eins der beiden Dreiecke oben: Spitze zeigt nach links – ein Jahr zurück, Spitze zeigt nach rechts, ein Jahr voran.

Tippen Sie nun auf den Monat Ihrer Wahl. Damit Sie wissen, was ausgewählt ist, wird der gewünschte Monat dunkel unterlegt. Zum Schluss tippen Sie noch auf den entsprechenden Tag und sofort schließt sich das Dialogfeld wieder und das neue Datum wird in den allgemeinen Einstellungen angezeigt.

3.1.2 Automatisches Abschalten

Wenn Sie ihn nicht bedienen, schaltet sich Ihr PalmPilot automatisch aus, um Energie zu sparen. Sie haben dabei die Wahl, ob er das nach dreißig Sekunden, einer, zwei oder drei Minuten tun soll. Das mögen für Raumschiffe ungewöhnlich kurze Zeitspannen sein, mehr steht aber tatsächlich nicht zur Debatte. Na ja, bei den Energiepreisen kann man das schon nachvollziehen ... Außerdem genügt ein Druck auf den grünen »Power-Knopf« und Sie sind wieder an derselben Stelle, an der sich Herr Palm für sein Nickerchen zurückgezogen hat.

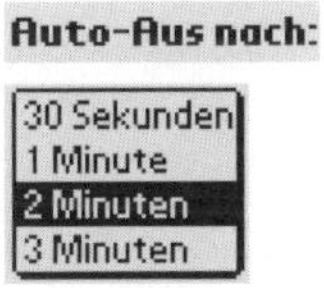

☑ Um die »Bettruhe« des Palms einzustellen, tippen Sie im Fenster der allgemeinen Einstellungen auf die Minuten- oder Sekundenangabe im Feld AUTO-AUS NACH. Eine Liste klappt aus,

☑ auf der Sie durch erneutes Antippen auswählen, wie lange sich Ihr Palm noch räkeln soll, wenn nicht an ihm gearbeitet wird.

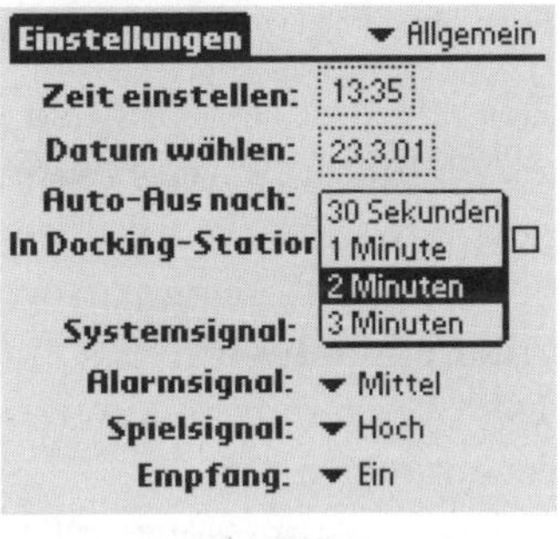

Bild 3.5:
AUTO-AUS:
Der PalmPilot ist kein Energieverschwender!

Ihre neue Einstellung wird nun im Feld AUTO-AUS NACH angezeigt.

Wer einen Palm ab dem Modell V besitzt, findet direkt unter dem AUTO-AUS-Eintrag das Feld IN DOCKING-STATION VERBLEIBEN, an dessen Ende ein kleines Kontrollkästchen steht.

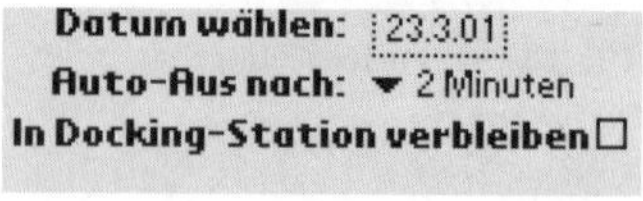

Bild 3.6: Was passiert denn beim andocken?

Hier wird geregelt, ob der Palm sich auch ausschaltet, wenn er in der Docking-Station auflädt. Tippen Sie auf das Kontrollkästchen, wird es mit einem Haken markiert. Und von nun an schaltet sich Herr Palm nicht mehr automatisch aus, während er in der Docking-Station zu Mittag isst. Ob das sinnvoll ist – das müssen Sie schon selbst entscheiden.

3.1.3 Der Palm-Sound

Das waren noch Zeiten, als man gemütlich auf einer Parkbank sitzen und die Ruhe der Natur genießen konnte, was? Heutzutage klingelt ständig irgendwo ein Handy, oder es quietscht ein faustgroßes Computerspiel in einer Kinderhand munter vor sich hin. Oder es piept eben ein PalmPilot. Nun ja, was soll ich dazu sagen – Raumschiffe machen Krach! Sehen Sie sich nur mal ein paar Science-Fiction-Filme an und Sie wissen, was ich meine (selbst bei »2001 Odyssee im Weltraum«, bei dem weitestgehend auf spektakuläre Raumschiffsounds verzichtet wird, erklingt ein Wiener Walzer, während durchs All gebraust wird ...!).

Raumschiffe machen eben Krach ... Falsch! Sie können nämlich den winzig kleinen Lautsprecher im Inneren Ihres PalmPilots auch ausstellen, wenn Sie dessen tschilpende Sounds nerven. Sie können sie aber auch nur leiser stellen.

Es gilt, drei verschiedene Lärmquellen zu regeln:

- Das SYSTEMSIGNAL: Hier haben Sie Einfluss auf die Töne, die das Betriebssystem des PalmPilots zu bestimmten Anlässen von sich gibt. Den Beschwerdeton z.B., mit dem Ihnen der PalmPilot zeigt, dass Sie mal wieder etwas tun wollten, was ihm nicht passt, können Sie hier einfach stumm schalten.

- Das ALARMSIGNAL: Der Wecker des Palms, der Sie aus dem Bett holt und an Ihre Termine erinnert.

- Das SPIELSIGNAL: Wer den PalmPilot zum Spielen benutzt, wird sich darüber freuen, dass man die wilden Sounds der Spiele auch abschalten kann. Immerhin braucht der Chef nicht mitzukriegen, dass man während einer Besprechung unter dem Tisch Außerirdische abknallt.

Um eine der drei Krachmacher anzupassen,

☑ tippen Sie in den allgemeinen Einstellungen auf das nach unten gerichtete Dreieck des jeweiligen Signalfelds. Ihnen klappt eine Liste entgegen, aus der Sie vier verschiedene Möglichkeiten wählen können: Aus, Niedrig, Mittel und Hoch.

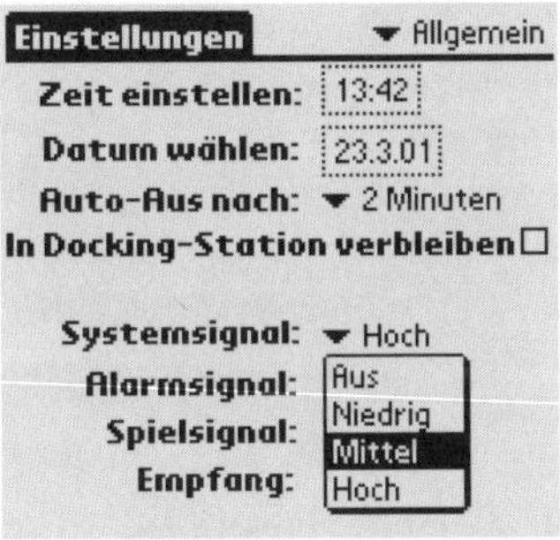

Bild 3.7:
Zu laut? Zu leise? Für jeden »Krach« die richtige Lautstärke finden

☑ Wählen Sie nun durch Tippen eine der Lautstärken aus und schon wird das entsprechende im Signalfeld angezeigt.

Bei Ihnen geht nur »An/Aus«?

Suchen Sie verzweifelt nach den eben beschriebenen Lautstärkeverhältnissen? Sie können sie nicht finden? Dann liegt das wohl daran, dass Sie noch ein älteres Palm-Modell besitzen. Sie können hier leider bloß entscheiden, ob Sie den Palm hören wollen oder nicht und keine Zwischenlautstärke definieren.

3.2 Wie man einer Taste sein Wahl-Programm zuweist

Sie brauchen die *Merkzettel*-Funktion Ihres Palms so gut wie nie, haben aber Gefallen daran gefunden, Ihre Ausgaben nach dem Einkauf über die *Kosten*-Anwendung zu protOKollieren? Und jetzt ärgern Sie sich, dass Sie *Kosten* nur »mühsam« über die Anwendungsliste aufrufen können, wo Sie den blöden *Merkzettel* sogar per Knopfdruck im ausgeschalteten Zustand Ihres Palms erreichen können? Das muss nicht so bleiben. Man kann nämlich jeder Taste die Anwendung zuweisen, die einem gefällt. Wenn Sie Lust haben, können Sie z.B. jede Taste Ihres Palms mit einem anderen Spiel belegen und solche Vergnügungskiller wie *Kalender* und *Adressbuch* in der AUFGABENLISTE verschimmeln lassen. Dann hätten Sie zwar einen verdammt teuren Game-Boy ... aber was soll's – Sie sind der Captain!

Kommen wir zur Sache. Was müssen Sie tun? Gehen Sie folgende Schritte:

☑ Tippen Sie auf das Symbol ANWENDUNGEN des APPLICATION LAUNCHERS, dann in der sich öffnenden ANWENDUNGSLISTE auf EINSTELLEN, woraufhin sich das EINSTELLUNGSFENSTER öffnet.

☑ Tippen Sie nun auf das Wort in der rechten oberen Displayecke. Eine Liste mit Auswahlmöglichkeiten öffnet sich.

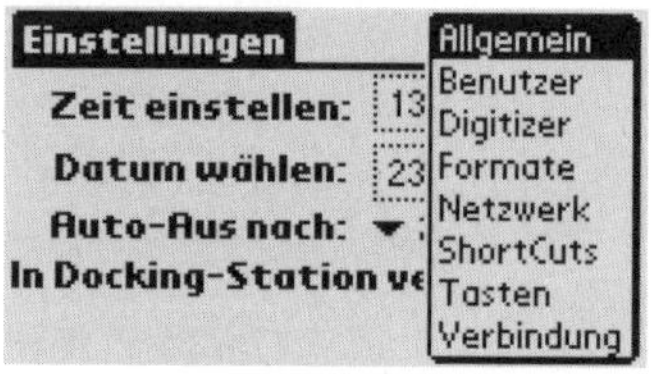

Bild 3.8: Liste der Einstellungsoptionen

☑ Wählen Sie TASTEN aus.

Bild 3.9: Sie wollen bestimmen, was per Knopfdruck läuft? TASTEN – hier sind Sie richtig!

Folgendes Fenster erscheint auf dem Display:

Bild 3.10: Schaltflächen definieren

Wie Sie sehen, werden alle vier Anwendungstasten angezeigt, die sich unten auf dem Palmgehäuse befinden. Außerdem findet sich noch das Programm *Rechner* darin (die übrigen Symbole des APPLICATION LAUNCHERS können nicht neu zugewiesen werden).

☑ Tippen Sie nun auf das Dreieck neben dem Symbol der Taste, der Sie eine neue Anwendung zuweisen wollen.

Ehe Sie sich versehen, klappt eine Liste aller Anwendungen auf, die auf Ihrem Palm installiert sind. (Sollten das so viele sein, dass der Platz des Fensters nicht ausreicht, so sehen Sie oben und unten in der Liste kleine schwarze Pfeile, die deutlich machen, dass sich darüber und darunter noch mehr Programme befinden. Navigieren Sie durch die Liste, indem Sie auf die Pfeile tippen.) Bei unserem ersten Beispiel – dem Plan *Kosten* per Knopfdruck, statt *Merkzettel* – sähe das so aus:

Bild 3.11:
Alle installierten Anwendungen per Taste zur Hand

☑ Wählen Sie nun die Anwendung aus der Liste aus, die Sie in Zukunft auf das Symbol legen wollen. In unserem Beispiel wäre das *Kosten*.

Wie könnte es anders sein – jetzt steht KOSTEN neben dem Symbol, das ursprünglich für die *Merkzettel*-Funktion vorgesehen war. Wann immer Sie nun diese Taste drücken, haben Sie die Anwendung *Kosten* zur Hand. Praktisch, was?

Aber ich setze noch einen drauf!

3.2.1 Ein Stift, der mehr kann

Wir befinden uns nach wie vor im Einstellungsfenster TASTEN. Ganz unten sehen Sie die drei Befehlsschaltflächen STANDARD, STIFT und HOTSYNC.

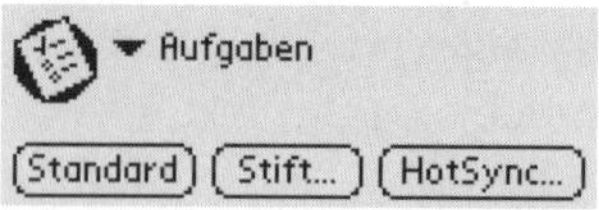

Bild 3.12:
Der Fuß des Einstellungsfensters TASTEN hat einiges zu bieten

Wahrscheinlich können Sie sich denken, was die erste der drei Schaltflächen tut. Richtig, tippen Sie auf STANDARD wird die Tastenbelegung wieder hergestellt, die ab Werk im PalmPilot eingestellt war. Für unser kleines Beispiel hieße das, dass danach die MERKZETTELTASTE auch wieder für den *Merkzettel* zuständig wäre.

Lassen wir Befehlsschaltfläche Nr. Zwei für einen Augenblick unbeachtet und sehen uns die Dritte mit Namen HOTSYNC an. Hier könnten Sie der HOTSYNC-Taste an der Dockingstation eine andere Anwendung zuteilen. Aber ehrlich gesagt, halte ich das für keine gute Idee. Ist es doch eine der smartesten Einrichtungen des PalmPilots, dass man durch simplen Knopfdruck die Daten seines Palms mit dem heimischen PC abgleichen kann (das bedeutet das Wort *HotSync*). Deshalb schlage ich vor, vergessen Sie Taste Nr. Drei. Mehr zum Thema *HotSync* gibt's übrigens im 10. Kapitel.

Worauf ich eigentlich hinaus wollte, ist die Befehlsschaltfläche STIFT in der Mitte: Ein weiteres angenehmes Hilfsmittel des PalmPilots. Wenn Sie drauftippen, öffnet sich folgendes Fenster:

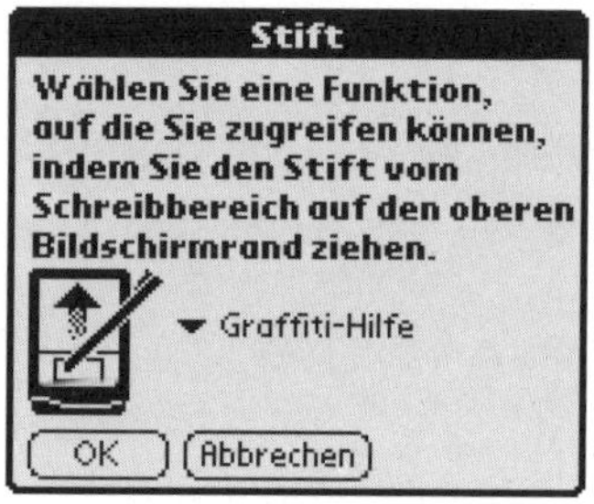

Bild 3.13:
Was soll sich tun, wenn Sie den Stift von der Graffiti-Schreibfläche nach oben übers Display ziehen?

Hätten Sie das gedacht? Wann immer man den Stift von der Graffiti-Schreibfläche in einem geraden Strich nach oben übers Display zieht, passiert etwas. Und Sie können entscheiden, was! Ab Werk ist eingestellt, dass sich der Graffiti-Spickzettel öffnet, von dem ich bereits an anderer Stelle gesprochen habe.

Äh ... hatten wir nicht bereits mehrere Pfade zum Spickzettel herausgefunden? Anscheinend glauben die Palm-Konstrukteure, dass alle Wege zur Graffiti-Hilfe führen sollten ... Ich weiß auch nicht – mir reicht einer. Deshalb habe ich mir hier etwas anderes eingestellt.

☑ Wenn Sie das auch möchten, tippen Sie auf das kleine nach unten gerichtete Dreieck neben der Zeichnung des PalmPilots.

Folgende Liste klappt auf:

Bild 3.14: Auswahl für den »Graffiti-Strich« (manch einer nennt ihn auch liebevoll den »Laser-Strich«)

Jetzt müssen Sie nur noch entscheiden, was Sie mit Ihrem Graffiti-Strich anfangen möchten. Wollen Sie, dass er das Licht einschaltet? Dann wählen Sie den Menüpunkt HINTERGRUNDLICHT. Die Tastatur? Kein Problem, tippen Sie auf den gleichnamigen Menüeintrag. Wenn Sie die Graffiti-Hilfe tatsächlich satt sind, gibt es außerdem noch die Einträge AUS & SPERREN, sowie DATEN ÜBERTRAGEN. Wählen Sie den letzten der beiden, geht Ihr Palm nach dem Strich in die Abteilung Ich-werfe-mit-Informationen-um-mich. (Was das heißt, können Sie in Kapitel 8 nachlesen.) Wählen Sie jedoch den ersten, schaltet sich Ihr Palm nach dem Strich aus und kann nur mit einem Kennwort, das Sie vorher definiert haben, wieder zum Leben erweckt werden. Wie man so ein Kennwort festlegt, darum kümmern wir uns gleich im nächsten Abschnitt.

Also, haben Sie Ihre Wahl getroffen? Gut. Dann bestätigen Sie das noch, indem Sie auf die Befehlsschaltfläche OK tippen. Und vergessen Sie nicht, den Graffiti-Strich einzusetzen, sonst haben wir uns hier vollkommen umsonst abgerackert.

Auch der Strich ist keine Ausnahme!

Was im zweiten Kapitel über die TASTATUR und die GRAFFITI-HILFE gesagt wurde, gilt genauso hier: Man kann sie auch mit dem Graffiti-Strich nur einschalten, befindet man sich in einem Modus, der das unterstützt (in diesem Fall eine Texteingabe). Dasselbe gilt übrigens fürs DATEN ÜBERTRAGEN. Licht ein- und ausschalten oder den Palm ausmachen und sperren funktioniert mittels Graffiti-Strich jedoch immer.

3.3 Sicherheit – wie Sie sich vor Spionen schützen

Es gibt eine Menge Informationen, die gehen nur Sie etwas an. Damit das auch so bleibt, wurden im Palm diverse Sicherheitsfunktionen integriert. So können Sie ganze Einträge vor neugierigen Augen verbergen und den gesamten Palm mit einem Kennwort für andere unzugänglich machen.

Dafür sind folgende Schritte notwendig:

☑ Tippen Sie einmal mehr auf das Symbol ANWENDUNGEN des APPLICATION LAUNCHERS. (Und glauben Sie mir, es wird nicht das letzte Mal gewesen sein ...!)

☑ Jetzt wählen sie den Eintrag *Sicherheit* aus der Anwendungsliste aus.

Das Fenster SICHERHEIT öffnet sich:

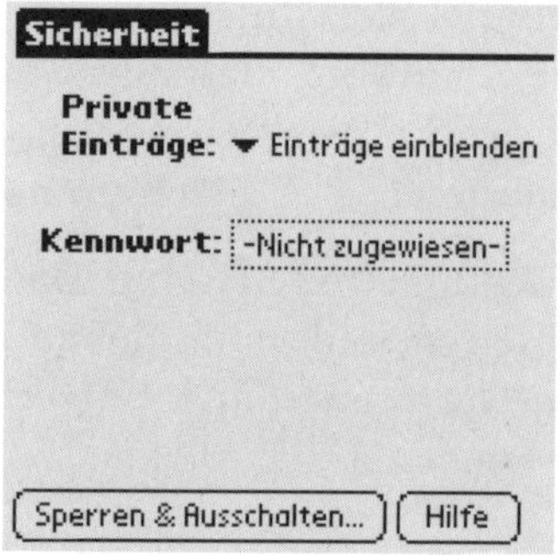

Bild 3.15: Wer kriegt was zu Gesicht? Geheimnisse durch die Anwendung *Sicherheit* in Sicherheit bringen!

Sehen wir uns von oben nach unten an, was man hier einstellen kann.

3.3.1 Finger weg – das ist Privatsache!

Anscheinend sind die Erfinder des Palms alles dubiose Schlitzohren, die eine Menge zu verbergen haben ... Na ja, ich will nicht wegen Rufmord ins intergalaktische Zuchthaus nach Fury 161 gesteckt werden – schon gut, ich nehme es ja zurück ...! Aber zumindest haben diese Herren viel Verständnis für Leute, die ihren Palm mit Daten füttern müssen, die kein anderer sehen soll. Deshalb kann man so gut wie jeden Eintrag als privat kennzeichnen und ihn damit von der Bildfläche verschwinden lassen. Und hier im SICHERHEIT-Fenster legen Sie fest, ob der Palm einen solchen Eintrag anzeigt – oder nicht.

☑ Tippen Sie hierzu in der Kategorie PRIVATE EINTRÄGE auf das nach unten zeigende Dreieck. Ein Menü mit drei Möglichkeiten klappt aus:

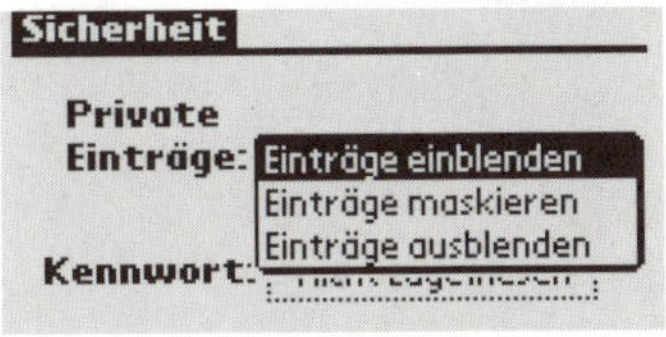

Bild 3.16:
Private Einträge können eingeblendet, maskiert oder ausgeblendet werden

☐ Wenn Sie sich für EINTRÄGE EINBLENDEN entscheiden, ändert sich gar nichts. Ein als privat markierter Eintrag wird angezeigt, wie jeder andere auch.

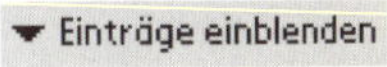

☐ Sollten Sie sich für EINTRÄGE MASKIEREN entscheiden, finden Sie anstelle eines privat markierten Eintrags ein graues Feld. Das kann hilfreich sein, will man beispielsweise einen Termin nicht doppelt vergeben, ihn aber trotzdem vor neugierigen Augen schützen. (Das Maskieren von Einträgen ist übrigens leider erst ab OS-Version 3.5 möglich. Bei vorherigen Versionen kann man Privates bloß ein- oder ausblenden.)

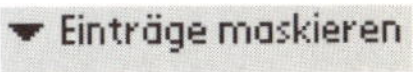

☐ Wählen Sie jedoch EINTRÄGE AUSBLENDEN, werden alle privat markierten Einträge einfach verschluckt, als wären sie nie da gewesen. Sie werden erst wieder angezeigt, wenn Sie sich die Option EINTRÄGE EINBLENDEN aussuchen.

Entscheiden Sie sich, private Einträge zu maskieren oder auszublenden, wird eines der folgenden Dialogfenster angezeigt:

Bild 3.17:
Links: Mit dem PalmPilot Fasching feiern – Einträge maskieren!
Rechts: Und Tschüüüs! – Einträge ausblenden!

☑ Bestätigen Sie Ihre Wahl, indem Sie im jeweiligen Fenster auf OK tippen.

☑ Das Dialogfenster verabschiedet sich und das SICHERHEIT-Fenster wird wieder angezeigt. Ihre Wahl erscheint nun im Feld PRIVATE EINTRÄGE:

Bild 3.18: Balken statt Eintrag – ein privater Eintrag wird nun maskiert dargestellt

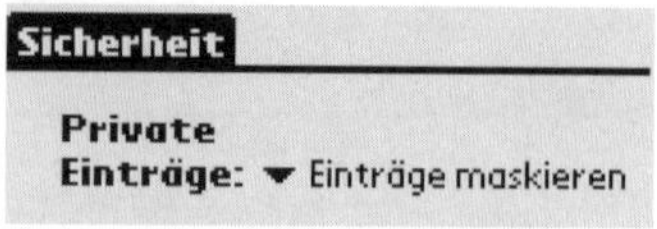

Und wie macht man das nun, etwas als privat markieren?

Um einen Eintrag zu »privatisieren«, tippen Sie in der jeweiligen Anwendung auf die Befehlsschaltfläche DETAILS (meist unten auf dem Display, direkt über der Graffiti-Schreibfläche). In dem nun aufklappenden Dialogfenster markieren Sie dann das Kästchen PRIVAT und bestätigen dies mit der Befehlsschaltfläche OK. Von nun an wird dieser Termin, jene Adresse oder was es auch immer sein mag nicht mehr oder nur noch als grauer Balken angezeigt – sofern Sie die entsprechende Einstellung vorher im SICHERHEIT-Fenster vorgenommen haben.

So viel zum Thema Privatisierung. Allerdings aufgepasst: Sollten Sie Ihren Palm verlieren und er fällt jemandem in die Hände, der sich auskennt, ist der Schutz Ihrer Daten durch das bloße Ausblenden privater Einträge nicht sonderlich gewährleistet. Denn dieser Jemand braucht ja nur im SICHERHEIT-Fenster wieder die Option EINTRÄGE EINBLENDEN auszuwählen und schon sieht er, was er nicht sehen sollte.

Deshalb ist es alles andere als dumm, den PalmPilot zusätzlich mit einem Passwort zu schützen.

3.3.2 Von Kennwörtern und geknackten Codes

Vielleicht maulen Sie jetzt, weil Sie vergesslich sind und keine Lust haben, sich auch noch ein Passwort für Ihren PalmPilot auszudenken – und überhaupt, hätten Sie schon genug mit der Geheimzahl Ihrer EC-Karte zu tun. Für Ihren PC zuhause bräuchten Sie ja schließlich auch keins ...

Aber wie wahrscheinlich ist es, frage ich Sie, dass Sie Ihren PC mitsamt Monitor irgendwo beim Geschäftsessen im Restaurant oder im Zugabteil auf einer Reise liegen lassen? Nun ...? Ich weiß, ich habe Recht, Sie wissen es – wieso machen Sie sich dann nicht endlich daran, sich für den kleinen Westentaschen-Lümmel das verdammte Kennwort auszudenken?

Haben Sie eins? Gut.

☑ Dann tippen Sie im Fenster Sicherheit im Feld Kennwort auf Nicht zugewiesen.

Falls im Feld Kennwort nicht Nicht zugewiesen, sondern Zugewiesen steht, haben Sie ein Problem. Das bedeutet nämlich, dass bereits ein Kennwort vergeben wurde. Wie Sie es wieder löschen können, erkläre ich Ihnen etwas weiter unten – doch eins nach dem anderen. Ist alles, wie es sein soll, und Sie tippen auf Nicht zugewiesen, erscheint das Dialogfeld Kennwort:

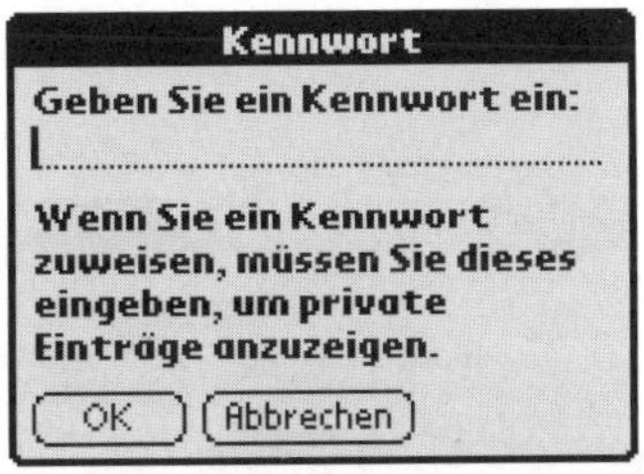

Bild 3.19: Das Dialogfeld Kennwort – jetzt wird's spannend!

☑ Geben Sie nun mittels Graffiti oder der Bildschirmtastatur das Kennwort ein, das Sie sich eben mühsam ausgedacht haben. Ich für meinen Teil schreibe `Laserschwert`. Oh ja, da erscheint es schon im Feld Geben Sie ein Kennwort ein.

☑ Merken Sie sich das blöde Wort bloß ja gut (»Laserschwert. Laserschwert! LASERSCHWERT!!!«) und zeigen Herrn Palm, dass Sie sich sicher sind, indem Sie auf OK tippen.

☑ Ein zweites Dialogfeld mit Titel Kennwort öffnet sich, bei dem Sie wiederum Ihr Kennwort eingeben müssen. Ich schreibe also noch einmal `Laserschwert` auf die Graffiti-Schreibfläche, was ich auch prompt im Dialogfeld zu sehen kriege:

Bild 3.20: Hier bestätigt man sein Kennwort

☑ Jetzt bestätigen wir das Ganze noch einmal, indem wir wieder auf die Befehlsschaltfläche OK tippen.

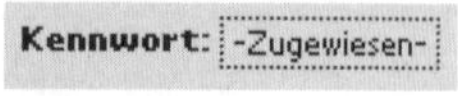

Fertig, das war's. Jetzt haben Sie ein Kennwort! Und natürlich taucht im Feld KENNWORT nun ZUGEWIESEN auf. Von nun an muss das Kennwort eingegeben werden, will man ausgeblendete oder maskierte Einträge einsehen.

Wenn Sie nun noch im Fenster SICHERHEIT unten auf die Befehlsschaltfläche SPERREN & AUSSCHALTEN tippen, lässt sich Ihr PalmPilot ohne das Kennwort gar nicht mehr einschalten.

☑ Tun Sie es einfach mal! Folgendes Dialogfenster wird als Warnung angezeigt:

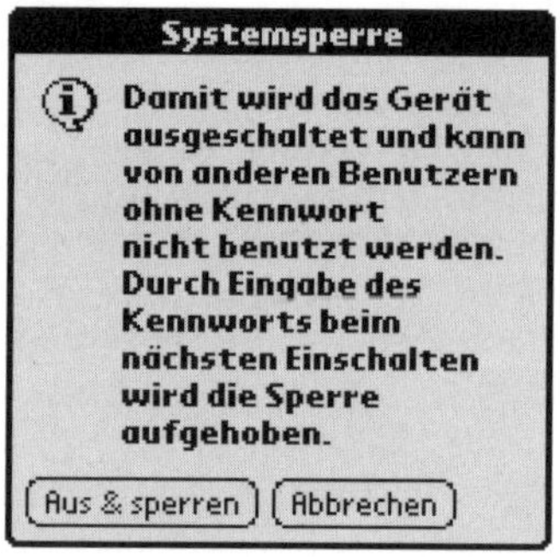

Bild 3.21: Jetzt sollten Sie Ihr Kennwort nicht mehr vergessen!

☑ Wenn Sie jetzt schon nicht mehr ganz sicher sind, wie Ihr Kennwort geheißen hat, wählen Sie besser ABBRECHEN ...! Aber natürlich wissen Sie es noch. (Oder hat etwa auch Ihnen der berüchtigte Vogon-Virus von Alpha Centauri die Kleinhirnrinde zerfressen ...?) Also tippen Sie auf AUS & SPERREN.

Ihr Palm verabschiedet sich.

Wenn Sie nun auf einen der Knöpfe drücken, um ihn wieder anzuschalten, sehen Sie folgendes Dialogfeld:

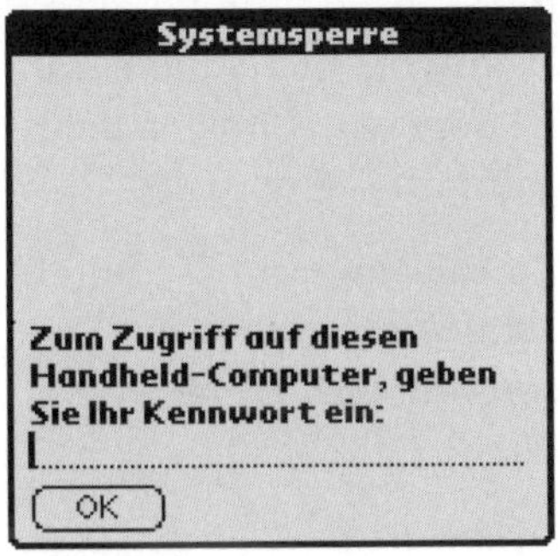

Bild 3.22: Kennwort her – aber dalli!

Ohne Kennwort geht jetzt gar nichts mehr. Sie wissen es doch noch, oder ...? Also geben Sie es mittels Graffiti oder Bildschirmtastatur ein und bestätigen, indem Sie auf OK tippen. Tataaaa! Nun fliegt Ihr Palm wieder so reibungslos in unendliche Weiten, wie man es von einem Raumschiff erwartet.

Schalten Sie den PalmPilot jetzt wieder aus, wird beim Anschalten nicht mehr nach dem Kennwort gefragt. Er ist ganz normal nutzbar (bis auf die privaten Einträge, die Sie maskiert oder ausgeblendet haben – für die braucht man das Kennwort immer!).

Wollen Sie, dass jedes Mal nach dem Kennwort verlangt wird, wenn Ihr Palm eingeschaltet wird, so müssen Sie ihm schon über ANWENDUNGEN ♦ SICHERHEIT ♦ SPERREN & AUSSCHALTEN den Hahn abdrehen. Das ist Ihnen zu kompliziert? Dann ist der folgende Tipp genau das Richtige für Sie.

AUS & SPERREN – aber ruck, zuck bitte!

Die einfachste Methode, den PalmPilot ab- und die Kennwortabfrage anzuschalten, ist der Graffiti-Strich. Sie erinnern sich? Das ist der Strich, der von der Graffiti-Schreibfläche vertikal übers Display gezogen wird – wir sprachen bereits über ihn. Wenn Sie ihm die Funktion AUS & SPERREN zuteilen, genügt dieser schnelle Strich, und Sie haben, was Sie wollen: Ihr Palm schaltet sich aus und wird er wieder eingeschaltet, fragt er nach dem Kennwort. Kapitel 3.2.1 verrät Ihnen alles, was Sie dazu wissen müssen.

Kennwort vergessen. Und jetzt ...?

Es ist passiert. Die Geheimnummern Ihrer achtunddreißig EC-Karten und das Palm-Kennwort zu behalten war einfach zu viel. Das letzte fällt Ihnen einfach nicht mehr ein (»War es nun Loserschwert, Loverschwert oder gar Schwertfisch ...?«). Und alles ausprobieren, bringt auch nichts. Was tun?

Solange Sie Ihren PalmPilot noch anschalten und die besagte Anwendung *Sicherheit* starten können, ist alles halb so schlimm. Dann können Sie das vergessene Kennwort nämlich einfach löschen.

☑ Starten Sie die Anwendung *Sicherheit* (APPLICATION LAUNCHER ♦ ANWENDUNGEN ♦ SICHERHEIT).

☑ Hier tippen Sie auf das Feld KENNWORT ZUGEWIESEN, worauf sich folgendes Dialogfeld öffnet:

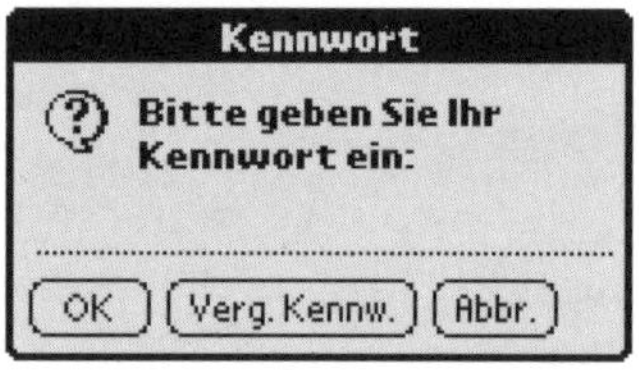

Bild 3.23: Hat man sein Kennwort vergessen, ist die Schaltfläche »Vergessenes Kennwort« (VERG. KENNW.) für einen da

☑ Sie wählen die Schaltfläche VERG. KENNW. aus (arbeiten Sie mit einer älteren OS-Version, findet sich die Schaltfläche VERGESSENES KENNWORT übrigens bereits im SICHERHEIT-Fenster über der Schaltfläche SPERREN UND AUSSCHALTEN).

☑ Jetzt wird's ernst, Ihr Palm beginnt zu drohen:

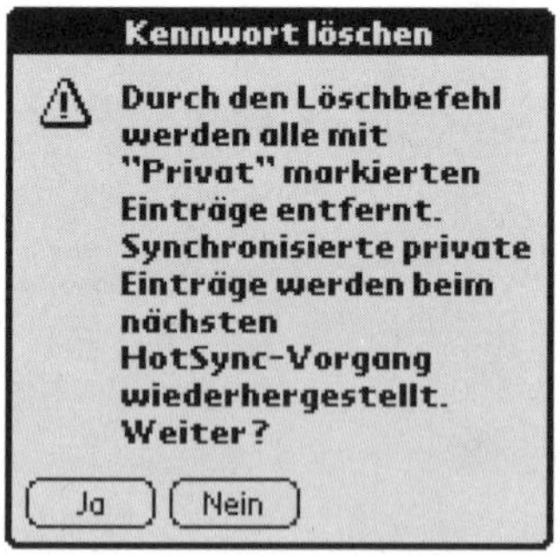

Bild 3.24: Sein oder nicht sein ... Kennwort löschen!

Was soll ich sagen? Jetzt gilt's. Wählen Sie JA, löschen Sie alle Einträge, die als »privat« markiert sind. Das ist überhaupt nicht schlimm, haben Sie Ihre Daten vorher per *HotSync* gesichert. Sie können mit dem nächsten *HotSync* problemlos wiederhergestellt werden. Haben Sie länger keinen *HotSync* durchgeführt? Dann wählen Sie lieber NEIN und machen noch einen, bevor Sie Ihr Kennwort samt privatisierter Daten ins Nirwana schicken (Kapitel 10 verrät Ihnen, wie der *HotSync* funktioniert). Die privaten Einträge sind sonst für immer dahin.

Nachdem Sie auf JA getippt haben, wird im Feld KENNWORT wieder NICHT ZUGEWIESEN angezeigt und Sie können durch erneutes Tippen auf das Feld ein frisches Kennwort vergeben (wenn Sie sich das noch trauen ...!).

Zur Not bleibt noch der »Hard Reset«

Haben Sie den Palm das letzte Mal über die Sicherheitsoption SPERREN UND AUSSCHALTEN verlassen und dann Ihr Kennwort vergessen, sieht es übel aus! Ihnen bleibt nur noch der »Hard Reset«, mit dem Sie nicht nur Ihr Kennwort und private Einträge, sondern alle Ihre Daten vom PalmPilot löschen. Und eben schnell noch einen *HotSync* durchführen – vergessen Sie's! In der Situation funktioniert das ohne Kennwort nämlich auch nicht mehr. Im Klartext heißt das, dass alles verloren ist, was Sie nach Ihrem letzten *Hotsync* eingegeben haben. Ich weiß, das treibt Ihnen die Tränen ins Gesicht – aber so ist es nun mal. Und dank »Hard Reset«, können Sie immerhin wieder mit Ihrem Palm arbeiten. (In Kapitel 14 erkläre ich übrigens, wie ein »Hard Reset« funktioniert.) Und was lernen wir daraus? Niemals – NIEMALS das blöde Kennwort vergessen!!! Klar?!

3.4 Kleine Erleichterungen

Bevor wir uns in den nächsten Kapiteln mit den »großen« Standardanwendungen des PalmPilots befassen, möchte ich Ihnen noch ein paar Tricks und Kniffe mit auf den Weg geben, die hilfreich für das alltägliche Allerlei im Palm-Universum sind.

3.4.1 Ausschneiden, kopieren und wieder einfügen

Wenn Sie mit einem PC oder Mac arbeiten, wissen Sie bereits, worum es hier geht. Ja, auch im Palm lässt sich Text problemlos in die Zwischenablage kopieren oder ausschneiden und an einer anderen Stelle einfügen. Das kann recht hilfreich sein, finde ich.

Hierzu müssen Sie den zu kopierenden oder auszuschneidenden Text markieren, indem Sie auf dem Display mit dem Stift eine imaginäre Linie durch ihn ziehen. Der Text wird daraufhin dunkel unterlegt. Dann tippen Sie auf das Symbol MENÜ des APPLICATION LAUNCHERS und wählen, je nachdem was Sie vorhaben, im Menü BEARB. den Befehl AUSSCHNEIDEN oder KOPIEREN aus.

Haben Sie AUSSCHNEIDEN gewählt, verschwindet der markierte Text in der so genannten *Zwischenablage*. Beim KOPIEREN legt der Palm eine Kopie des Textes darin ab. Sie wollen wissen, was das ist, eine »*Zwischenablage*«? Stellen Sie sich das Ding einfach wie eine Schublade vor, in der Ihr Palm einen Text auf Lager legt. Allerdings ist nicht viel Platz darin. Wann immer Sie nämlich erneut einen Text KOPIEREN oder AUSSCHNEIDEN, wird der alte Text davon in der *Zwischenablage* überschrieben.

Jetzt müssen Sie aber noch wissen, wie Sie die Schublade der *Zwischenablage* aufmachen können, um den Text woanders wieder einzufügen, nicht wahr? Tippen Sie dazu mit dem Stift an die Stelle, an der Sie den Text haben möchten. Jetzt wählen Sie im Menü BEARB. den Befehl EINFÜGEN. Und schon taucht Ihr Text wie aus dem Nichts an der Stelle auf. Übrigens merkt sich der PalmPilot den Inhalt der *Zwischenablage*, sogar wenn Sie ihn ausschalten.

3.4.2 Graffiti – Herr Palm passt auf

Der PalmPilot reagiert in allen Standardanwendungen sofort auf eine Graffiti-Eingabe und öffnet automatisch einen neuen Eintrag, in dem der Text gespeichert wird. Das bedeutet, dass Sie mit Graffiti munter drauflos schreiben können, wenn Sie einen neuen Eintrag erstellen wollen und ihm erst später seinen Platz in der Anwendung (also z.B. die Uhrzeit bei einer Termineingabe im Kalender) zuweisen brauchen. Probieren Sie es einfach mal aus!

Das eben Gesagte gilt allerdings nicht für das Adressbuch – sorry! Ich hatte ja bereits erwähnt, dass jede Regel ihre Ausnahme kennt.

3.4.3 Taschenrechner gefällig?

Ich muss Ihnen sagen, dass mich der Taschenrechner im PalmPilot besonders freut. Wie oft kam es bereits vor, dass ich unterwegs war und plötzlich etwas ausrechnen musste. Tja, in der Palm-freien Phase meines Lebens hatte ich sicher meinen Kalender einstecken – aber zusätzlich einen Taschenrechner ...? Machen Sie Witze? Damals hieß es, Zettel und Stift auspacken und einen mühsamen Ausflug in die Rechentorturen der Schulzeit antreten ... Aber das ist heute vorbei.

Wie ein Taschenrechner funktioniert, brauche ich Ihnen wohl kaum zu erklären, oder? Aber der *Rechner* des Herrn Palm hat noch einen tollen Kniff auf Lager, der nicht zur Grundausstattung anderer Kollegen seiner Zunft gehört. Er kann nämlich eine Liste vergangener Berechnungen anzeigen.

☑ Öffnen Sie ihn, indem Sie auf das Symbol RECHNER des APPLICATION LAUNCHERS tippen.

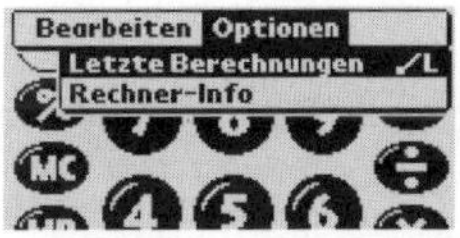

☑ Nun tippen Sie im APPLICATION LAUNCHER auf das Symbol MENÜ und wählen im Menü OPTIONEN den Befehl LETZTE BERECHNUNGEN aus. Und da sind sie schon:

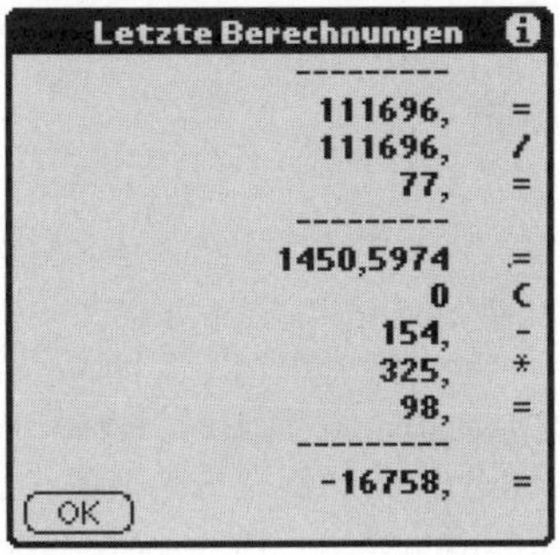

Bild 3.25: Überblick über die letzten Rechenschritte

Das kann recht hilfreich sein, wenn man eine Reihe von Berechnungen durchgeführt hat und sich eines der ersten Ergebnisse oder Zwischenergebnisse noch mal vor Augen führen möchte. Sobald Sie jedoch in eine andere Anwendung des PalmPilots wechseln, wird diese Liste wieder geleert.

3.4.4 Damit weniger Monat am Ende des Geldes übrig ist

Haben Sie nicht auch schon manchmal gedacht, dass Sie über Ihre Ausgaben Buch führen sollten, um zu wissen, für was Sie wie viel Geld ausgeben? Ihr PalmPilot besitzt eine eigene Anwendung, die sich darum kümmert. *Kosten* heißt sie. Sehen wir uns das Teil mal an.

☑ Tippen Sie hierzu auf ANWENDUNGEN ♦ KOSTEN. Bei mir öffnet sich nun folgendes Fenster:

Bild 3.26: Was hab ich noch gleich für das Glas Limo gezahlt?

Bei Ihnen wird das Fenster wahrscheinlich noch leer sein. Aber nicht mehr lange. Wenn Sie einen Betrag eingeben wollen, tippen Sie auf die Befehlsschaltfläche NEU, woraufhin sich ein frischer Eintrag öffnet.

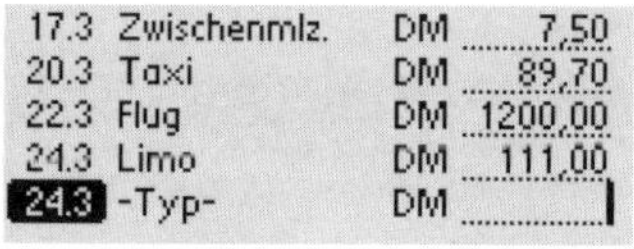

Bild 3.27: Jetzt wird abgerechnet!

Geben Sie nun den Betrag mit Graffiti oder der Bildschirmtastatur ein. Ist es ein runder Betrag, können Sie sich die beiden Nullen nach dem Komma sparen, das erledigt Herr Palm für Sie automatisch. Automatisch wählt er auch das heutige Datum aus. Wenn Sie ein anderes wünschen, müssen Sie auf das Datum tippen und in dem aufklappenden Kalender ein neues auswählen.

Schließlich sollten Sie noch die Art Ihrer Ausgabe bestimmen, indem Sie auf -Typ- tippen und aus dem aufklappenden Feld etwas auswählen. Fertig. Ihre Ausgabe ist nun protOKolliert.

Na ja, ich gebe zu, das Gelbe vom Ei ist die *Kosten*-Anwendung des Palms nicht. Ihre Möglichkeiten sind durchaus noch nicht, was ich von solch einem Programm erwarte. So wäre es z.B. toll, wenn man die Liste der 28 Ausgabetypen bearbeiten und ihr eigene Kategorien hinzufügen könnte. Denn oft wollen die vorhandenen bei mir einfach nicht passen (mein Lieblingsdrink, der galaktische Donnergurgler, fehlt z.B.!). Aber man muss wohl nehmen, was man kriegt ... Und so bleibt nur zu hoffen, dass das Ganze in einer zukünftigen OS-Version des PalmPilots verbessert wird.

3.4.5 Die Kunst kurzer Schnitte

Über die berüchtigten ShortCuts haben wir ja bereits gesprochen. Demnach wissen Sie, was damit gemeint ist. Nur zur Erinnerung: Ein ShortCut ist ein Graffiti-Kürzel, mit dem man einzelne Worte oder Sätze bequem in einen Text einfügt. (Sie schwimmen, haben nicht den Hauch einer Ahnung, wovon ich spreche? Wie gut, dass es Kapitel 2.3.3 gibt.)

Allerdings bin ich Ihnen schuldig geblieben zu erklären, wie man so einen ShortCut erstellt. Irgendwie fand ich es hier klüger aufgehoben – wenn Sie schon ein wenig Übung mit dem PalmPilot und Graffiti besitzen. Denn natürlich ist das der Clou bei dem Ganzen, dass man ShortCuts vollkommen individuell an die eigenen Bedürfnisse anpassen kann.

Einen neuen ShortCut erstellen

Den Aufbewahrungsort der ShortCuts finden Sie, indem Sie über Anwendungen ◆ Einstellen auf den kleinen nach unten gerichteten Pfeil oben rechts im Einstellungen-Fenster tippen und aus der ausklappenden Liste ShortCuts wählen. Das Resultat ist folgendes Fenster:

Bild 3.28:
Da »lagern« Ihre Kürzel

In Bild 3.29 sehen Sie eine Liste aller vorab eingestellten ShortCuts und ihrer Entsprechungen.

Ich muss z.B. ziemlich oft das Wort »Antimaterielichtschild« benutzen. (Fragen Sie mich jetzt bitte nicht, was es bedeutet – bei uns Raumfahrern ist wichtig, eine gute Figur zu machen! Wir müssen nicht unbedingt wissen, worüber wir sprechen.) Aber mich nervt kolossal, dass ich dieses ellenlange Wort ständig neu in meinen Palm hacken muss (von den Rechtschreibfehlern mal ganz abgesehen). Deshalb werde ich es mir nun als ShortCut anlegen, damit ich es mit wenigen Zeichen stets zur Hand habe.

Sie kennen doch bestimmt genügend ähnliche Wörter oder Sätze, die Sie oft benutzen müssen und die genauso mühsam zu schreiben sind. Sehen Sie mir also ruhig über die Schulter.

☑ Um einen neuen ShortCut zu erstellen, tippen Sie auf die Befehlsschaltfläche NEU, die Sie unten links im Fenster EINSTELLUNGEN ♦ SHORTCUTS finden. Das Fenster SHORTCUT-EINTRAG öffnet sich.

Bild 3.29:
Hier erstellen Sie
den »kurzen Schnitt«

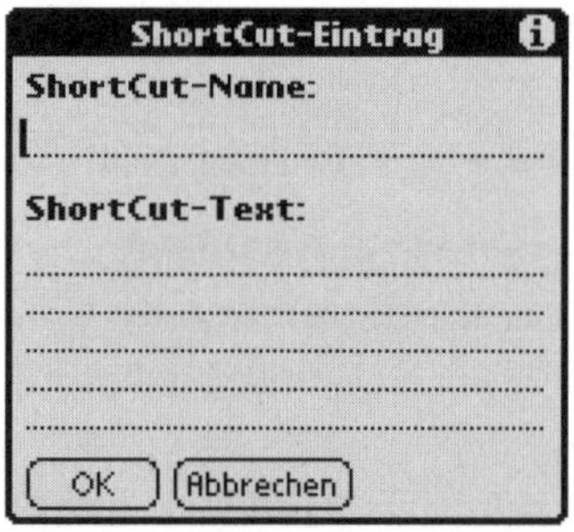

☑ Ich tippe nun einmal kurz in das untere Feld SHORTCUT-TEXT, so dass der Cursor darin blinkt.

☑ Hier gehört das Wort oder der Satz rein, den Sie mit Ihrem neuen ShortCut bedienen möchten. Länger als 45 Zeichen (Leerstellen mit eingeschlossen) darf es jedoch nicht werden.

☑ Ich schreibe also zum letzten Mal in meinem Leben `Antimaterielichtschild` auf die Graffiti-Schreibfläche (man kann natürlich auch die Bildschirmtastatur dazu benutzen – oder es über die Menüpunkte KOPIEREN und EINFÜGEN eingeben).

☑ Dann tippe ich in das obere Feld SHORTCUT-NAME und kritzele den ShortCut auf die Graffiti-Schreibfläche, den ich mir als Abkürzung ausgedacht habe. Für »Antimaterielichtschild« scheint mir `als` eine gute Abkürzung zu sein.

Bild 3.30: »`als`« – mein erster eigener ShortCut

☑ Jetzt tippe ich auf OK und schon erscheint mein neuer ShortCut in der Liste.

Bild 3.31: Herzlichen Glückwunsch, »als« ist in der Liste!

Geschafft! Immer wenn ich nun den ShortCut-Strich und die Graffiti-Buchstaben `ALS` in einer Anwendung schreibe, macht mein PalmPilot automatisch »Antimaterielichtschild« daraus. Doof ist das nicht, oder?

Kein Punkt zu Beginn eines ShortCut-Namens!

Setzen Sie auf gar keinen Fall einen Punkt an den Anfang eines ShortCut-Namens. Ich habe keine Ahnung, warum – aber aus irgendeinem Grund reagiert der PalmPilot darauf ziemlich merkwürdig. Er löscht plötzlich alle Daten oder saugt die Batterien leer – und das ist doch nichts, was Sie wollen, oder? Leerzeichen innerhalb von ShortCut-Namen funktionieren übrigens auch nicht. Am besten bleiben Sie einfach stur bei Buchstaben und Zahlen, dann wird auch nichts passieren.

ShortCuts bearbeiten

Sie möchten einen ShortCut ändern? Kein Problem!

☑ Tippen Sie im Fenster EINSTELLUNGEN ♦ SHORTCUTS auf den ShortCut, den Sie verändern möchten. Er wird daraufhin dunkel unterlegt hervorgehoben.

Bild 3.32:
ShortCuts bearbeiten

☑ Tippen Sie nun auf die Befehlsschaltfläche BEARBEITEN. Das uns hinlänglich bekannte Fenster SHORTCUT-EINTRAG öffnet sich.

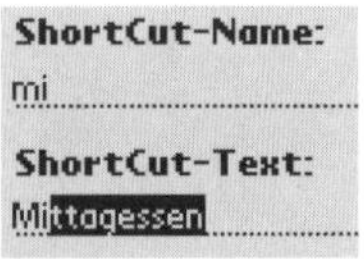

☑ Hier markieren Sie mit dem Stift den Teil des Eintrags, den Sie ändern möchten und geben mit Graffiti oder der Bildschirmtastatur Ihre Änderung ein.

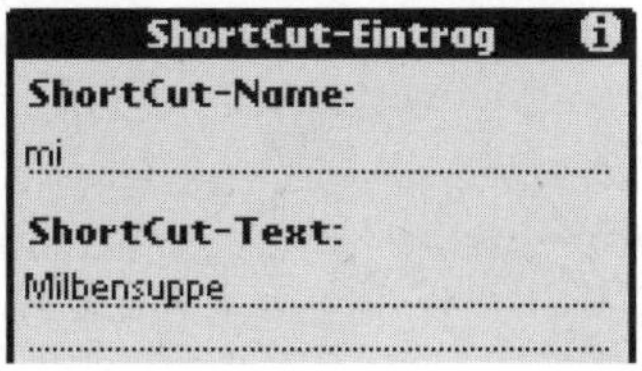

Bild 3.33:
Aus »Mittagessen« wird in Nullkommanichts mein Leibgericht

☑ Nun bestätigen Sie das Ganze noch, indem Sie auf OK tippen, und der überarbeitete Eintrag erscheint in Ihrer ShortCut-Liste.

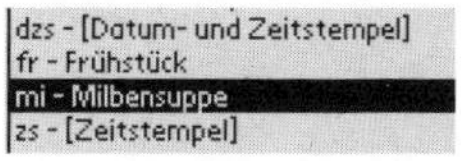

ShortCuts löschen

Zum Löschen eines ShortCuts tippen Sie im Fenster EINSTELLUNGEN • SHORTCUTS auf Ihr Opfer und wählen dann die Befehlsschaltfläche LÖSCHEN. Im nun aufspringenden Dialogfenster bestätigen Sie Ihre Wahl noch mit der Befehlsschaltfläche JA – und weg ist er ...!

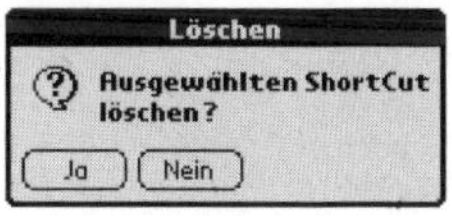

Ich hoffe, mein kleiner Ausflug in die Welt der Palm-Erleichterungen hat Ihnen gefallen. Im nächsten Kapitel wenden wir uns der wahrscheinlich am häufigsten benutzten Palm-Anwendung überhaupt zu. Dem *Kalender*.

4 Wann? Wo? Und vor allen Dingen mit wem ...?

Wie sieht's aus, haben Sie den Start gut überstanden? Bis jetzt machen Sie sich nicht schlecht, finde ich. Und? Ist schon ein irres Gefühl, durch so eine neue Galaxis zu fliegen, was? Sie können den Gurt übrigens ruhig ablegen. Wir beschäftigen uns jetzt nämlich mit Terminen, und dabei soll man doch nicht gleich das Gefühl haben, eingeengt zu sein.

Ich bin der Zettelwirtschaft-Typ. Und dementsprechend sah früher mein Kalender aus. Die Leute fingen schon an zu lachen, wenn ich mein überquellendes Zeitplanbuch nur aus der Tasche nahm. Wenn ich heute jedoch den Palm hervorziehe, gucken die meisten erst etwas irritiert. Ahnen sie aber schließlich, was da in meinen Händen liegt, wechseln ihre Augen zu ehrfürchtigem Staunen. Tja Leute, Phil hat sich ausgezettelt!

Auch mit dem Terminchaos ist es dank PalmPilot vorbei. Nie wieder der beschämende Satz: »Äh, rufen Sie doch bitte meine Sekretärin an, die sagt Ihnen, ob ich an dem Tag kann ... Ich habe die aktuellen Termine gerade nicht zur Hand, wissen Sie, äh ...« Nein! Heute mache ich unterwegs meine Termine und gleiche sie durch einen einzigen Knopfdruck mit dem PC ab, sobald ich wieder im Büro bin. So sind alle immer auf dem aktuellen Stand.

Tja, Herr Palm kann schon eine Menge. Ich sage zu der kleinen Terminmaschine übrigens liebevoll Terminator – das ist sein Vorname, glaube ich. Gestatten: Terminator Palm. Aber genug davon. Legen wir los, Sie wollen ja schließlich wissen, was Sie alles aus dem *Kalender* des PalmPilots herausholen können.

Gestartet wird er übrigens, indem man auf die Anwendungstaste KALENDER drückt, ganz links auf dem Palmgehäuse.

4.1 Einblicke in den Palm-Kalender

Die Bedienung des *Kalenders* ist keine große Sache. Sie ist kinderleicht, hat man sich erst mal daran gewöhnt, dass es bei dem kleinen Display unmöglich ist, die Ereignisse eines ganzen Monats plus die der aktuellen Woche oder eines Tages gleichzeitig anzuzeigen. Aber clever, wie mein kleiner »Terminator« nun mal ist, hat er trotzdem alle drei Ansichtsoptionen per Knopfdruck zur Hand.

Wenn Sie den *Kalender* öffnen, sehen Sie links unten in der Ecke vier kleine Kästen, die jeweils eine Ansichtsoption symbolisieren. Sollten Sie noch eine ältere OS-Version besitzen, sehen Sie bloß die ersten drei. Aber keine Sorge, diese drei sind durchaus die wichtigsten. Indem Sie auf die Kästen tippen, wechseln Sie zwischen den verschiedenen Ansichten hin und her. Das Symbol der gerade angezeigten ist dann übrigens dunkel unterlegt.

Das linke Kästchen mit dem einen Punkt steht für die Tagesansicht. Der zweite Kasten mit drei Punkten öffnet die Wochenansicht. Kästchen Nr. drei symbolisiert – wie könnte es anders sein – einen ganzen Monat. Und Nummer vier ist etwas Besonderes: Die so genannte Agenda-Ansicht: Hier öffnet sich eine Tagesansicht, die nur aus den eingetragenen Terminen besteht. Außerdem werden die Aufgaben angezeigt, die noch zu erledigen sind.

Wie's noch schneller geht

Um zwischen den einzelnen Kalenderansichten schneller umzuschalten, können Sie auch die Taste KALENDER auf Ihrem PalmPilot benutzen. Jedes Mal, wenn Sie draufdrücken, springt die Kalenderansicht nämlich einen Modus weiter.

4.1.1 Tagesansicht

Drücken Sie die Anwendungstaste KALENDER, sollte die aktuelle Tagesansicht erscheinen. Bei mir sieht sie heute so aus:

Bild 4.1:
Gut geplant ist
halb gewonnen!

Wenn Sie in die Zukunft oder zurück in die Vergangenheit blättern wollen, benutzen Sie das jeweilige Dreieck oben in der Statusleiste.

Bild 4.2:
Das Dreieck mit der Spitze nach links blättert eine Woche zurück, das mit der entgegengesetzten Spitze eine Woche nach vorn

Um tageweise vor oder zurück zu blättern, benutzen Sie am einfachsten die Bildlauftaste (das ist der Knochen in der Mitte der Anwendungstasten). Unten geht's in die Zukunft, oben in die Vergangenheit.

4.1.2 Wochenansicht

Die Wochenansicht liefert Ihnen einen grafischen Überblick über Ihre Termine. Sieht ein bisschen aus wie der gute alte Stundenplan aus der Schule, nicht wahr? Und genauso funktioniert sie auch. Links wird von oben nach unten die Zeit in Zweistundenschritten angezeigt. Oben sehen Sie von links nach rechts die Wochentage samt Datum, wobei das heutige Datum stets fetter als die anderen erscheint. Haben Sie bei einem Kalendereintrag keine Uhrzeit definiert, wird er in der Wochenansicht als kleiner Punkt unter dem Datum dargestellt. Ein dünner Strich am unteren oder oberen Rand der Tabelle bedeutet, dass es noch spätere bzw. frühere Termine gibt. Um diese einzublenden, tippt man auf die Dreiecke rechts unten im Display. Und die Balken in der Mitte – tja, das sind Ihre Kalendereinträge.

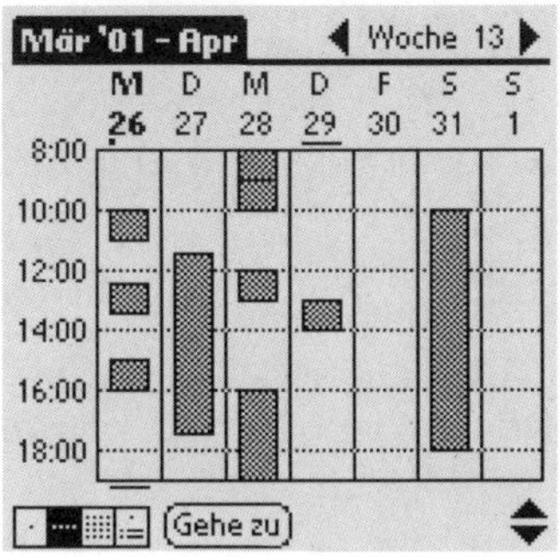

Bild 4.3:
Die Woche im Uberblick

»Aber so sehe ich ja gar nicht, was das für Termine sind« höre ich schon wieder jemanden maulen. Heulen Sie nicht gleich – eins nach dem anderen! Denn auch hieran hat die Firma Palm gedacht. Tippen Sie nämlich auf einen der Balken, werden oben im Fenster alle relevanten Informationen für ein paar Sekunden eingeblendet. Gut, was? Das sieht dann z.B. so aus:

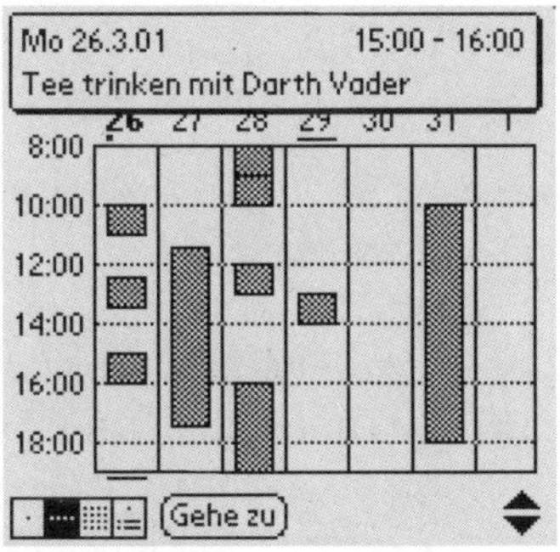

Bild 4.4:
Ein angetippter Termin wird rausgerückt

Übrigens: Wenn Sie in der Wochenansicht auf ein nicht mit einem Balken belegtes Feld tippen, schaltet Ihr Palm automatisch in die Tagesansicht dieses Datums und öffnet einen Eintrag exakt bei der Uhrzeit, die Sie angetippt haben. Da brauchen Sie dann nur noch was reinzuschreiben. Ich sagte doch, dass der kleine »Terminator« 'ne Menge drauf hat.

Auch in der Wochenansicht können Sie sich mit den beiden Dreiecken oben in der Statuszeile mühelos eine Woche vor oder zurück bewegen. Die Bildlauftaste erledigt l den gleichen Job.

Termine verschieben

Die Wochenansicht besitzt noch eine besondere Qualität, die sie den anderen Ansichten voraus hat: Man kann in ihr Einträge packen und an eine andere Stelle verschieben. Das beschränkt sich zwar auf eine Stelle innerhalb dieser Woche (man kann einen Eintrag also nicht 10 Tage oder gar einen Monat weiter schieben) – aber immerhin.

Ein Beispiel soll das verdeutlichen. Mein Freund Korben Dallas wollte meinen Raumgleiter reparieren. Am besagten Termin saß er dann allerdings irgendwo kurz hinter Uranus im Stau fest, rief mich an und fragte, ob es nicht auch am nächsten Tag zur selben Zeit ginge. Ich sah auf die Wochenansicht meines Palms und stellte erfreut fest, dass kein Balken diesen Termin trübte. Also sagte ich zu und zog – damit ich den Termin nicht vergesse – den kleinen Balken von heute an dieselbe Stelle des nächsten Tages.

Genug der Geschichten! Was müssen Sie tun?

☑ Berühren Sie mit dem Stift den Terminbalken, den Sie verschieben wollen.

☑ Ziehen Sie nun den Stift übers Display zu der Stelle (Tag/Uhrzeit), an der Sie den Termin neu ablegen möchten.

Während Sie den Stift übers Display ziehen, nehmen Sie einen schwarzen Umriss des Terminbalkens mit. Der zeigt Ihnen die Stelle, an der Sie sich gerade aufhalten. Gleichzeitig wird der Termin mit allen Daten oben im Display angezeigt (so wie wenn Sie nur auf den Balken getippt hätten). Uhrzeit und Datum werden jedoch automatisch angepasst, während Sie den Terminbalken verschieben. So können Sie immer sicher sein, über welcher Stelle im *Kalender* Sie gerade schweben.

☑ Befindet sich der schwarze Umriss des Terminbalkens dort, wo Sie den Eintrag haben wollen, heben Sie den Stift einfach hoch.

Jetzt steht der Terminbalken an der neuen Position. War doch nicht schwer, oder? Und selbstredend ist der Termin hiermit insgesamt (also in allen Kalenderansichten) verschoben worden.

4.1.3 Monatsansicht

Die Monatsansicht sieht wie ein richtiges Kalenderblatt aus.

Bild 4.5:
Der Monat im Uberblick

Allerdings ist sie auch am aussagelosesten, was Ihre Termine angeht. Das aktuelle Datum wird in ihr dunkel unterlegt und alle Kalendereinträge des jeweiligen Monats erscheinen bloß als kleine Striche. Hier können Sie nicht sehen, um was für einen Termin es sich handelt und schon gar nicht, um welche Uhrzeit er stattfindet. Aber zum Überblick verschaffen ist dieser Modus durchaus geeignet. Und genauso für die schnelle Navigation. Denn sobald Sie auf ein Datum tippen, wechselt Ihr Palm in die Tagesansicht des gewählten Datums.

Mit den beiden Dreiecken oben rechts im Display wechseln Sie pro Tipp mit dem Stift einen Monat vor oder zurück. Bei der Bildlauftaste verhält es sich genauso.

4.1.4 Agenda-Ansicht

Wenn Sie mich fragen, ist die Agenda-Ansicht der Ort im Palm-Universum, den ich am häufigsten konsultiere. Hier habe ich alles auf einem Blick: Die aktuelle Uhrzeit, alle heute anstehenden Termine und meine Liste mit den Sachen, die zu erledigen sind. Ich habe nicht jeden Tag so viel zu tun wie heute, aber wenn, bin ich froh, dass mein »Terminator« mir den Stand der Dinge mitteilt.

Bild 4.6:
Mannomann, ist heute was los!

Die aktuelle Uhrzeit sehen Sie oben links in der Ecke. In der rechten Ecke daneben findet sich das Datum und die beiden uns inzwischen hinreichend bekannten Dreiecke, mit denen man jeweils einen Tag vor- oder zurückspringen kann (auch hier ist alternativ dazu die Bildlauftaste zu verwenden).

Die Agenda-Ansicht ist in zwei Teile aufgeteilt. Im oberen stehen die Termine des Tages. Wenn Sie einen dieser Einträge antippen, öffnet er sich in der Tagesansicht, so dass man ihn bequem bearbeiten kann.

Im Abschnitt darunter findet man eine Liste mit Aufgaben, die zu erledigen sind (Fachmänner bezeichnen so was auch elegant als To-Do-Liste). Bei Ihnen steht keine einzige Aufgabe? Kein Wunder, die müssen Sie ja erst mit der Anwendung *Aufgaben* definieren (und wie das geht, verrate ich Ihnen in Kapitel 6). Vor jeder Aufgabe steht ein transparentes Kästchen, das Sie durch antippen mit einem Haken markieren können – so wissen Sie immer, was Sie bereits erledigt haben und was nicht. Und wenn Sie direkt auf eine der Aufgaben tippen, wechselt der Palm zur Anwendung *Aufgaben*, wo auch diese ohne große Umstände zu bearbeiten sind (dazu, wie gesagt, in Kapitel 6 mehr).

Sehen Sie in diesem Modus am Rand einen Pfeil, so heißt das, dass mehr Termine und/oder Aufgaben vorhanden sind, als aufs Display passen. Tippen Sie einfach auf den gestrichelten Teil des Pfeils und Sie kriegen den Überhang zu Gesicht.

Alles in allem ist die Agenda-Ansicht eine wirklich hilfreiche Erweiterung zu den andern drei Ausführungen des *Kalenders*, finde ich. Wenn Sie mit einer älteren OS-Version als 3.5 arbeiten, müssen Sie jedoch leider darauf verzichten (oder Ihr Betriebssystem updaten – worüber ich in Kapitel 14 noch einiges zu sagen habe).

Gehe zu ...!

Ihnen ist bestimmt bereits die Befehlsschaltfläche GEHE ZU aufgefallen, die auf jeder der Ansichtsmöglichkeiten unten im Display ruht. Wenn Sie weite Strecken im *Kalender* zurückzulegen haben, ist das Ihr Turbo. Einmal getippt, entfaltet sich auf dem Display ein Jahreskalender, durch den man mit zwei oder drei Mal tippen zu jedem Datum gelangt, das man sucht.

4.2 Termine eintragen

So, jetzt wissen wir, in welchen Ausführungen der Palm uns den *Kalender* zur Verfügung stellt. Aber nun müssen Ihre Termine ja noch irgendwie an die richtige Stelle kommen, nicht wahr? Nichts leichter als das.

Die erste Grundregel lautet: Kalendereinträge werden immer in der Tagesansicht gemacht. Wenn sie geöffnet ist, suchen Sie sich am besten über die Befehlsschaltfläche GEHE ZU (unten rechts im Display) das Datum für Ihren Termin aus. Haben Sie es? Dann gibt es zwei Möglichkeiten, einen Eintrag vorzunehmen.

4.2.1 Die schnelle Tour

Und so geht's:

☑ Tippen Sie in der Tagesansicht auf die Zeile neben der Uhrzeit, zu der Ihr Termin beginnt. Der Cursor sollte jetzt in der Zeile blinken.

☑ Nun können Sie Ihren Termin mittels Graffiti oder der Bildschirmtastatur eingeben.

Bild 4.7:
Na also, funktioniert doch!

☑ Sind Sie fertig? Dann tippen Sie mit dem Stift auf eine leere Stelle, rechts unten neben der Schaltfläche GEHE ZU. Jetzt verschwindet der Cursor und Ihr Termin ist eingetragen.

Wenn Sie diesen letzten Schritt auslassen, ist es übrigens auch nicht schlimm. Dann blinkt der Cursor eben weiter (soll er doch!). Ihrem Palm macht das nichts. Er wartet einfach darauf, dass Sie den nächsten Job für ihn haben.

»Alles schön und gut«, sagen Sie. »Aber was macht man zum Beispiel, wenn der Termin nicht zur vollen Stunde beginnt oder nur zwanzig Minuten dauern soll?« Gut gefragt – ich verrate es Ihnen.

4.2.2 Die ausführliche Tour

Um solchen »Widrigkeiten« zu begegnen, tun Sie Folgendes:

☑ Tippen Sie in der Tagesansicht auf die Uhrzeit, die dem gewünschten Termin am nächsten liegt. Folgendes Dialogfeld öffnet sich:

Bild 4.8: Im Dialogfenster ZEIT EINSTELLEN kann man einen Termin sogar in Fünfminutenschritten präzisieren

☑ Tippen Sie hier in der breiteren der beiden rechten Spalten auf die gewünschte Terminstunde des Terminbeginns und in der schmaleren Spalte auf die Terminminute (z.B. 16 Uhr 45).

☑ Im Feld ANFANGSZEIT wird Ihre Wahl übernommen.

☑ Tippen Sie auf das Feld ENDZEIT (wodurch es dunkel markiert wird), und wählen Sie in der Stunden- und Minutenspalte die Uhrzeit aus, zu der Ihr Termin zuende geht (z.B. 18 Uhr 30).

Im Feld ENDZEIT wird die Uhrzeit übernommen.

☑ Bestätigen Sie Ihre Wahl, indem Sie auf OK tippen.

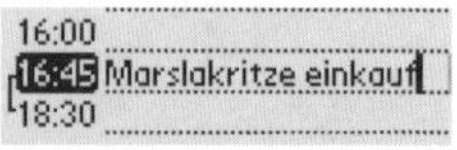

Das Dialogfeld ZEIT EINSTELLEN macht sich aus dem Staub und neben der gewählten Uhrzeit blinkt der Cursor in der Tagesansicht. Nun steht nichts mehr im Weg, den Termin (wie unter »schnelle Tour« beschrieben) einzutragen.

4.2.3 Termine ohne feste Uhrzeit

Ein Bekannter hat Geburtstag – zu welcher Stunde wollen Sie das denn im *Kalender* eintragen? Das gleiche Problem liefert Ihnen Ihr Hochzeitstag. Es gibt massenweise Ereignisse, die sich nicht auf eine bestimmte Uhrzeit festlegen lassen. Um so etwas einzutragen, gehen Sie folgendermaßen vor:

☑ Tippen Sie in der Tagesansicht des gewünschten Datums auf irgendeine Uhrzeit, die nicht von einem Termin belegt ist. (Alternativ dazu können Sie auch auf die Befehlsschaltfläche NEU tippen.)

☑ Das uns bereits bekannte Dialogfenster ZEIT EINSTELLEN öffnet sich.

☑ Ignorieren Sie einfach die Felder mit ANFANGS- und ENDZEIT, und tippen Sie auf die Befehlsschaltfläche KEINE UHRZEIT.

In der Tagesansicht des *Kalenders* öffnet sich jetzt über den Uhrzeiten ein Eintrag, der anstelle der Zeitangabe von einem Karo markiert ist. Der Cursor blinkt in ihm.

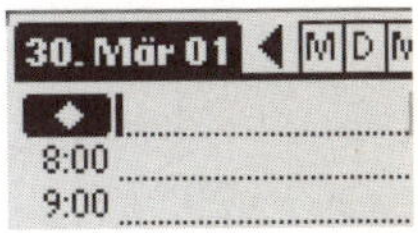

☑ Geben Sie nun den Geburtstag, Hochzeitstag oder was auch immer mit Graffiti oder der Bildschirmtastatur ein. Und – fertig!

4.2.4 Ganztags

Sie werden am Soundsovielten auf einer Konferenz sein, die den ganzen Tag dauert. Und natürlich wollen Sie nicht, dass Ihnen Ihre Sekretärin noch andere Termine auf das Datum legt. Also ist wichtig, dass ihr das auch auf einen Blick klar wird.

☑ Tippen Sie hierzu in der Tagesansicht des entsprechenden Datums auf die Befehlsschaltfläche NEU.

Was wird wohl passieren? Richtig, das Dialogfenster ZEIT EINSTELLEN öffnet sich mal wieder.

☑ Wählen Sie hier die Befehlsschaltfläche GANZTAGS und

☑ geben Sie in der Tagesansicht die Terminbezeichnung ein.

So könnte das dann aussehen:

Bild 4.9:
Ganztägige Termine

Sie suchen verzweifelt die Befehlsschaltfläche GANZTAGS? Sorry, dann ist wohl mal wieder Ihr Betriebssystem nicht auf dem neusten Stand. Ganztägige Einträge sind erst ab OS-Version 3.5 drin. Davor kann man Termine nur für einen ganzen Tag definieren, indem man selbstständig Anfangs- und Endzeit auf die entsprechenden Uhrzeiten setzt (wie unter 4.2.2 beschrieben).

Termineintrag – Palm oder Desktop?

Wenn Sie viel am PC arbeiten, empfehle ich Ihnen, Ihre Verabredungen mit der Tastatur auf dem Computer in die *Palm Desktop*-Software einzugeben. Selbst wenn Sie Olympiasieger in Graffiti sind, geht's am PC in aller Regel schneller als mit dem Stift. Kurz bevor Sie dann auf Achse gehen, »hotsyncen« Sie den Palm und unterwegs ist er auf dem neusten Stand. (Mehr zum Thema »Arbeiten mit dem *Palm Desktop*« finden Sie in Kapitel 11.)

4.3 Was Ihr Kalender noch so kann

Bestimmt ist Ihnen bereits die Befehlsschaltfläche DETAILS in der Tagesansicht des *Kalenders* aufgefallen (unten zwischen NEU und GEHE ZU). Hinter diesem unscheinbaren Wort verbirgt sich noch allerhand. Hier können Sie nämlich zusätzliche Einstellungen zu einem Termin machen, wie festlegen, dass Ihr Palm Sie an ihn erinnert oder diesen Termin zur Privatsache erklären ... Aber sehen wir uns das Ganze doch einfach mal an.

Sie müssen einen Termin auswählen, um mit DETAILS arbeiten zu können. Ist ja auch logisch – wie soll Ihr Palm sonst wissen, wozu Sie das Detail einstellen möchten? (Hellsehen kann er leider immer noch nicht!)

☑ Tippen Sie dazu in der Tagesansicht mitten in den Eintrag, zu dem Sie Zusätzliches festlegen wollen. Der Cursor sollte nun darin blinken.

☑ Tippen Sie jetzt auf DETAILS.

Folgendes Fenster öffnet sich:

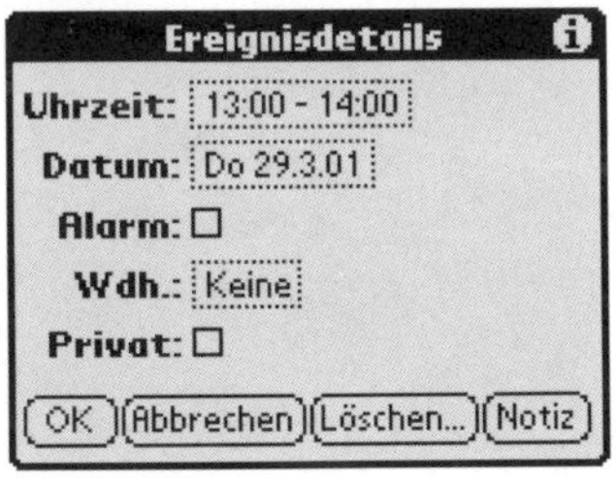

Bild 4.10: Liebe zum Detail? Auch im PalmPilot kein Problem!

Die ersten beiden Felder sagen Ihnen noch einmal, an welchem Tag und zu welcher Uhrzeit der Termin stattfindet. Und dann wird's interessant!

4.3.1 Alarm

Mein Gott, bin ich vergesslich. Wenn man mich nicht erinnert, vergesse ich manchmal sogar zu essen (und das liegt nicht nur daran, dass Astronautenfraß so lecker schmeckt wie ein abgetragener Vulkanierschuh). Termine, Treffen, sogar an Feiern muss man mich manchmal erinnern. Zum Glück ist Herr Palm alles andere als vergesslich und mit freundlichem Piepen zur Stelle, wenn ich mal wieder einen Tritt in den Allerwertesten brauche.

Wenn Sie in den EREIGNISDETAILS auf das Kästchen mit der Bezeichnung ALARM tippen, wird der Alarm für diesen Kalendereintrag aktiviert und mit einem Haken versehen. Außerdem springt folgende Einschaltmöglichkeit auf:

Bild 4.11: Den Alarm einstellen

Ab Werk ist der Palm darauf getrimmt, Sie fünf Minuten vor dem Ereignis durch einen Signalton zu erinnern. Aber wenn Sie auf das kleine Dreieck tippen, klappt eine Auswahlliste auf, in der Sie sich entscheiden können, ob Ihnen nicht Stunden oder Tage lieber sind als Minuten. Auch ist die »5« keine festgelegte Zahl (wie Ihnen der blinkende Cursor in dem Feld verrät), sondern kann durch eine Eingabe über die Graffiti-Schreibfläche oder die Bildschirmtastatur an Ihre persönlichen Bedürfnisse angepasst werden.

Haben Sie den Alarm eingestellt, bestätigen Sie es, indem Sie auf OK tippen. Das Fenster EREIGNISDETAILS schließt sich und kehrt zur Tagesansicht zurück. Hinter Ihrem Termineintrag finden Sie nun

das kleine Symbol eines Weckers, an dem Sie sehen können, dass der Alarm für den Eintrag aktiviert ist.

Bild 4.12: Das Symbol des Weckers erinnert Sie daran, dass Sie erinnert werden – oder so ähnlich ...

Selbstredend funktioniert der Alarm auch, wenn Ihr Palm ausgeschaltet ist.

Aber wer erinnert mich an den Alarm?

Inzwischen achte ich darauf, das Kontrollkästchen des Alarms gleich während der Termineingabe zu aktivieren. Zu oft habe ich es vergessen, wenn ich es auf später verschoben habe. Äh – und natürlich gab's dann auch keinen Alarm, der mich daran erinnert hätte ...!

4.3.2 Die ewige Wiederkehr

Jeden dritten Samstag im Monat ist Spieleabend bei den Vaders. Das ist immer so gewesen, daran denk ich schon. Das muss ich nicht extra in den *Kalender* schreiben ... Und dann – Pustekuchen: Trotzdem vergessen!

Wenn Ihnen das bekannt vorkommt, habe ich eine gute Neuigkeit für Sie. Direkt unter dem Feld für die Alarmeinstellung in den EREIGNISDETAILS finden Sie nämlich das ominöse Feld WDH. (steht für Wiederholung). Dank dieses Feldes brauchen Sie Termine, die regelmäßig sind, nur noch einmal einzugeben und Herr Palm überträgt sie automatisch an die jeweiligen Stellen im *Kalender*. Das ist ein Service, was?

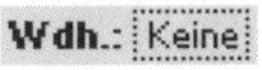

Steht hinter WDH. das Wort KEINE, bedeutet es, dass kein Wiederholmodus für diesen Eintrag festgelegt wurde. Tippen Sie nun auf KEINE, öffnet sich das Dialogfenster WIEDERHOLUNGEN ÄNDERN.

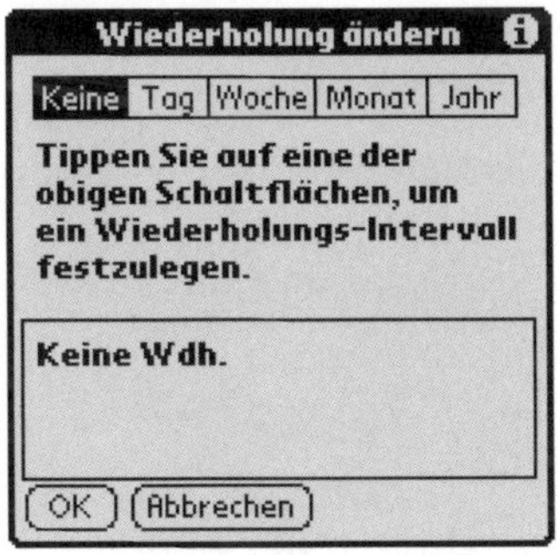

Bild 4.13: Regelmäßige Termine nie mehr zweimal schreiben! Hier sagen Sie Herrn Palm, dass er das gefälligst in Zukunft erledigen kann

Hier können Sie das Wiederholungsintervall eines Termins von Tagen, über Wochen und Monate bis zu Jahren festlegen.

☑ Wählen Sie dazu die jeweilige Schaltfläche aus und tippen Sie darauf. Passend zum Intervall werden nun Auswahlmöglichkeiten eingeblendet.

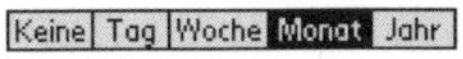

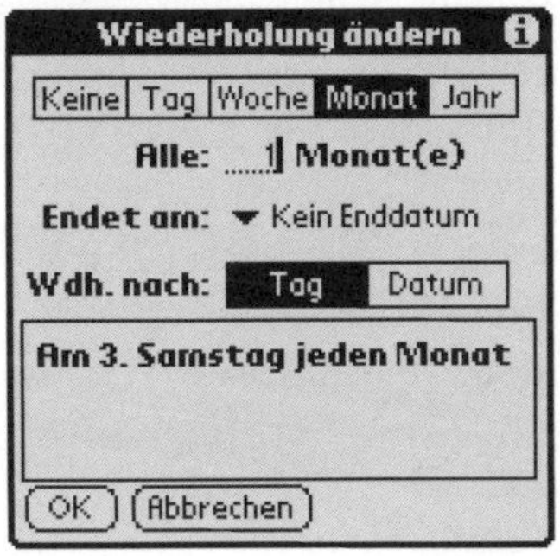

Bild 4.14: Monatliche Wiederholung

Das Feld ALLE finden Sie, ganz egal, ob Sie TAG, WOCHE, MONAT oder JAHR gewählt haben. Wenn Sie es lassen, wie es ist, geht Ihr Palm davon aus, dass der Termin jeden Tag, jede Woche, jeden Monat bzw. jedes Jahr stattfinden soll.

Fügen Sie mit Graffiti oder der Bildschirmtastatur beispielsweise eine 5 in das Feld ein, legt der PalmPilot die Wiederholung an jeden fünften Tag, jede fünfte Woche, jeden fünften Monat bzw. in jedes fünfte Jahr usw.

Ist die Wiederholung dieses Termins bloß eine vorübergehende Phase (z.B. ein Kurs an der Volkshochschule, das Geburtsvorbereitungstreffen etc.), die nach einer bestimmten Zeit abgeschlossen sein wird, so können Sie das über das Feld ENDET AM festlegen.

☑ Tippen Sie auf das Dreieck neben dem Feld und wählen Sie ein Datum aus. Steht KEIN ENDDATUM im Feld, bedeutet das, Ihr Palm wiederholt den Termin bis zum St. Nimmerleinstag in dem von Ihnen definierten Intervall.

Haben Sie sich für die wöchentliche oder monatliche Wiederholung des Termins entschieden, steht Ihnen noch eine zusätzliche Option zur Verfügung, um die Wiederholung präziser zu definieren.

Woche

Im wöchentlichen Wiederholmodus können Sie zusätzlich die Wochentage auswählen, an denen die Wiederholung stattfinden soll. Das Schaltfeld der Wochentage funktioniert dabei wie ein simpler Ein/Aus-Schalter. Wenn Sie einmal tippen, ist der Tag gewählt (und dunkel markiert), wenn Sie noch einmal auf denselben Tag tippen, ist er nicht mehr gewählt (und genauso wenig markiert).

Somit können Sie festlegen, dass der Termin jede Woche an mehreren bestimmten Tagen im *Kalender* eingetragen wird.

Monat

Die Palm-Programmierer haben zum Glück daran gedacht, dass sich monatlich Termine auf zwei verschiedene Arten wiederholen können. Immer an einem bestimmten Tag im Monat (z.B. jeder 3. Samstag im Monat) oder am Soundsovielten, abhängig vom Datum.

☑ Tippen Sie auf TAG und der PalmPilot registriert automatisch, an was für einem Wochentag im Monat sich der Termin befindet. Er wiederholt ihn dann am selben Tag in den nächsten Monaten.

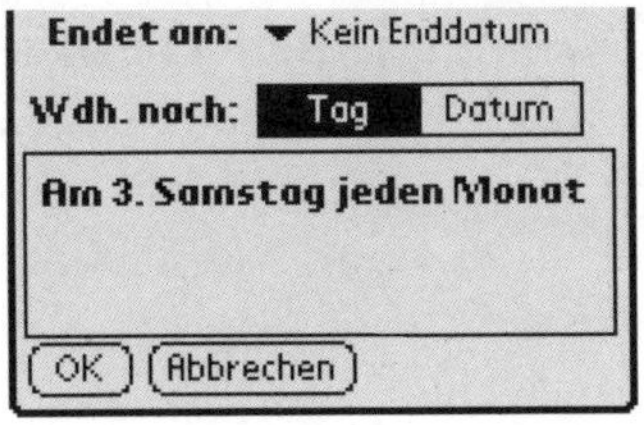

Bild 4.15:
Ach ja, der Spiele-abend war am dritten Samstag ...

☑ Tippen Sie jedoch auf DATUM, so kümmert Herr Palm sich darum, dass der Termin unabhängig vom Wochentag beim gleichen Datum der Folgemonate auftaucht.

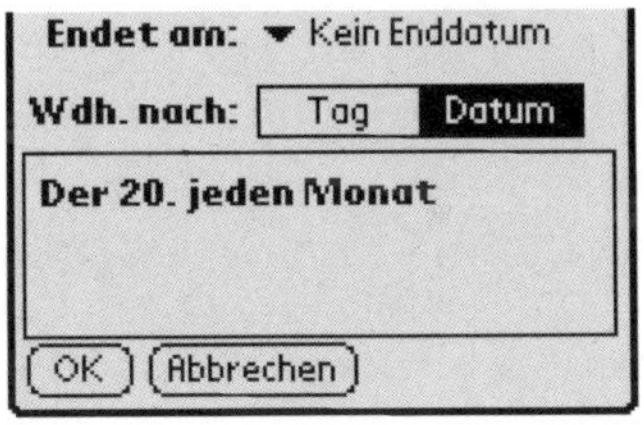

Bild 4.16:
... oder war es doch immer der Zwanzigste?

☑ So. Haben Sie Ihren Wiederholungsmodus gefunden und eingestellt? Dann bestätigen Sie es mit OK. Das Fenster EREIGNISDETAILS wird wieder angezeigt, und im Feld WDH. können Sie Ihre Wahl bestaunen.

☑ Beenden Sie wiederum, indem Sie wieder auf OK tippen.

Jetzt sehen Sie in der Tagesansicht hinter dem entsprechenden Termineintrag zwei überlappende Kästchen, die Ihnen auf den ersten Blick verraten, dass dies ein wiederkehrender Eintrag ist. So sieht das z.B. bei mir aus:

Bild 4.17:
Na ja, vielleicht muss man auch nicht alles in den *Kalender* schreiben ...

4.3.3 Privatisierung ist machbar, Herr Nachbar

Haben Sie bestimmte Termine, die nicht für fremde Augen gedacht sind? Sollen sie entweder verschleiert oder gar nicht angezeigt werden, falls jemand Unbefugtes Ihren Palm in die Finger kriegt? Nichts leichter als das.

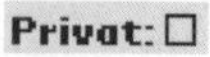

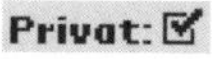

In den EREIGNISDETAILS sehen Sie das mit einem Kästchen versehene Feld PRIVAT (direkt unter dem Feld WDH.). Ist es bei einem Termin aktiviert worden, kann sich dieser Termin so unsichtbar machen, wie ein Raabe in dunkler Nacht. (Und was Sie dafür noch anstellen müssen, habe ich Ihnen bereits in Kapitel 3.3 erzählt.)

4.3.4 Terminnotizen

Manchmal ist wichtig, dass man sich für einen Termin etwas notiert. Und damit an dieser Stelle nicht doch wieder die Zettelwirtschaft ausbricht, gibt es im PalmPilot die Möglichkeit, Notizen an einen Termin zu heften. (Das »heften« funktioniert natürlich elektronisch – Sie müssen sich also keine extradicken BürOKlammern besorgen, die über den PalmPilot passen!).

☑ Tippen Sie dazu in den EREIGNISDETAILS auf die Befehlsschaltfläche NOTIZ.

Ein Fenster öffnet sich, das den Termin als Überschrift trägt. Hier können Sie nun mit Graffiti oder der Bildschirmtastatur eintragen, was für den Termin wichtig ist.

Bild 4.18: Wissenswertes zu Terminen – nur einen »Tipp« entfernt

☑ Wenn Sie Ihre Notiz beendet haben, tippen Sie auf die Befehlsschaltfläche FERTIG. (Falls Ihnen doch nicht mehr so gut gefällt, was Sie gekritzelt haben, können Sie natürlich auch LÖSCHEN wählen – aber, nun ja, Sie wissen, was dann passiert, oder ...?)

Herr Palm wechselt nun zurück in die Tagesansicht des *Kalenders*. Und er zeigt Ihnen hinter dem Termin ein Zeichen, das wohl ein eingeknicktes Blatt Papier darstellen soll, Sie aber vor allem daran erinnert, dass es zu dem Eintrag noch etwas zu lesen gibt. Übrigens erreichen Sie die Notiz am bequemsten, indem Sie auf eben jenes Symbol hinter dem Termin tippen.

Notizprofi!

Wenn Sie begriffen haben, wie man Einträgen im *Kalender* eine Notiz hinzufügt, haben Sie mehrfach gelernt! Dann können Sie es nämlich auch in den anderen Grundanwendungen des PalmPilots. Die Schritte dazu sind überall gleich.

4.3.5 Zum Termin die passende Telefonnummer

Jetzt habe ich noch was echt Cooles für Sie. Etwas, wovon jeder Papierkalendertiger nur träumen kann! Sie kennen das, man macht einen Termin mit jemandem aus und schreibt sich vorsichtshalber dessen Telefonnummer dazu – man kann ja nie wissen, ob man nicht noch mal nachhaken muss. Einmal macht man das, auch zweimal – aber spätestens beim dritten Mal nervt die Schreiberei gewaltig. Und jetzt kommt's: Ihr Palm übernimmt das für Sie in nur wenigen Schritten. Einzige Voraussetzung ist, dass die Telefonnummer im Palm-Adressbuch gespeichert ist (wie Sie die Zahlen da reinkriegen, erfahren Sie übrigens in Kapitel 5).

Sie wollen wissen, wie's geht? Hier ist die Anleitung:

☑ Tippen Sie in der Tagesansicht des *Kalender*s so in den Eintrag, dem Sie eine Telefonnummer mitgeben wollen, dass der Cursor hinterm letzten Wort blinkt.

☑ Tippen Sie auf die Schaltfläche MENÜ des APPLICATION LAUNCHERS und wählen Sie im Menü OPTIONEN den Befehl TELEFONBUCH, woraufhin sich ein Fenster mit den gespeicherten Telefonnummern öffnet.

☑ Markieren Sie den Eintrag, den Sie dem Termin hinzufügen wollen, indem Sie auf ihn tippen.

☑ Tippen Sie dann auf die Befehlsschaltfläche EINFÜGEN.

Bild 4.19: Telefonnummern in den *Kalender* übertragen

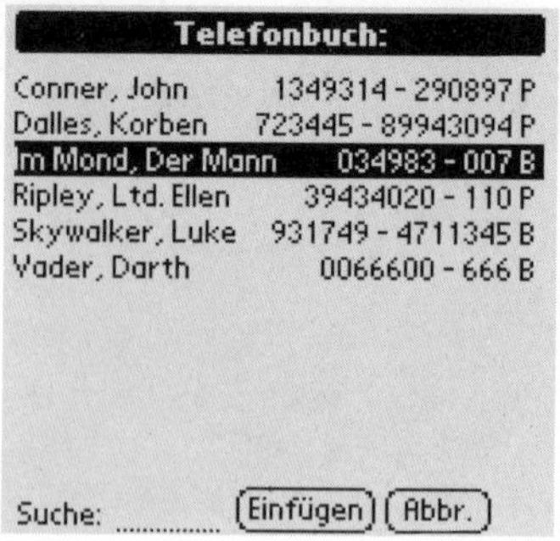

Und da haben Sie die Nummer samt Namen schon im *Kalender*:

Bild 4.20: Seltsame Namen haben manche Leute

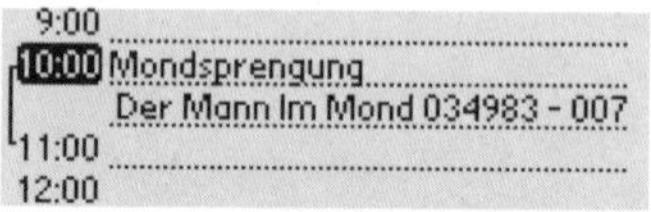

Leider ist das Telefonbuch nicht bereit, auch die Adresse einer Person in den *Kalender* zu übertragen. Alles was geht, ist Telefon- oder Faxnummer. Ach ja – und natürlich die E-Mail-Adresse, hätte ich fast vergessen. Welchen Eintrag Sie davon übertragen können, hängt davon ab, was Sie dem *Adressbuch* angewiesen haben, in der Adressenliste anzuzeigen (aber darüber unterhalten wir uns noch in Kapitel 5 ausführlich).

4.4 Und Tschüs! – Kalendereinträge löschen

Ich bin der Typ, der gerne mal in alten Kalendern rumstöbert, um sich an alte Zeiten zu erinnern ... Sie nicht? Sie möchten veraltete Einträge lieber wieder loswerden? Null Problemo!

☑ Tippen Sie in der Tagesansicht des *Kalenders* in den Termin, den Sie ausradieren wollen (an welche Stelle ist egal).

☑ Wählen Sie jetzt MENÜ ➧ EINTRAG ➧ EREIGNIS LÖSCHEN.

Bild 4.21:
Ratz-Fatz weg damit!

Das Dialogfenster Ereignis löschen springt auf und fragt Sie, ob Sie sich wirklich sicher sind.

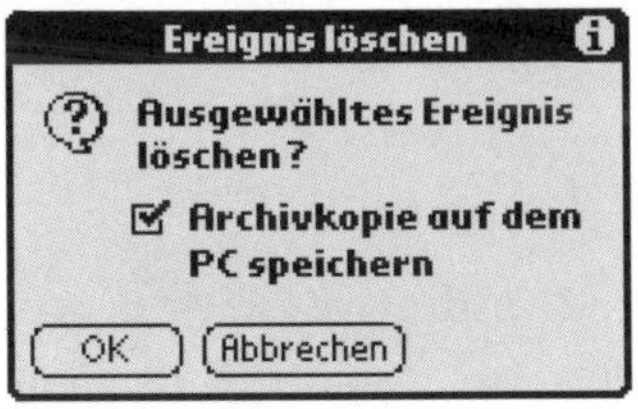

Bild 4.22:
Oh je, jetzt wird's ernst

Hier gibt es nun noch einen tollen Zusatz. Wenn Sie das Kontrollkästchen Archivkopie auf dem PC speichern antippen und damit markieren, wird der ausgewählte Termin zwar von Ihrem PalmPilot gelöscht, aber beim nächsten *HotSync* auf Ihrem PC archiviert. So können Sie wenigstens am Computer in alten Zeiten schwelgen (alles zum Thema Archivierung in Kapitel 10 und 11).

☑ Wenn Sie sich sicher sind, tippen Sie auf OK und der Termin war einmal.

Sie können einen Termin auch über die Ereignisdetails löschen:

☑ Den Termin antippen und Details wählen,

☑ auf die Befehlsschaltfläche Löschen tippen und

☑ das folgende Dialogfenster Ereignis löschen mit OK bestätigen.

4.5 Kalendervorlieben

Wie hätten Sie's denn gern? Es gibt zwei Dinge, die man im *Kalender* ändern kann. Die Anzahl der in der Tagesansicht angezeigten Stunden und den Alarm. Führen Sie dazu folgende Schritte aus:

Bild 4.23: Den *Kalender* konfigurieren

☑ Öffnen Sie den *Kalender* und wählen Sie MENÜ ➧ OPTIONEN ➧ EINSTELLUNGEN aus.

Das Fenster EINSTELLUNGEN macht sich breit.

Anfangs- und Endzeit

☑ Wenn Sie die Uhrzeit ändern möchten, mit der ein Kalendertag losgeht, dann tippen Sie auf eins der beiden Dreiecke neben dem Feld ANFANGSZEIT.

☑ Desgleichen benutzen Sie die beiden Dreiecke neben dem Feld ENDZEIT, um dem Kalendertag eine andere Uhrzeit zu verpassen, mit der er aufhört.

Sehen wir uns die Möglichkeiten für den Alarm an.

Alarm

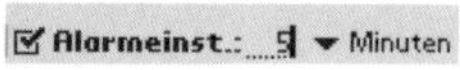

Hier stellen Sie ein, ob der Palm-Wecker grundsätzlich an- oder abgeschaltet sein soll. Markieren Sie das Kästchen ALARMEINST. durch Antippen, taucht ein Feld aus dem Nichts auf, das Ihnen eigentlich bekannt vorkommen müsste. Richtig, es ist dasselbe, das Ihnen angeboten wird, wenn Sie über die EREIGNISDETAILS den Alarm für einen einzelnen Termin einschalten (in Kapitel 4.3.1 haben wir uns ausführlich damit beschäftigt). Wenn Sie das Kästchen an dieser Stelle markieren, meldet sich der Wecker grundsätzlich vor jedem Termin und muss nicht mehr einzeln aktiviert werden.

Ich weiß natürlich nicht, was für ein Mensch Sie sind. Mehr der »Ich brauche vier Stunden vorher einen Tritt«-Typ oder der »Fünf Minuten langen dicke«-Kerl? Je nachdem sollten Sie sich den Alarmmodus natürlich einstellen.

☑ Tippen Sie auf das Wort MINUTEN im Feld ALARMEINST. Eine Liste klappt aus, auf der Sie sich entscheiden können, ob Sie der Alarm MINUTEN, STUNDEN oder TAGE vor dem Termin nerven soll.

☑ Dann können Sie noch mit Graffiti oder der Bildschirmtastatur eingeben, wie viele Minuten, Stunden oder Tage vor dem Termin der Krach losgeht. Ab Werk steht hier eine 5 – aber das muss ja nicht so bleiben!

Wie soll der Kleine eigentlich klingen? Die Frage beantworten Sie im Feld ALARMSIGNAL. Tippen Sie drauf, klappt folgende Liste auf:

Bild 4.24:
Anderer Sound gefällig?

Wenn Sie in der Liste einen neuen Klang anwählen, wird er kurz angespielt, so dass Sie hören können, ob er Ihnen gefällt.

☑ Tippen Sie auf das Dreieck neben dem Feld ERINNERN um einzustellen, wie oft der Wecker den Termin in Ihr Gedächtnis rufen soll. Folgende Möglichkeiten stehen zur Wahl:

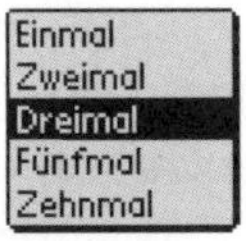

Bild 4.25:
Schon wieder der Wecker!

Meine eigene Einstellung verfährt hier ganz nach dem alten Lied von Konstantin (Achtung Wortwitz!) Wecker: »Genug ist nie genug ...!«

Jetzt müssen Sie noch festlegen, in welchen Abständen sich der Alarm bei Ihnen meldet.

☑ Tippen Sie auch hierfür wieder auf das kleine Dreieck – diesmal jedoch auf das im Feld WIEDERGEBEN ALLE. Aus der Liste wählen Sie dann ein Intervall aus.

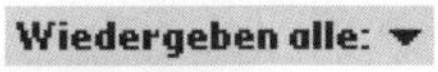

So, das war's. Ihr Alarm ist so gut wie fertig eingestellt.

☑ Bestätigen Sie zum Schluss noch alle Änderungen, die Sie in den Kalendereinstellungen vorgenommen haben, indem Sie links unten im Fenster auf OK tippen.

5 Kontakte braucht der Mensch

Ich lehne mich zurück – genieße das Gefühl der Schwerelosigkeit. Meine Termine sind geregelt, das Tagewerk geplant. Alles ist in ... Moment! Ich muss doch noch diesen Typen von der Meteoritenabteilung der Saturnringe zurückrufen. Wie hieß der noch? Und wo habe ich seine Nummer bloß? Sie lag doch hier irgendwo rum, auf einen Briefumschlag habe ich sie geschrieben, das weiß ich ganz genau ...

Der Weltraum ist groß und dementsprechend viele Leute kennt jemand, der so viel rumkommt wie ich. Mein Adressbuch aus Papier ist irgendwann völlig aus dem Leim gegangen. Und dann all diese Zettel mit flüchtig notierten Nummern, von denen man die eine Hälfte nicht mehr lesen kann und die andere genauso unbrauchbar ist, weil man vergessen hat, einen Namen dazu zu schreiben. Furchtbar! Das wird mir dank PalmPilot nie wieder so gehen.

In diesem Kapitel möchte ich mir mit Ihnen die Adressverwaltung des Palms ansehen und Ihnen alle Kniffe zeigen, die ich ausfindig machen konnte. Seien Sie also gespannt.

Am besten starten Sie das Ding erst mal, indem Sie auf die Anwendungstaste ADRESSBUCH vorne auf dem Gehäuse drücken. War es das erste Mal, wird das sich öffnende Fenster wahrscheinlich noch leer sein. Haben Sie aber schon ein paar Adressen eingegeben, könnte es auch aussehen wie bei mir:

Bild 5.1: Die Adressenliste – hier sehen Sie auf einen Blick, wen Sie gespeichert haben

5.1 Einträge im Adressbuch machen

Am einfachsten ist es, das *Adressbuch* am PC oder Mac über die *Palm Desktop*-Software zu füttern. Gerade, wenn Sie von einem herkömmlichen Adressbuch auf den Palm umsteigen und eine Menge Adressen einzugeben haben, möchte ich Ihnen das empfehlen. Die Tastatur schlägt Graffiti in Geschwindigkeitsfragen doch um Längen. Und Sie können alle Einträge später mit einem einzigen Knopfdruck via *HotSync* auf Ihren PalmPilot übertragen. In Kapitel 10 und 11 werden wir uns eingehend mit der *Palm Desktop*-Software und jenem ominösen *HotSync* beschäftigen.

Trotzdem ist auch wichtig zu wissen, wie man am PalmPilot direkt Adressen eingibt. Schließlich sitzt man ja in den wenigsten Fällen am heimischen PC, wenn man jemanden kennen lernt, dessen Adresse man notieren will.

Auf zur Tat – Sie haben das *Adressbuch* doch schon offen, oder?

☑ Dann tippen Sie in der Adressenliste unten auf die Befehlsschaltfläche NEU. Das Fenster BEARBEITEN öffnet sich.

☑ Tippen Sie jetzt auf irgendeine Stelle in der Zeile NACHNAME. Die Feldbezeichnung NACHNAME wird dunkel unterlegt dargestellt, damit Sie auch wissen, dass Sie getroffen haben.

☑ Geben Sie nun mit Graffiti oder der Bildschirmtastatur den Nachnamen der Person ein, die Sie dem *Adressbuch* hinzufügen wollen.

Bild 5.2: Hier werden Adressen verewigt

☑ Wiederholen Sie die letzten beiden Schritte für VORNAME, TITEL und FIRMA.

Jetzt sollten die ersten drei Zeilen beschriftet sein.

☑ Tippen Sie an eine beliebige Stelle der Zeile Büro und geben Sie die Geschäftstelefonnummer ein. Als Nächstes kommt ins Feld Privat die Privatnummer und ins Feld Fax – na was wohl? – die Faxnummer.

Wie, dieser Mensch hat noch eine Telefonnummer? Das Kommunikationszeitalter fordert einen ganz schön, was? Aber für »Palmisten« kein Problem.

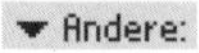

☑ D Tippen Sie auf das kleine Dreieck im Feld Andere. Eine Liste mit möglichen Telefontypen öffnet sich, aus der Sie den passenden Eintrag (z.B. Handy) auswählen können.

Bild 5.3: Wie viele Telefonanschlüsse braucht der Mensch eigentlich?

☑ Geben Sie nun auch diese Telefonnummer ein.

☑ Und gleich in die Zeile darunter schreiben Sie die E-Mail-Adresse.

Um die restlichen Datenfelder anzuzeigen, benutzen Sie die Navigationsdreiecke im Display unten links. Sie können natürlich auch die Bildlauftaste des Palms dazu benutzen.

☑ Nun füllen Sie noch die Felder für die Adressdaten und tippen, wenn Sie fertig sind, auf die Befehlsschaltfläche Fertig.

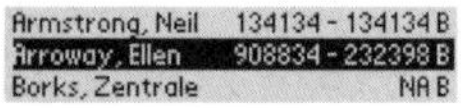

Das Fenster Bearbeiten macht sich aus dem Staub und Sie sehen wieder die Adressenliste, in der nun auch Ihr neuer Eintrag erscheint.

> **Wenn Sie bereits über einen Adressdatensatz verfügen**
>
> Arbeiten Sie beruflich oder privat bereits mit einem anderen Programm, das Adressdaten verwaltet, können Sie diese in die *Palm Desktop*-Software als Liste übertragen und anschließend per *HotSync* dem PalmPilot einverleiben. Das spart Ihnen eine ganze Menge Zeit und Mühe. Mehr Infos über den Umgang mit dem *Palm Desktop* finden Sie in Kapitel 11.

5.2 Einträge im Adressbuch ändern

Schon wieder einer Ihrer Freunde umgezogen? Manche Leute wechseln ihr Zuhause heutzutage aber auch öfter als die Socken. Na ja, wollen wir mal nicht so sein. Wenn Sie die Daten desjenigen im *Adressbuch* ändern möchten, so ist das zumindest eine Kleinigkeit.

☑ Öffnen Sie die Adressenliste und geben Sie auf der Graffiti-Schreibfläche die ersten Buchstaben des Nachnamens ein, den Sie bearbeiten möchten.

Die Buchstaben erscheinen im Feld SUCHE unten im Display. Gleichzeitig springt eine dunkle Markierung zum ersten Namen Ihrer Namensliste, auf den die Anfangsbuchstaben passen.

☑ Tippen Sie nun auf den Namen der Person, deren Daten Sie bearbeiten wollen.

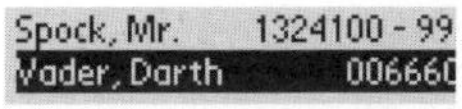

Der Bildschirm ANSICHT öffnet sich:

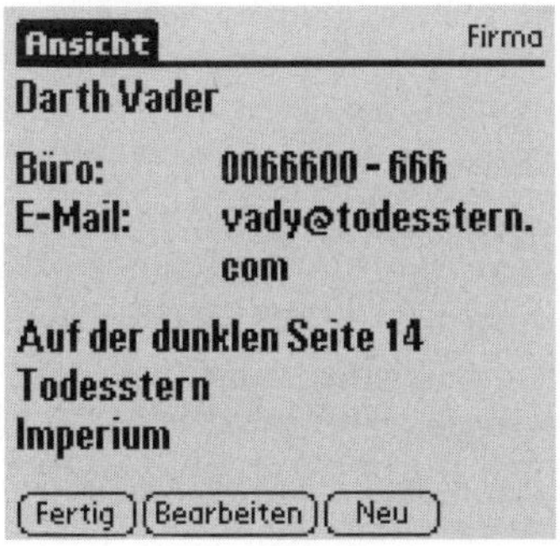

Bild 5.4:
ANSICHT: Informationen zu einer Person auf einen Blick

☑ Tippen Sie auf die Befehlsschaltfläche BEARBEITEN.

Das uns bereits bekannte Fenster BEARBEITEN öffnet sich. Geben Sie hier alle Änderungen ein, wie in Abschnitt 5.1 beschrieben. Wenn Sie ganze Wörter löschen müssen, ist es am einfachsten sie zu markieren, indem Sie auf dem Display einen Strich durch sie ziehen. Geben Sie dann auf der Graffiti-Schreibfläche die Änderung ein, wird der markierte Bereich automatisch überschrieben.

☑ Haben Sie alle Änderungen vorgenommen, tippen Sie auf die Befehlsschaltfläche FERTIG – und fertig!

5.3 Notizen

Wenn Sie viele Leute kennen und gar einen großen Adressenstamm von Kunden in Ihrem Palm verwalten müssen, kann es hilfreich sein, die eine oder andere Notiz zu einem Namen zur Hand zu haben. Und damit Sie nie wieder zwei Leute durcheinander bringen und gar einen Vulkanier fragen, wie sein Heimaturlaub auf dem Mars war (das kommt nicht gut an, gar nicht gut – glauben Sie mir!), sollten Sie die Notizfunktion Ihres *Adressbuchs* kennen und auch nutzen.

Lange Rede kurzer Sinn. Was müssen Sie tun, um einem Adressbucheintrag eine Notiz hinzuzufügen? Sie gehen genauso vor, als ob Sie einen Eintrag ändern möchten (genau genommen tun Sie das ja auch).

5.3.1 Notiz hinzufügen

☑ Suchen Sie den Namen der Person wie unter 5.1 beschrieben aus Ihrer Namensliste und tippen Sie darauf.

☑ Im Fenster ANSICHT tippen Sie auf die Befehlsschaltfläche BEARBEITEN und im darauf folgenden Fenster BEARBEITEN auf die Befehlsschaltfläche NOTIZ.

☑ Ein Fenster für Notizen öffnet sich, das mit dem Namen des ausgewählten Adressbucheintrags überschrieben ist.

☑ Geben Sie hier Ihre Anmerkungen zu der Person mit Graffiti oder der Bildschirmtastatur ein.

☑ Wenn Sie fertig sind, bestätigen Sie das mit der Befehlsschaltfläche FERTIG.

☑ Wir sind zurück im Fenster BEARBEITEN, wo Sie wiederum auf FERTIG tippen.

Wie wir es schon aus der Notizfunktion im *Kalender* kennen, erscheint nun in der Adressenliste neben dem Eintrag ein umgeknicktes Blatt Papier. Das soll Sie daran erinnern, dass Sie diesem Namen eine Notiz zugefügt haben. Wenn Sie die Notiz einsehen oder bearbeiten möchten, tippen Sie einfach auf dieses Symbol. Auf jeden Fall sollten Sie das tun, bevor Sie das nächste Mal jemandem unterstellen, dass er vom Mars ist!

Ihre Notiz wird übrigens auch im Fenster ANSICHT angezeigt, wenn Sie in der Adressenliste auf den Namen der Person tippen.

Herr Palm findet alles!

Sie suchen jemanden, dem Sie eine wichtige Notiz beigefügt haben, können sich aber nicht mehr erinnern, wer es war. Sie wissen nur noch, dass »Warp-Antrieb« darin vorkam. Tippen Sie im APPLICATION LAUNCHER auf das Symbol SUCHEN (das Symbol mit der Lupe, rechts unten, neben der Graffiti-Schreibfläche), geben »`Warp-Antrieb`« ein und tippen auf OK. Sie werden staunen – Herr Palm findet alles!

5.3.2 Notiz löschen

Sie wollen die Anmerkung zu einer Person wieder loswerden? Kein Problem.

☑ Wählen Sie in der Adressenliste den Eintrag aus, der die zu löschende Notiz enthält.

Das Fenster ANSICHT öffnet sich, in dem auch die verruchte Notiz zu lesen ist.

☑ Wählen Sie nun MENÜ ◆ EINTRAG ◆ NOTIZ LÖSCHEN.

Bild 5.5:
Weg mit der Notiz!

☑ Bestätigen Sie im Dialogfeld NOTIZ LÖSCHEN, dass Sie sich sicher sind, indem Sie auf JA tippen.

Das Fenster ANSICHT wird wieder angezeigt, aus dem Ihre Notiz nun verschwunden ist.

☑ Tippen Sie einmal mehr auf FERTIG – und das war's!

5.4 Visitenkarte gefällig?

Sie erinnern sich sicher noch daran, dass man früher kleine Kärtchen aus Karton mit seinem Namen und der Anschrift weitergegeben hat. Das haben Sie bestimmt mal in 'nem alten Film gesehen, oder? Visitenkarten nannte man so was. Tja, heutzutage, wo wir mit Raumschiffen von einem Ende ans andere Ende der Galaxie brausen, funktioniert sowas natürlich elektronisch – über Infrarot. Einzige Voraussetzung ist, dass Ihr Gegenüber auch einen Palm besitzt. Und zwar einen ab Modell III – drunter gibt's noch keine Infrarotschnittstelle. Sorry!

Aber das Tolle ist, Sie können tatsächlich eine Visitenkarte von sich »rüberbeamen«, wenn Sie einem anderen »Palmisten« begegnen. Sie können, wenn Sie wollen, so gut wie alles, was auf Ihrem Palm gespeichert ist, dem anderen »zubeamen« – aber dazu später mehr. Hier wollen wir uns mit der Visitenkarte begnügen. Um genau zu sein, will ich Ihnen an dieser Stelle auch nur zeigen, wie Sie eine Visitenkarte erstellen. Alles, was mit dem »Beamen« zu tun hat, sehen wir uns dann in Kapitel 8 an.

Wollen Sie Ihre Visitenkarte an andere PalmPilots »beamen«, müssen Sie zunächst einen Adresseintrag von sich selbst anlegen (wie das funktioniert, können Sie in Abschnitt 5.1 nachlesen). Haben Sie schon? Junge, Junge, Sie sind aber fix!

☑ Dann tippen Sie in der Adressenliste auf Ihren eigenen Namen.

Das Fenster ANSICHT öffnet sich, in dem alle relevanten Daten stehen sollten, die Sie anderen von sich anvertrauen wollen.

Bild 5.6:
Meine Anschrift – falls Sie mir mal schreiben möchten

☑ Tippen Sie nun im APPLICATION LAUNCHER auf MENÜ und wählen ♦ EINTRAG ♦ KARTE WÄHLEN aus.

Das Fenster KARTE WÄHLEN öffnet sich:

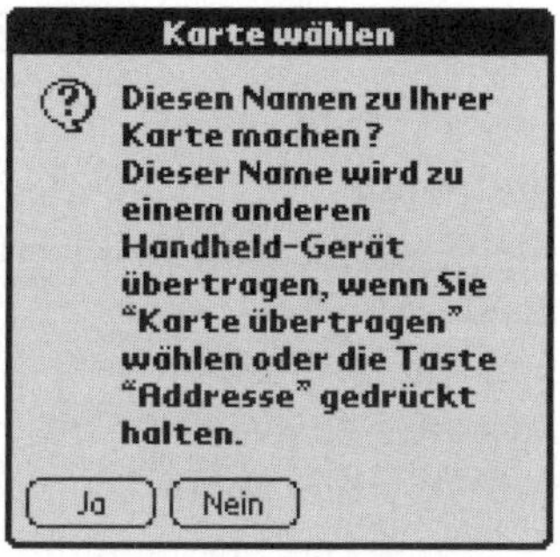

Bild 5.7:
Nur ein »Tipp« von der elektronischen Visitenkarte entfernt

☑ Bestätigen Sie, indem Sie auf JA tippen.

Jetzt wird im Fenster ANSICHT über Ihrem Namen ein Symbol angezeigt, das wohl eine Registrierkarte darstellen soll.

☑ Tippen Sie im Fenster ANSICHT nun noch auf FERTIG und Sie haben es geschafft.

Natürlich müssen Sie Ihren eigenen Eintrag nicht unbedingt als Visitenkarte definieren, um ihn einem anderen PalmPilot zu schicken. Aber es spart beim eigentlichen »Beamen« eine Menge Zeit. Und glauben Sie mir, auf Nebenstehende wirkt es dermaßen cool, wenn Sie mit einem einzigen Knopfdruck jemandem ihre Adresse rüberschicken. Schon um der Show willen lohnt sich die Mühe!

5.5 Wer suchet, der findet!

Für alle, die Ihre Adressen nicht selber eingeben, sondern dafür Sekretärinnen oder Zylonen beschäftigen, sollte ich vielleicht kurz noch mal erwähnen, wie man einen Adressbucheintrag ausfindig macht. Denn wenn Sie zu dieser Gruppe gehören, haben Sie bestimmt die ersten Abschnitte dieses Kapitels galant übersprungen. Aber wenn Ihr Datensatz an Adressen groß ist, kann er auch ganz schön unübersichtlich werden. Spitzen Sie also gefälligst die Ohren (auch wenn Sie kein Vulkanier sind)!

5.5.1 Adresseinträge ausfindig machen

☑ Öffnen Sie die Adressenliste.

☑ Geben Sie nun mit Graffiti oder der Bildschirmtastatur die ersten Buchstaben des Nachnamens ein, den Sie suchen.

Ihre Eingabe erscheint im Feld SUCHE (unter der Adressenliste, neben der Befehlsschaltfläche NEU). Gleichzeitig springt die Markierung der Adressenliste zum ersten Namen, auf den diese Buchstabenkombination passt. Wenn Sie nicht Hunderte von Einträgen mit dieser Kombination im PalmPilot gespeichert haben, sollten Sie Ihren gesuchten Eintrag inzwischen in der Liste ausmachen können. Wenn nicht, fügen Sie eben noch ein paar Buchstaben hinzu – solange bis Sie den doofen Eintrag getroffen haben.

☑ Haben Sie ihn? Dann können Sie auf ihn tippen, um ihn einzusehen oder zu bearbeiten.

Übrigens, wenn Sie es lieber umständlich haben, können Sie natürlich auch mit der Bildlauftaste durch die Einträge wandern. Aber ich warne Sie: Haben Sie viele Adressen gespeichert, kann das ganz schön Nerven kosten.

Adressen Kategorisieren

Um in der Adressenliste nicht ewig herumwühlen zu müssen, ist es sinnvoll, den Einträgen verschiedene Kategorien zuzuweisen. So kann man z.B. die beruflichen oder privaten Kontakte in eigenen Gruppen auflisten und findet eine Adresse noch schneller. Durch mehrmaliges Drücken der Anwendungstaste ADRESSBUCH (die mit dem Telefon) wechselt man dann bequem zwischen diesen Kategorien. Und wie man so eine Kategorie erstellt, verrate ich Ihnen, wenn Sie weiterlesen.

5.5.2 Schublade auf – Mensch rein! Kategorien nutzen

Wenn Sie auf die Anwendungstaste ADRESSBUCH drücken, um die Adressenliste zu öffnen, sehen Sie rechts oben die Kategorie, in der Sie sich befinden. Beim Öffnen des *Adressbuchs* wird die Kategorie ALLE angezeigt, was bedeutet, dass man hier alle gespeicherten Adressen zu Gesicht bekommt. Wenn Sie auf das kleine Dreieck daneben tippen, klappt die Liste der vorhandenen Kategorien auf.

Bild 5.8: Adressschublade gefällig?

Durch Tippen auf eines der aufgelisteten Wörter wechseln Sie in die jeweilige Kategorie. Auch durch mehrfaches Drücken der Anwendungstaste ADRESSBUCH können Sie von Kategorie zu Kategorie springen – allerdings nur, wenn Sie bereits mindestens einen Eintrag kategorisiert haben. In leere Kategorien hüpft die Taste mit dem Telefon nämlich nicht.

Und wie kriegt man nun einen Adresseintrag in eine dieser Kategorien? Sie kennen das ja bereits: Nichts leichter als das!

☑ Öffnen Sie den entsprechenden Adresseintrag durch Drauftippen, und wählen Sie dann die Befehlsschaltfläche BEARBEITEN.

☑ Nun tippen Sie rechts oben auf das Feld für die Kategorien (wenn Sie jenen Eintrag zum ersten Mal kategorisieren, steht dort NICHT ABGELEGT). Die uns bereits bekannte Liste klappt auf.

Bild 5.9: NICHT ABGELEGT ist die Kategorie, in der alle auftauchen, die nicht abgelegt sind (ja, der Autor hat noch mehr so kluge Sätze drauf – Sie werden schon sehen!)

☑ Wählen Sie aus der Liste nun die Kategorie aus, in die der Eintrag gesteckt werden soll.

Wie, es ist weder ein beruflicher noch ein privater Kontakt? Und Sie wollen von mir wissen, was es mit dieser ominösen QUICKLIST auf sich hat? In die QUICKLIST gehören Einträge, die häufig gebraucht werden, damit sie per Knopfdruck, schnell und ohne langes Suchen zur Hand sind.

Ihr Eintrag passt auch nicht zur QUICKLIST? Sie müssen auch immer eine Extrawurst braten, was? Aber ich beruhige Sie, mein Beispieleintrag will sich auch nicht so recht in eine der Kategorien stecken lassen.

Dann erfinden Sie doch einfach Ihre eigene Kategorie. Das geht!

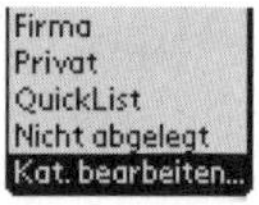

☑ Wählen Sie dazu in der Liste KAT. BEARBEITEN aus. Folgendes Fenster öffnet sich:

Bild 5.10: Hier werden Kategorien gemacht

☑ Tippen Sie auf die Befehlsschaltfläche NEU und geben Sie im aufklappenden Dialogfenster KATEGORIEN BEARBEITEN mit Graffiti oder der Bildschirmtastatur den Namen der neuen Kategorie ein.

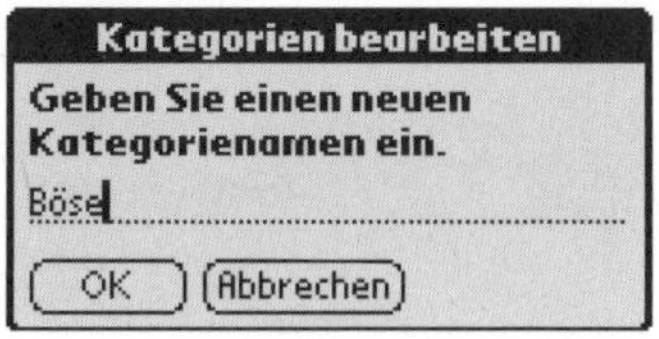

Bild 5.11: Schluss mit der Bevormundung – wir basteln uns unsere eigenen Kategorien!

☑ Bestätigen Sie Ihre Kategoriebezeichnung, indem Sie auf OK tippen. Und wie Sie sehen können, taucht sie auch gleich in der Liste im Fenster KAT. BEARBEITEN auf.

☑ Tippen Sie noch einmal auf OK und schon sind wir wieder zurück in der Bearbeitung Ihres Adressbucheintrages, der immer noch mit NICHT ABGELEGT ein bisschen nackig aussieht.

☑ Aber das wird sich ja gleich ändern. Immerhin haben Sie und ich nun endlich eine Kategorie, in die der besagte Eintrag passt.

☑ Trauen Sie sich ruhig. Tippen Sie noch einmal auf das kleine Dreieck neben dem Feld NICHT ABGELEGT. Tataaa – wie nicht anders zu erwarten, taucht nun Ihre neue Kategorie in der Liste auf, und Sie können sie auswählen.

Bild 5.12: Endlich passt die Kategorie!

Nach dem Tippen auf eine neue Kategorie erscheint sie in der oberen rechten Ecke des Eintrags.

☑ Bestätigen Sie noch, dass Sie den Eintrag tatsächlich in dieser Kategorie haben möchten, indem Sie auf die Befehlsschaltfläche FERTIG tippen.

☑ Geschafft – der Eintrag ist kategorisiert! Und nicht vergessen: Benutzen Sie die Anwendungstaste ADRESSBUCH, um zwischen den einzelnen Kategorien hin und her zu wechseln. Jedes Mal, wenn Sie draufdrücken, springt Ihr *Adressbuch* eine Kategorie weiter.

5.6 Einträge im Adressbuch löschen

Sie wollen einen Eintrag wieder loswerden? Das ist schnell geschehen.

☑ Tippen Sie in der Adressenliste auf den Namen der Person, die Sie aus Ihrem Palm verbannen möchten.

Das Fenster ANSICHT öffnet sich und verrät Ihnen alles, was Sie über diese Person nicht mehr wissen möchten ... Noch!

☑ Wählen Sie MENÜ ➧ EINTRAG ➧ EINTRAG LÖSCHEN.

Das Dialogfenster ADRESSE LÖSCHEN öffnet sich und fragt vorsichtig nach, ob Sie sich sicher sind, dass diese Daten über den Jordan gehören. Und ob Sie den Eintrag nicht wenigstens auf Ihrem PC archivieren wollen.

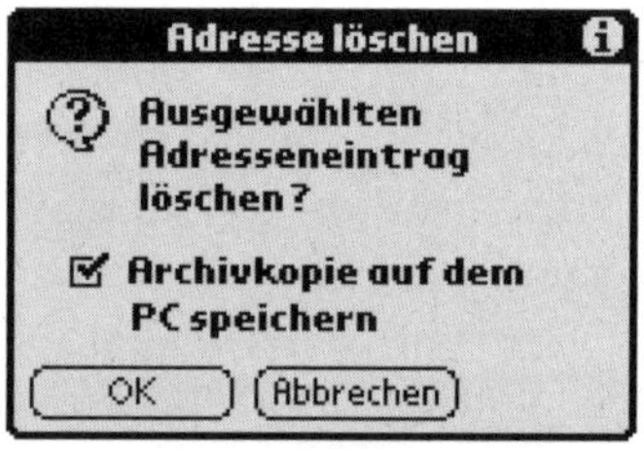

Bild 5.13: Der soll in meinem Palm rumstinken ...? Und tschüs!

Zum Archivieren des Eintrags tippen Sie das Kästchen an. Ob Sie getroffen haben, wissen Sie, wenn es wie in Bild 5.13 mit einem Haken versehen ist (was Sie sonst noch zum Thema Archivieren wissen müssen, steht übrigens in Kapitel 10 und 11).

Aber Sie sind sicher. Oder?

☑ Dann tippen Sie auf OK.

Die Adressenliste meldet sich voller Tatendrang und Adressen zurück. Mit allen Adressen – außer einer.

Zu früh gelöscht ...?

Waren Sie mal wieder etwas voreilig und haben einen Adresseintrag, ohne ihn zu archivieren, gelöscht? Dann bleibt Ihnen nur noch eine Chance, möchten Sie den Eintrag doch ganz gerne wiederhaben. Die Frage ist, haben Sie zwischen dem Löschen und Ihrem jetzigen Stimmungsumschwung schon einen *HotSync* durchgeführt? Wenn nicht – ist das Ihr Glück. Denn dann kennt Ihr PC die Person noch sehr genau. Und Sie können die Daten problemlos von Ihrem PC auf den PalmPilot zurücksynchronisieren (was es mit dem *HotSync* auf sich hat, verrät übrigens Kapitel 10). Haben Sie in der Zwischenzeit aber schon einen *HotSync* hinter sich, bleibt Ihnen nichts anderes übrig, als sich heulend in die Ecke zu setzen. Die Daten sind futsch!

5.7 Adressbuchvorlieben

Mir gefällt das *Adressbuch* ganz gut, wie es sich auf Knopfdruck präsentiert. Wenn es Ihnen da anders geht, habe ich hier noch ein paar Kniffe für Sie. Man kann schon Einfluss auf das Erscheinungsbild der Adressverwaltung nehmen – na ja, ein bisschen zumindest.

5.7.1 Adressbuch-Einstellungen

☑ Öffnen Sie das *Adressbuch* und wählen Sie MENÜ ➧ OPTIONEN ➧ EINSTELLUNGEN.

Das Dialogfenster ADRESSBUCH-EINSTELLUNGEN öffnet sich.

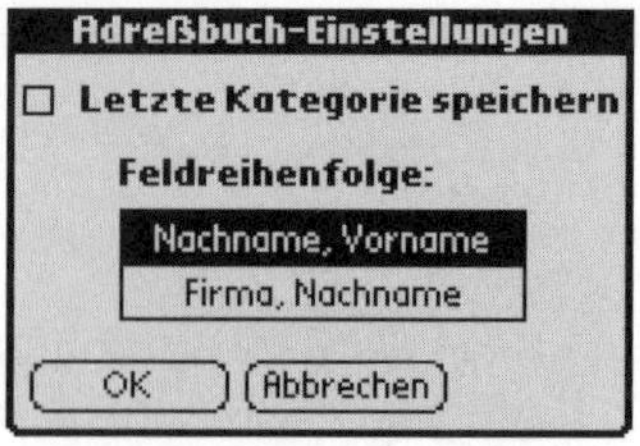

Bild 5.14: Wie soll Ihr *Adressbuch* denn aussehen?

Hier haben Sie verschiedene Möglichkeiten. In der Grundeinstellung werden die Einträge in der Adressenliste mit Nachname und Vorname aufgelistet. Wollen Sie aber lieber, dass die Firmennamen in der Adressliste angezeigt werden, tippen Sie das Feld FIRMA, NACHNAME an. Ihre Wahl wird hervorgehoben dargestellt.

Wenn Sie das Kontrollkästchen LETZTE KATEGORIE SPEICHERN durch Antippen markieren, öffnet sich das *Adressbuch* immer mit der letzten Kategorie, mit der Sie gearbeitet haben. Lassen Sie das Kästchen unmarkiert, präsentiert Ihnen das *Adressbuch* beim Öffnen stets alle Adressen. Probieren Sie am besten aus, was Ihnen mehr zusagt.

5.7.2 Eigenkreationen

Wenn Sie bereits einen Adressbucheintrag vorgenommen haben, sind Ihnen bestimmt schon die vier »Definiert«-Felder am Ende des BEARBEITEN-Fensters aufgefallen. Und Sie wussten nicht, was Sie damit anfangen sollten – stimmt's oder habe ich Recht?

Falls Sie überhaupt keinen blassen Dunst haben, wovon ich spreche, zeige ich sie Ihnen noch einmal.

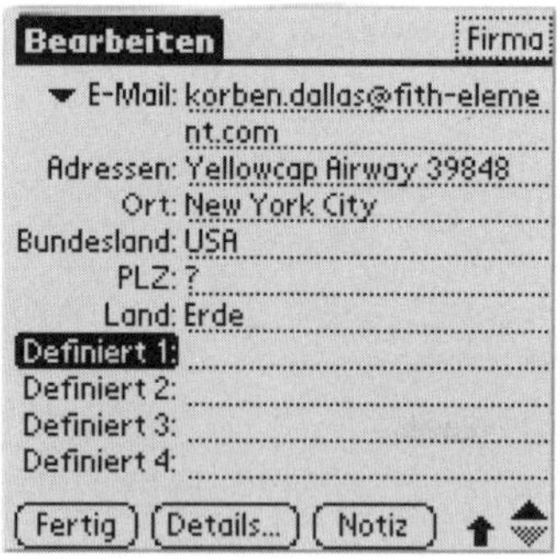

Bild 5.15: DEFINIERT 1 bis 4 – was ist das nun schon wieder?

Hinter diesen Feldern verbirgt sich eine recht nützliche Eigenschaft des PalmPilot *Adressbuchs*. Sie können hier nämlich eigene

Felder entwerfen, an die das *Adressbuch* noch gar nicht gedacht hat, die aber wichtig für Sie sind.

Sind Sie z.B. als Lieferant im Einzelhandel tätig, könnten Sie eines dieser Felder »Handelt mit« nennen und darin auflisten, mit was Sie den jeweiligen Kunden beliefern. Ein anderes Feld könnte »Geburtstag« heißen und Sie verewigen darin die Geburtstagstermine Ihrer Adressbucheinträge. Und so weiter und so fort – der Phantasie sind keine Grenzen gesetzt.

Um ein benutzerdefiniertes Feld einzurichten, müssen Sie Folgendes tun:

☑ Öffnen Sie das *Adressbuch* und wählen Sie Menü ➧ Optionen ➧ Benutzerfelder.

Das Dialogfenster Benutzerfelder umbenennen öffnet sich.

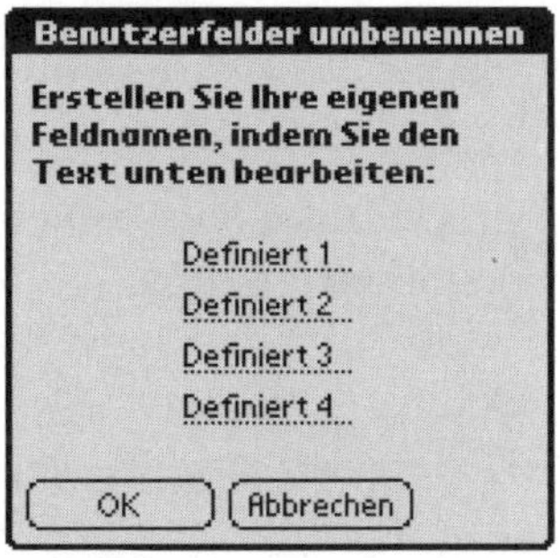

Bild 5.16: Benutzerfelder umbenennen: Hier können Sie sich Ihr *Adressbuch* zurechtschustern

☑ Markieren Sie das Feld, das Sie umbenennen wollen, indem Sie eine horizontale Linie mit dem Stift durchziehen.

☑ Nun geben Sie mit Graffiti oder der Bildschirmtastatur den neuen Namen für das Feld ein. Wenn Sie wollen, tun Sie danach dasselbe mit den übrigen Feldern.

Sie brauchen übrigens keinen Doppelpunkt ans Ende des Feldnamens setzen, das macht Herr Palm ganz selbstständig.

☑ Sind Sie mit dem Umbenennen fertig, tippen Sie auf OK.

Das Dialogfenster Benutzerfelder umbenennen macht sich aus dem Staub und die Adressenliste wird wieder angezeigt.

Wenn Sie nun auf einen Eintrag im *Adressbuch* tippen und danach Bearbeiten wählen, finden Sie Ihre Feldbezeichnung am Ende des Bearbeiten-Fensters und können dort reinschreiben, was Ihrer Meinung nach hineingehört.

6 Gut geplant ist halb gewonnen ...!

Wie gefällt Ihnen unser Flug? So ein Raumschiff ist um einiges leichter zu bedienen, als es am Anfang den Anschein hat – finden Sie nicht auch? Und inzwischen haben Sie bereits die Hälfte aller Hauptanwendungen kennen gelernt. Aber ich verrate Ihnen etwas: Wenn man mit Lichtgeschwindigkeit durchs Leben sausen will, ist es unerlässlich, dass man weiß, welche Aufgaben auf einen warten. Außerdem sollte man wissen, welche Aufgabe man wann bewältigen muss. Und natürlich nutzt das alles herzlich wenig, wenn man sich dann nicht daran hält ... Die nächste Aufgabe, die auf uns wartet, ist wohl dieses Kapitel hinter uns zu bringen!

Sind Sie auch so ein vielbeschäftigter Mensch? Tausend Dinge, an die Sie denken müssen, die zu erledigen sind? Anrufe, Einkäufe, Treffen, die zu planen sind, unzufriedene Kunden, die besänftigt werden müssen, überquellende Schreibtischablagen, Post, dann ist da noch Ihr Wagen, der sich bereits seit einem halben Jahr nicht mehr so gut anhört und mal wieder in die Werkstatt sollte ...! Und auf dem Weg zur Arbeit fällt Ihnen noch was ein, was unbedingt erledigt werden muss. Sie wollten es gleich in den Computer eingeben, wenn Sie das Büro betreten. Und jetzt sitzen Sie vor dem Bildschirm und wissen nicht mehr, was es war – nur noch, dass es wichtig war, das wissen Sie noch. Aber mein Gott, wer soll bei den vielen Aufgaben auch den Überblick behalten?

Die *Aufgabenliste* des PalmPilots ist die einfache Antwort. Hier erhalten Sie nämlich ein kleines, handliches Wergzeug,

- das Sie überall dabei haben können,
- das Ihnen stetig verrät, was alles noch ansteht,
- und das immer und vor allem überall begierig darauf wartet, dass Sie ihm Ihre neusten Einfälle anvertrauen.

So sind Sie immer gut organisiert, und das Vergessen der Jahrhundertidee gehört der Vergangenheit an. Einzige Voraussetzung ist, dass Sie wissen, wie man mit dem Ding umgeht – und natürlich, dass Sie es schließlich auch benutzen. Um die Fragen der

Bedienung kümmern wir uns in diesem Kapitel. Darum, dass dieses Wissen nicht im hintersten Winkel ihres Gehirns verstaubt, müssen Sie sich schon selber kümmern.

Aber bevor ich Ihnen ein Ohr abkaue – schalten Sie die *Aufgabenliste* doch ruhig erst mal an. Wissen Sie noch, welchen Knopf man dazu drücken muss? Richtig. Von links gesehen, den vorletzten auf dem Palmgehäuse (bezeichnenderweise nennt sich die Anwendungstaste auch noch AUFGABENLISTE).

6.1 Vom Kopf in den Palm – oder wie man die Aufgabenliste füttert

Wenn Sie nie etwas in die Aufgabenliste eingegeben haben, ist sie noch wüst und leer. Aber nicht mehr lange!

6.1.1 Aufgaben eingeben

☑ Tippen Sie in der geöffneten *Aufgabenliste* auf die Befehlsschaltfläche NEU.

Ein Kästchen mit einer leeren neuen Zeile erscheint im Display.

☑ Geben Sie nun mit Graffiti oder der Bildschirmtastatur ein Wort oder einen kurzen Satz ein, womit die Aufgabe umrissen wird. Die Aufgabe erscheint in der Zeile.

☑ Wiederholen Sie diese Schritte, bis Ihnen keine Aufgabe mehr einfällt.

☑ Tippen Sie dann in einen freien Bereich des Displays, um Herrn Palm zu zeigen, dass Sie genug Aufgaben eingegeben haben.

Bild 6.1: Aufgaben

Wie's noch schneller geht

Wenn Sie nicht mitten in einer Aufgabeneingabe sind (das sehen Sie daran, ob eines der Aufgabenkästchen dunkel markiert ist), können Sie mit Graffiti auch einfach drauflos kritzeln. Der PalmPilot erstellt damit dann automatisch einen neuen Aufgabeneintrag.

6.1.2 Aufgabe en détail

Nur ein paar Aufgaben in den Palm zu hacken, kann ja wohl nicht alles sein. Ist es auch nicht – die Aufgabenverwaltung des PalmPilots hat schon noch mehr drauf. Und Sie ja sicher auch, sonst hätten Sie sich doch mit einem Notizblock zufrieden gegeben. Aufgaben können mit einer Priorität, einer Kategorie und einem Fälligkeitsdatum versehen werden.

Sehen wir uns das mal an:

☑ Tippen Sie in der *Aufgabenliste* auf eine Aufgabe, mit der Sie ins Detail gehen möchten. Der Cursor blinkt nun in der Zeile und das voranstehende Kästchen ist dunkel markiert.

☑ Tippen Sie auf die Befehlsschaltfläche DETAILS. Das Dialogfenster AUFGABENDETAILS öffnet sich.

Bild 6.2: Mit was für einer Aufgabe haben Sie es zu tun?

Prioritäten definieren

Hier können Sie der Aufgabe eine Priorität zuteilen. Wenn Sie bloß zwei Aufgaben in Ihrer Liste haben (so wie ich in Bild 6.1), ist das wahrscheinlich eher unsinnig. Haben Sie jedoch eine lange Liste, so schadet ihr etwas Strukturierung in wichtig und weniger wichtig sicher nicht.

☑ Um die Wertigkeit einer Aufgabe festzulegen, tippen Sie im Feld PRIORITÄT auf die jeweilige Zahl.

1 ist die höchste Priorität und 5 demzufolge die niedrigste. Ihre Wahl wird dunkel markiert. In der *Aufgabenliste* werden die Einträge schließlich nach der Priorität angeordnet, so dass Aufgaben mit einer 1 ganz oben und Aufgaben mit einer 5 unten stehen.

Wenn Sie nur die Priorität eines Eintrags festlegen wollen, brauchen Sie dazu übrigens nicht unbedingt die AUFGABENDETAILS bemühen. Das können Sie bequemer direkt in der *Aufgabenliste* vornehmen. Tippen Sie hierfür in der *Aufgabenliste* auf die Zahl vor dem jeweiligen Eintrag und wählen Sie aus der aufklappenden Liste die Priorität aus. Bild 6.3 zeigt, wie das aussieht:

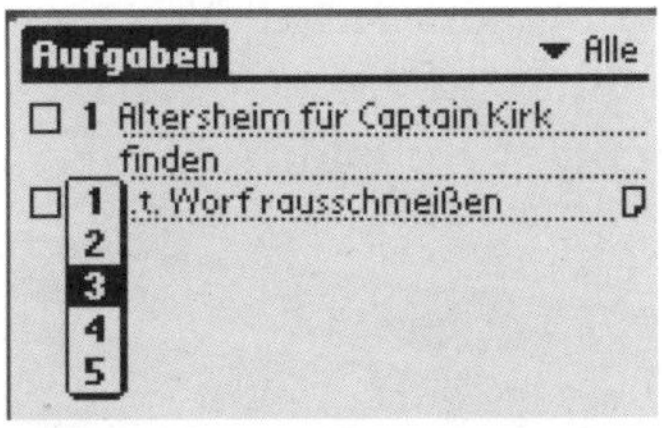

Bild 6.3: Wichtiges von Drängendem unterscheiden – hier legen Sie Prioritäten fest

Aber zurück zum Fenster mit den AUFGABENDETAILS (entschuldigen Sie meinen kleinen Abstecher – irgendwie dachte ich, das gehört hierher).

Kategorien verteilen

Ja, auch hier gibt es Kategorien. Und Sie werden feststellen, dass die Arbeit mit ihnen ganz ähnlich funktioniert wie wir es bereits beim Adressbuch (Kapitel 5.5.2) kennen gelernt haben. Und Sie werden sie schätzen lernen – die Kategorien meine ich. Zumindest wenn Sie viel mit der *Aufgabenliste* arbeiten. Denn die Darstellung auch nach verschiedenen Aufgabengebieten zu ordnen (darum geht's bei diesen ominösen Kategorien), macht sie doch um einiges übersichtlicher.

☑ Wenn Sie eine Kategorie für die Aufgabe wählen möchten, tippen Sie im Fenster AUFGABENDETAILS in das Feld KATEGORIE, das sich direkt unter dem Feld PRIORITÄT befindet.

☑ Eine Liste klappt auf, aus der Sie die Kategorie auswählen, in die Ihre Aufgabe fällt.

In der Grundeinstellung des PalmPilots gibt es die Kategorien FIRMA, PRIVAT und NICHT ABGELEGT (Letzteres bedeutet so viel wie: Hier kommt all der Krempel rein, der nirgendwo anders hinpasst – und zwar automatisch, so lange er keiner Kategorie zugeordnet wird). Wenn Ihnen das zur Unterscheidung nicht reicht, können Sie auch eigene Kategorien erstellen, indem Sie auf KAT. BEARBEITEN tippen. Das funktioniert dann genau wie bei den selbstgeschusterten Kategorien der Adressenliste. Und da ich mich nicht am laufenden Band wiederholen möchte, schlage ich vor, Sie lesen nach, was ich dort zu dem Thema verzapft habe (steht alles in Kapitel 5.5.2).

Auf jeden Fall ist es kein dummer Gedanke, Aufgaben in verschiedene Kategorien aufzuteilen. So können Sie immer auf einen Blick sehen, was in diesem Bereich Ihres Lebens oder Ihrer Arbeit gerade zu tun ist (die Kategorie wird übrigens rechts oben in der *Aufgabenliste* angezeigt). Und hier ist Herr Palm wirklich komfortabel, das geht nämlich per Knopfdruck.

Für einen schnellen Kategorienwechsel

Möchten Sie in der Darstellung zwischen den verschiedenen Kategorien umschalten, benutzen sie am einfachsten die Anwendungstaste AUFGABENLISTE. Wenn Sie einmal draufdrücken, öffnet sich die *Aufgabenliste* und zeigt alle Ihre Aufgaben. Bei jedem weiteren Druck auf die Taste springt die Auflistung in alphabetischer Reihenfolge zur nächsten Kategorie, wo nur noch die Aufgaben aus dieser Kategorie dargestellt werden. Und ist eine Kategorie leer, so wird sie einfach übersprungen.

Weniger ist mehr!

Noch ein Tipp am Rande: Übertreiben Sie es nicht mit den Kategorien, sonst verlieren Sie den Überblick und übersehen vor lauter Kategorien gar etwas Wichtiges. Dann wäre die ganze Mühe mit der *Aufgabenliste* für die Katz gewesen (und auch noch für eine, die sich in den eigenen Schwanz beißt!).

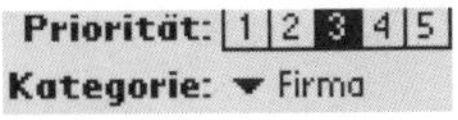

So, haben Sie in den AUFGABENDETAILS Ihre Kategorie für den Eintrag ausgewählt? Dann wird sie im Feld KATEGORIE angezeigt und wir können endlich weitermachen.

Sie sollten nämlich noch die Fälligkeit der Aufgabe festlegen, damit sie auch rechtzeitig erledigt wird.

Wann soll die Aufgabe erledigt sein?

☑ Tippen Sie ins Feld FÄLLIGKEITSDATUM (direkt unter dem Feld KATEGORIE in den AUFGABENDETAILS), um einen Zeitpunkt festzulegen, wann die Aufgabe abgehakt sein soll.

☑ Eine Liste mit Auswahlmöglichkeiten klappt auf.

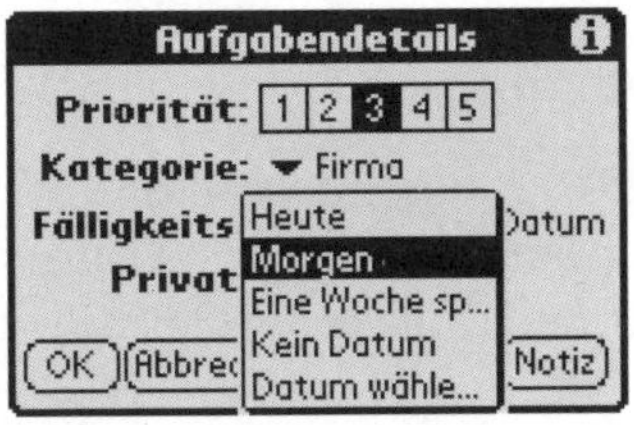

Bild 6.4:
Einen Zeitpunkt für die Aufgabe festlegen

☑ Tippen Sie auf den Zeitpunkt Ihrer Wahl.

Die Liste klappt wieder zu und das Datum wird im Feld FÄLLIGKEITSDATUM angezeigt. Außer, Sie haben DATUM WÄHLE... angetippt, dann öffnet sich nämlich ein Kalender, in dem Sie den Termin noch individueller auswählen können.

Bild 6.5: Der 2. Mai – ja, das ist ein gutes Datum!

Fälligkeitsdatum ▼ Mi 2.5.01

Sobald Sie hier Jahr, Monat und Tag ausgewählt haben, schließt sich das Fenster wieder und der Termin erscheint im Feld FÄLLIGKEITSDATUM.

Die Wahl des Fälligkeitsdatums ist nicht nur insofern interessant, dass Sie hier auf einen Blick sehen können, wann die Deadline für etwas naht, das erledigt werden muss. Sie ist auch für die Ordnung in Ihrer *Aufgabenliste* von Interesse. Denn Sie können Ihrem Palm sagen, dass er die Aufgaben in der Reihenfolge ihrer Fälligkeit auflisten soll. Aber dazu später mehr.

Das geht nur mich was an!

Haben Sie Dinge zu erledigen, von denen Sie nicht möchten, dass sie ein anderer in Ihrem Palm liest? Sind Sie z.B. wie ich immer mal wieder damit beschäftigt, die Welt vor Außerirdischen zu retten, wollen aber nicht als Aufschneider wirken und deshalb auch nicht, dass das jemand in Ihrer *Aufgabenliste* entdeckt?

Privat: ☑

Dann habe ich eine gute Nachricht für Sie. Wenn Sie das Kästchen PRIVAT in den AUFGABENDETAILS eines Eintrags markieren, kann dieser entweder vollkommen ausgeblendet werden, so als ob er gar nicht da wäre. Oder er kann durch einen grauen Balken maskiert werden, so dass er nicht mehr zu lesen ist. (Alles, was sie sonst noch über privatisierte Einträge wissen müssen, wird in Kapitel 3.3 erklärt.)

Aufgaben mit Notizen versehen

Natürlich reicht ein Wort oder ein kurzer Satz oft nicht aus, um eine Aufgabe vollständig zu umreißen. Auch weiß man manchmal nicht mehr, was ein Stichwort bedeuten soll, wenn es länger her ist, dass man es notiert hat. Aber wem sage ich das? Das kennen

Sie ja sicher selbst. Deshalb ist es natürlich klug, sich zu bestimmten Aufgaben eine Notiz aufzuschreiben.

☑ Wenn Sie das möchten, tippen Sie in den AUFGABENDETAILS des entsprechenden Eintrags auf die Befehlsschaltfläche NOTIZ.

Da ich ein fauler Mensch bin und mich ungern wiederhole, verweise ich an dieser Stelle auf meine Ausführungen zum Thema Notizen in Kapitel 4.3.4 (dort im Zusammenhang mit dem Kalender). Ich könnte Ihnen zum Notizenschreiben in der *Aufgabenliste* eh nichts sagen, was ich dort noch nicht erklärt habe.

Haben Sie in den AUFGABENDETAILS alle Einstellungen vorgenommen?

☑ Dann tippen Sie auf die Befehlsschaltfläche OK – woraufhin sich die AUFGABENDETAILS leise von Ihnen verabschieden.

6.2 Mit der Aufgabenliste arbeiten

Jetzt wissen wir, wie man etwas in die *Aufgabenliste* einträgt. Und wie man ihr wichtige Details hinzufügt, wissen wir inzwischen auch. Wenn wir jetzt noch die Kniffe für den Umgang mit ihr ergründen, sind wir nahezu *Aufgabenlisten*-Profis. Na ja, echte Profis sind wir wohl erst, wenn wir die Aufgaben auch ausgeführt haben!

Und deshalb gleich das Erfreuliche zu Anfang: Wenn Sie eine Aufgabe erledigt haben, gibt Ihnen der PalmPilot das befriedigende Erlebnis, diese auch abhaken zu können.

☑ Tippen Sie hierzu in der *Aufgabenliste* einfach auf das Kästchen, das vor derjenigen Aufgabe steht.

Und wie Sie sehen, wird es gleich mit einem Haken markiert:

Bild 6.6: Erledigt!!!

Auch diese Haken können übrigens Ordnung in Ihre Liste bringen. Warum? Weil Sie die Wahl haben, ob abgehakte Aufgaben in der Liste angezeigt werden oder nicht. Und wie das wiederum funktioniert, erkläre ich im nächsten Abschnitt.

6.2.1 Aufgabenvorlieben

Vielleicht gefällt Ihnen die *Aufgabenliste*, so wie sie ist. Dann überspringen Sie diesen Abschnitt einfach. Wenn Sie aber noch nicht ganz zufrieden sind, lesen Sie besser weiter – mal sehen, ob ich nicht noch etwas für Sie tun kann. Denn ein paar Dinge lassen sich da durchaus umgestalten.

☑ Tippen Sie dazu in der *Aufgabenliste* auf die Befehlsschaltfläche EINBLENDEN. Folgendes Fenster öffnet sich:

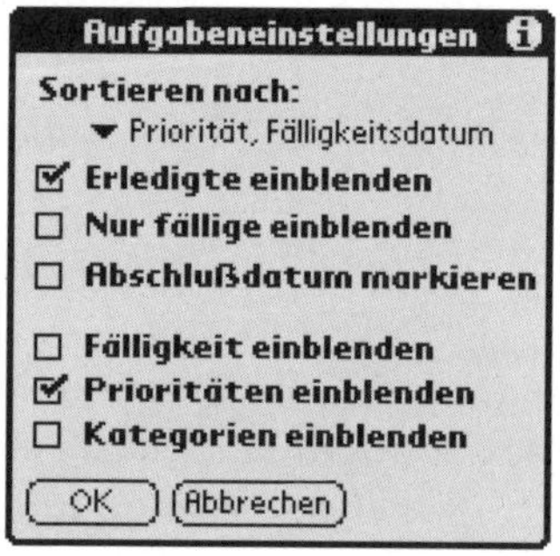

Bild 6.7: Die *Aufgabenliste* einrichten.

Sehen wir uns an, worauf man hier Einfluss nehmen kann. Zunächst können Sie festlegen, nach welchen Kriterien die *Aufgabenliste* dargestellt wird.

☑ Tippen Sie hierzu auf das kleine Dreieck unter dem Feld SORTIEREN NACH. Ihnen werden vier Varianten angeboten, die jede eine andere Reihenfolge der *Aufgabenliste* nach sich zieht und durch Antippen aktiviert wird.

☑ Sollen die Aufgaben nach

☐ Priorität, Fälligkeitsdatum
☐ Fälligkeitsdatum, Priorität
☐ Kategorie, Priorität oder
☐ Kategorie, Fälligkeitsdatum

aufgelistet werden? Probieren Sie aus, was Ihnen am besten schmeckt. Ich für meinen Teil habe mich für die Nr. 2 entschieden, damit ich nicht die »Deadline« einer Aufgabe verpasse. (Sie können sich sicher vorstellen, dass in meinem Job eine überschrittene »Deadline« sprichwörtliche Konsequenzen haben kann ...!).

Des Weiteren stehen Ihnen sechs Felder zur Verfügung, die Sie durch Antippen der Kästchen aktivieren oder ausschalten können. Hier geht es im Großen und Ganzen um die Frage, was in der *Aufgabenliste* eingeblendet wird und was nicht.

☑ Erledigte einblenden

- ☐ Wenn Sie das Feld ERLEDIGTE EINBLENDEN aktivieren, heißt das, Sie können auch morgen noch darüber staunen, was Sie heute vollbracht haben. Ob das allerdings sinnvoll ist, ist eine andere Frage. Immerhin wird Ihre Liste somit immer voller und nicht leerer. Und damit auch nicht gerade übersichtlicher.

☑ Nur fällige einblenden

- ☐ Aktivieren Sie das Feld NUR FÄLLIGE EINBLENDEN, so tauchen in der *Aufgabenliste* nur die Einträge auf, die entweder nicht mit einer Fälligkeit versehen wurden oder deren Fälligkeit am aktuellen Tag (oder früher) eingetragen ist. Somit vermeiden Sie, dass Sie heute schon von Aufgaben des nächsten Monats genervt werden – auch nicht schlecht, oder?

☑ Abschlußdatum markieren

- ☐ Das nächste Feld trägt den Namen ABSCHLUSSDATUM MARKIEREN und ist für Leute gedacht, denen es wichtig ist zu wissen, wann sie eine Aufgabe erledigt haben. Wenn es aktiviert wird, ändert Herr Palm das Fälligkeitsdatum in das des Tages, an dem die Aufgabe abgehakt wird. Wenn Sie also mal wieder mit Ihrer Frau darüber streiten, ob Sie an diesem oder jenem Tag abgewaschen haben – reiben Sie ihr einfach den entsprechenden Aufgabeneintrag unter die Nase. (Sollte sie sich danach von Ihnen scheiden lassen, schieben Sie es ruhig mir in die Schuhe – macht mir nichts aus, ehrlich!)

☑ Fälligkeit einblenden

- ☐ Wenn Sie das Feld FÄLLIGKEIT EINBLENDEN aktivieren, so macht Herr Palm genau das: Er blendet in der *Aufgabenliste* das Fälligkeitsdatum für Sie ein – für alle, die ein bisschen Feuer unterm Po gebrauchen können.

☑ Prioritäten einblenden

- ☐ Kommen wir zum Feld PRIORITÄTEN EINBLENDEN. Wahrscheinlich wird es Sie nicht sonderlich überraschen, wenn ich verrate, dass Sie hier entscheiden können, ob Sie die Prioritätennummer vor einem Eintrag in der Liste sehen wollen – oder nicht.

☑ Kategorien einblenden

- ☐ Aktivieren Sie zum Schluss noch das Feld KATEGORIEN EINBLENDEN, so können Sie schon in der *Aufgabenliste* sehen, aus welcher Kategorie eine Aufgabe stammt.

Achtung: Was Sie besser nicht tun sollten

Es ist keine gute Idee, Ihre *Aufgabenliste* nach Kategorien oder Prioritäten zu sortieren und gleichzeitig das entsprechende Feld in der Liste auszublenden. Glauben Sie mir, Ihre Liste kann dadurch ganz schön unübersichtlich werden.

Haben Sie Ihre Einstellungen vorgenommen, so tippen Sie auf OK, um das Fenster mit den AUFGABENEINSTELLUNGEN zu verlassen.

6.2.2 Aufgaben loswerden

Es kann natürlich vorkommen, dass eine Aufgabe veraltet. Sprich, Sie wollen sie löschen, auch wenn sie noch gar nicht erledigt wurde (natürlich sind die nachfolgenden Erklärungen auch auf erledigte Aufgaben anwendbar, aber dafür habe ich noch einen besseren Tipp auf Lager – seien Sie also gespannt!). Um einen bestimmten Eintrag aus der *Aufgabenliste* loszuwerden, tun Sie einfach Folgendes:

☑ Tippen Sie in der *Aufgabenliste* in den zu löschenden Eintrag.

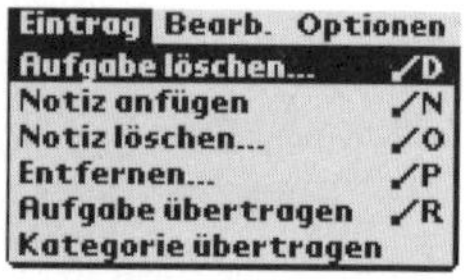

☑ Wählen Sie MENÜ ♦ EINTRAG ♦ AUFGABE LÖSCHEN.

Das Dialogfenster AUFGABEN LÖSCHEN klappt auf und fragt Sie, ob Sie sich das gut überlegt haben und ob Sie nicht vorsichtshalber doch noch eine Archivkopie der Aufgabe anlegen möchten.

Bild 6.8: Aufgabe ade!

Kann es sein, dass Sie diese Aufgabe doch noch mal hervorkramen müssen? Wenn, dann sollten Sie das Feld ARCHIVKOPIE AUF DEM PC SPEICHERN besser aktivieren. Tippen Sie dazu auf den kleinen Kasten des Feldes. Dann können Sie die gelöschte Aufgabe immer wieder per *HotSync* zurückholen. (Alles weitere zum Thema *HotSync* und Archivierung können Sie übrigens in Kapitel 10 und 11 nachlesen.)

☑ Archivkopie auf dem PC speichern

☑ Damit der ausgewählte Eintrag nun auch tatsächlich gelöscht wird, tippen Sie auf die Befehlsschaltfläche OK.

Das war's. Der Eintrag ist aus der *Aufgabenliste* verschwunden.

Sind Sie ein »Löscher«?

Gehören Sie zu den Leuten, die lieber kurzen Prozess machen als sich an Erreichtem zu weiden, und deshalb eine Aufgabe lieber löschen, statt sie als erledigt abzuhaken? Dann sollte Sie mein Einwand interessieren. Sicher, so eine Vorgehensweise bringt effektiv Ordnung in die *Aufgabenliste*, weil sie die Liste kurz hält. Der Nachteil ist aber, dass Sie so keinen Überblick darüber behalten können, was Sie wann erledigt haben – und das kann manchmal durchaus wichtig sein (z.B. wenn Ihr Chef plötzlich wissen will, ob Sie Ihr Geld wert sind). Überlegen Sie es sich also, ob Sie nicht vom »Löscher« zum »Ab-Haker« werden wollen – ich verspreche Ihnen, dass Ihre Liste auch so nicht aus den Nähten platzen muss.

Erledigtes auf kluge Weise loswerden

Ich habe Ihnen vorhin einen einfachen Weg versprochen, wie Sie erledigte Einträge über den Jordan schicken können und werde ihn nicht schuldig bleiben. Sie können nämlich einfach alle als erledigt markierte Einträge der *Aufgabenliste* auf einmal löschen und gleichzeitig festlegen, dass sie beim nächsten *HotSync* auf dem PC archiviert werden. Kling doch gut, oder?

So können Sie jeden Montag morgen, zum Beginn der neuen Woche, genüsslich darüber schwelgen, was Sie in der vergangenen Woche alles geleistet haben und anschließend Ihre *Aufgabenliste* mit einem Schlag von diesen Einträgen befreien.

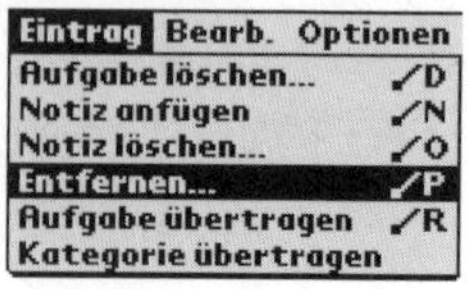

☑ Öffnen Sie dazu die *Aufgabenliste* und wählen Sie MENÜ ♦ EINTRAG ♦ ENTFERNEN.

Das Dialogfenster ENTFERNEN klappt auf und fragt Sie, ob Sie das wirklich tun möchten.

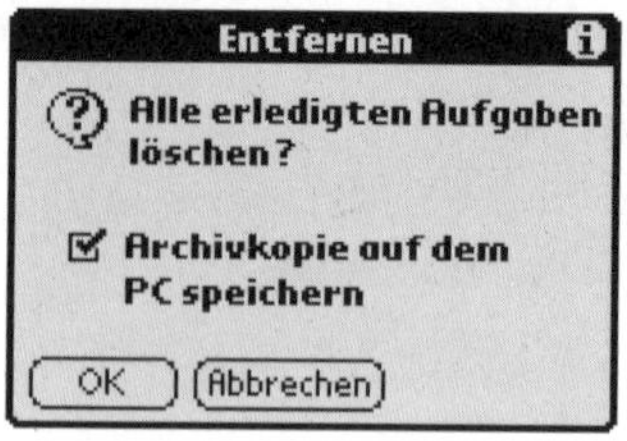

Bild 6.9: Das bringt Ordnung in die *Aufgabenliste* und setzt Speicherplatz frei: Erledigtes auf einen Schlag löschen

Erneut rate ich Ihnen, den Kasten ARCHIVKOPIE AUF DEM PC SPEICHERN zu markieren. Denn andernfalls haben Sie keinen Nachweis über das, was Sie irgendwann einmal erledigt haben.

☑ Tippen Sie auf OK und alle abgehakten Einträge verschwinden aus der Liste.

6.2.3 Wenn Sie mal Mist bauen

In der Regel greift man immer wieder auf eine Aufgabe zu, tippt sie an und verändert etwas am Text, löscht ein Wort oder fügt eine frische Info hinzu. Dabei kommt es natürlich auch vor, dass man sich verschreibt oder ein Wort zu viel ausradiert. Aber keine Panik, Sie können Ihren Eingriff wieder rückgängig machen (leider immer nur direkt nach der Eingabe und auch nur den letzten Eingriff).

Müssen Sie einen Fehler ausmerzen,

☑ dann wählen Sie MENÜ ♦ BEARB. ♦ RÜCKGÄNGIG.

Bild 6.10: Und zurück, marsch, marsch!

Und schwupp! Ihr alter Text erstrahlt in altem Glanz.

Leider muss ich Ihnen gestehen, dass dieses Rückgängigmachen nicht bei gelöschten Aufgaben funktioniert. Die können Sie bloß noch per *HotSync* von Ihrem PC zurückholen.

6.3 Aufgaben »beamen«

Dass das Raumschiff PalmPilot auch »beamen« kann, habe ich ja bereits erwähnt, nicht? Leider reicht es noch nicht dafür, Menschen von einem Ort zum anderen zu schicken, aber immerhin können Sie fast alles, was auf Ihrem Palm gespeichert ist, an jemanden mit einem anderen Palm transferieren (funktioniert aber nur ab Modell III – ältere Palms scheiden leider aus). Derjenige darf allerdings auch nicht weiter als ein Meter von Ihnen entfernt stehen (na ja, so wie beim Raumschiff Enterprise funktioniert's noch nicht – eher eine Art Schmalspurbeamer, was? – aber dafür ist Ihr Palm ja auch um einiges kleiner). Wie das mit dem »Beamen« genau funktioniert, erläutere ich in Kapitel 8.

Aber natürlich können Sie auch einzelne Aufgaben oder sogar eine ganze Aufgabengruppe »beamen« – und wie das läuft, verrate ich Ihnen jetzt. Wozu das gut sein soll, fragen Sie, anderen Aufgaben rüberzuschicken?

Na, nehmen wir mal an, Sie sind der Leiter einer Arbeitsgruppe, und Ihre Untergebenen arbeiten auch alle mit dem PalmPilot. Dann können Sie ganz bequem Aufgabenlisten per Palm-Infrarotschnittstelle an Ihre Leute verteilen. Hat doch was, oder?

6.3.1 Einzelne Aufgaben »beamen«

Um einzelne Aufgaben an andere Palm III- oder Palm V-Benutzer zu schicken, müssen Sie Folgendes tun:

☑ Tippen Sie in der *Aufgabenliste* irgendwo in die Zeile der Aufgabe, die Sie an einen anderen PalmPilot senden möchten.

Sie kennen das ja bereits: Das Kontrollkästchen links neben der Aufgabe wird dunkel unterlegt, damit Sie wissen, dass jene Aufgabe »beam«-bereit ist.

☑ Wählen Sie nun MENÜ ◆ EINTRAG ◆ AUFGABE ÜBERTRAGEN.

Ein Dialogfenster öffnet sich, das Ihnen verrät, dass Ihr Palm damit beschäftigt ist, die Infrarotschnittstelle Ihres Gegenübers zu suchen. Und sobald der »Beamvorgang« beendet ist, schließt sich das Fenster automatisch.

☑ Jetzt hat der andere die Aufgabe in seiner *Aufgabenliste* und soll sich gefälligst auch darum kümmern, dass sie erledigt wird!

6.3.2 Mehrere Aufgaben »beamen«

Um mehrere Aufgaben gleichzeitig an Ihr Gegenüber zu schicken, müssen Sie diese in einer Kategorie sammeln. Oder anders ausgedrückt: Sie können alle Aufgaben zusammen »beamen«, so lange sie sich in einer gemeinsamen Kategorie befinden (zum Einrichten verschiedener Kategorien in der *Aufgabenliste* empfehle ich Ihnen die Lektüre von Abschnitt 6.1.2, »Kategorien verteilen«).

Wenn Sie den Inhalt einer ganzen Aufgabenkategorie unter die Leute bringen wollen, tun Sie Folgendes:

☑ Drücken Sie so oft auf die Anwendungstaste AUFGABENLISTE, bis Sie sich in der Kategorie befinden, die Sie »beamen« möchten. (Der Name der Kategorie wird übrigens rechts oben in der *Aufgabenliste* angezeigt.)

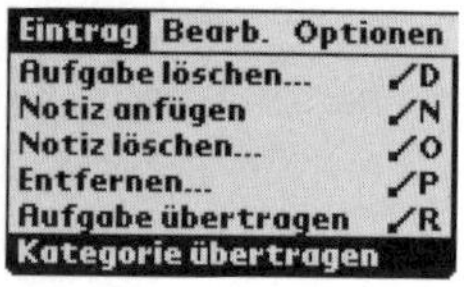

☑ Jetzt wählen Sie MENÜ ◆ EINTRAG ◆ KATEGORIE ÜBERTRAGEN.

Wie auch bei der Übertragung der einzelnen Aufgabe öffnet sich ein Dialogfenster, das Ihnen verrät, dass Ihr Palm damit beschäftigt ist, die Infrarotschnittstelle Ihres Gegenübers zu finden. Und sobald die Übertragung beendet ist, schließt sich jenes Fenster auch hier automatisch – und somit hat Ihr Gegenüber die gesammelten Aufgaben der gewählten Kategorie in der *Aufgabenliste*.

6.4 Name und Telefonnummer einfügen

Wenn man Aufgaben eingibt, in die auch andere Leute verwickelt sind, wäre es doch toll, wenn man schnell mal einen Namen mit der Telefonnummer zur Hand hätte. Für den Palm überhaupt kein Problem. Er stellt nämlich eine Funktion zur Verfügung, mit der

Sie Name und Telefonnummer nachschlagen und in die entsprechende Aufgabe einfügen können. Und gerade wenn Sie Aufgaben für andere erstellen, um sie denen rüber zu »beamen« (wie im vorherigen Abschnitt beschrieben), ist das doch kein zu unterschätzendes Feature.

Und so geht's:

☑ Erstellen Sie eine Aufgabe, in die ein Name samt Telefonnummer gehört. Oder tippen Sie in eine existierende Aufgabe, soll der Krempel dort rein (in diesem Fall tippen Sie möglichst ans Ende der Aufgabenzeile, damit Name und Nummer nicht mitten in ein Wort eingefügt werden).

☑ Wählen Sie nun MENÜ ➧ OPTIONEN ➧ TELEFONBUCH.

Bild 6.11: Nummer gefällig?

Und schon erscheint der kleine Helfer:

☑ Tippen Sie auf den Eintrag, den Sie der Aufgabe zufügen möchten (er wird dunkel unterlegt, wie in Bild 6.11 deutlich wird).

☑ Nun tippen Sie auf die Befehlsschaltfläche EINFÜGEN.

Und siehe da, Name samt Telefonnummer der entsprechenden Person taucht auf einmal in der Aufgabe auf.

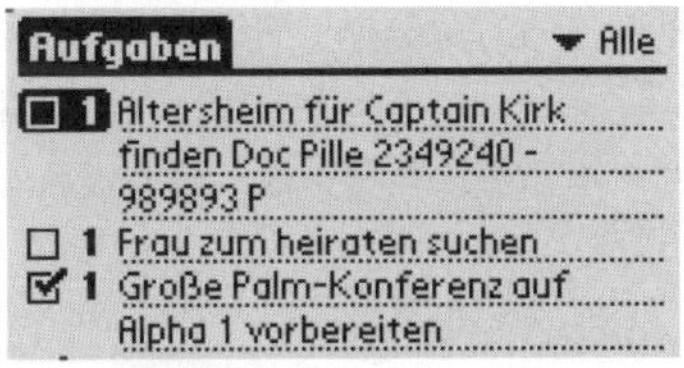

Bild 6.12: Der richtige Mann für die richtige Aufgabe

Wahnsinn, wir haben die *Aufgabenliste* hinter uns. Nun denn, kümmern wir uns im nächsten Kapitel um die Astronautenkrankheit Nr. eins: die Memomanie.

7 Haben Sie auch das Memo-Fieber?

»Eine der beliebtesten Krankheiten unter Raumfahrern ist das Memo-Fieber, das in anderen Teilen der Galaxis auch Memomanie genannt wird. Es steht in direktem Kontrast zum Langeweile-Virus, das auch nicht wenige Astronauten befällt. Beide Infekte besitzen die eigenartige Eigenschaft, dass man sich trotz hoher Ansteckungsgefahr aussuchen kann, ob man befallen werden will oder nicht. Während man zum Lichtsprung ansetzt und sich auf einen langen Flug durch die unendliche Weite der Unendlichkeit einrichtet, schlagen diese Krankheiten am liebsten zu.« (Auszug aus: »Mein Körper und das Weltall – kleiner Leitfaden des kosmischen Eruptivgeniums«.)

Sie kennen das: Man ist unterwegs, sitzt in einem Wartezimmer oder sonst wo blöd rum und hat nichts zu tun. Und was ist die unausweichliche Folge? Gähnende Langeweile ...? Falsch! Die Folge mag sie tatsächlich oft sein, aber unausweichlich ist sie nicht.

Es gibt immer etwas zu tun. Ein paar Ideen müssen festgehalten, ein Bericht geschrieben, eilige E-Mails verfasst werden. Manchmal muss auch nur die Einkaufsliste für den Feierabend notiert werden. Das wollen Sie alles nicht? Weil Sie bis auf den letzten Punkt Ihren PC zur Hand haben müssten, um nicht alles doppelt zu schreiben? Dann langweilen Sie sich eben weiter.

Für alle anderen gibt es die Merkzettelfunktion des PalmPilots. Einen vollelektronischen Notizblock, der seinen papierenen Ringbuch-Ahnen in nichts nachsteht, ja sogar viel voraus hat. Hier nun zusammengefasst ein paar Gründe, die für den regen Einsatz des Palm-*Merkzettels* sprechen:

- Schluss mit der Zettelwirtschaft (ich glaube, das sagte ich bereits an anderer Stelle)!
- Schluss mit dem Auf-ein-Blatt-Papier-kritzeln-und-dann-später-mühselig-in-den-PC-übertragen-müssen!

- □ Schluss mit vergessenen Ideen, weil man unterwegs gerade keinen Zettel zur Hand hatte oder die Serviette nicht mehr finden kann, auf die man den Einfall geschmiert hat!
- □ Schluss mit durch Warten vergeudeter Zeit – wir tragen unser Büro stets in der Westentasche!

Also wie sieht's aus? Neugierig geworden? Dann lassen Sie uns den *Merkzettel* doch mal anschmeißen. Drücken Sie dafür auf die letzte Anwendungstaste Ihres PalmPilots, ganz rechts auf dem Gehäuse. Sinnigerweise heißt sie auch noch MERKZETTEL.

7.1 Memos verfassen

Es gibt genügend Leute, die füttern Ihren *Merkzettel* bloß über die *Palm-Desktop*-Software. Damit kann man natürlich viel schneller ein Memo verfassen als mit Graffiti oder gar der Palm-Bildschirmtastatur. Es ist auch gar nichts dagegen einzuwenden, solange man vor dem PC sitzt. Aber mal ehrlich, der Hauptnutzen des *Merkzettels* ist doch, dass man ihn unterwegs zur Hand hat, wenn die PC-Tastatur nun mal meilenweit entfernt ist. Dann wollen wir Ideen festhalten, Pläne ausformulieren oder einen Brief schreiben können, den wir später per *HotSync* auf unseren PC transferieren und ausdrucken. Wie dem auch sei, Sie sind immer noch der Captain und können natürlich mit Ihrem Palm anfangen, was Sie möchten. Hier geht es jetzt allerdings um den mobilen *Merkzettel*-Einsatz (zum Thema *Palm Desktop* siehe Kapitel 11).

Wenn Sie den *Merkzettel* zum ersten Mal geöffnet haben, wird die Memo-Liste sicher gähnen vor Leere. Aber nicht mehr lange, denn jetzt verfassen Sie Ihren ersten Eintrag.

- ☑ Tippen Sie dazu in der Memo-Liste auf die Befehlsschaltfläche NEU.

Ein leeres MEMO-Fenster öffnet sich und wartet begierig auf Ihren Eintrag.

- ☑ Geben Sie Ihren Text mit Graffiti oder der Bildschirmtastatur ein, woraufhin er sogleich im MEMO-Fenster angezeigt wird.

Bild 7.1:
Das Memo-Fenster

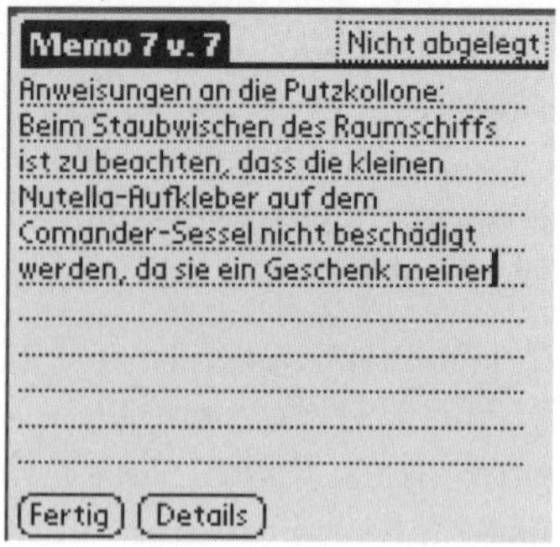

☑ Ist Ihre Eingabe beendet, tippen Sie auf Fertig.

Und schon sehen Sie die ersten Worte Ihres Eintrags in der Memo-Liste, die ab Werk alphabetisch sortiert wird (wundern Sie sich also nicht darüber, dass mein Memo plötzlich ganz vorne steht).

Bild 7.2:
Die Memo-Liste

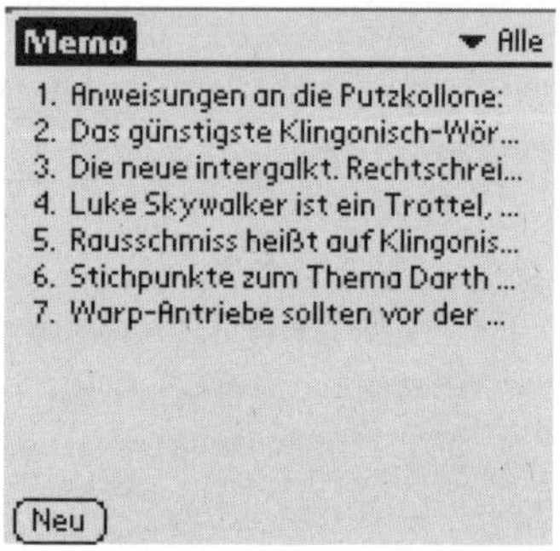

Wenn Sie eines Ihrer Memos lesen oder bearbeiten wollen, dann tippen Sie einfach in der Memo-Liste auf die ihm zugehörige Zeile. Sogleich öffnet es sich und steht Ihnen für jede Schandtat zur Verfügung.

Der schnelle Einstieg

Was Sie gerade gelesen haben, ist die offizielle Version, um ein Memo zu erstellen. Aber es geht noch schneller: Drücken Sie auf die Anwendungstaste Merkzettel und schreiben Sie einfach mit Graffiti drauflos. Ihr PalmPilot erstellt dann mit Ihrem Geschreibsel automatisch einen neuen Memo-Eintrag. Sie müssen ihm nur noch signalisieren, wann Sie fertig sind, indem Sie auf Fertig tippen. Und schon haben Sie Ihr neues Memo.

7.2 Mit dem Merkzettel arbeiten

Wie man ein Memo erstellt oder ein vorhandenes öffnet, wurde gerade geklärt. Aber was tun Sie, wenn Sie mit einem Memo nicht mehr zufrieden sind?

7.2.1 Memos bearbeiten

Wenn Sie einen Merkzetteleintrag überarbeiten wollen, beherzigen Sie folgende Schritte:

☑ Tippen Sie in der Memo-Liste auf den entsprechenden Memo-Namen.

Sofort öffnet sich der unpässliche Eintrag. Nun liegt es an Ihnen – wollen Sie nur ein paar Sätze anfügen oder gar einen Teil des Textes löschen bzw. ersetzen?

☑ Um dem Memo etwas hinzuzufügen, tippen Sie in die Stelle des Textes, an der die Zugabe beginnen soll. Der blinkende Cursor zeigt Ihnen, ob Sie getroffen haben. Jetzt geben Sie mit Graffiti oder der Bildschirmtastatur ihren neuen Text ein.

☑ Um einen Teil des Textes zu löschen oder durch einen neuen zu ersetzen, markieren Sie ihn, indem Sie mit dem PalmPilot-Stift über die jeweiligen Worte fahren. Der Text wird nun dunkel unterlegt und durch eine Eingabe mit Graffiti oder der Bildschirmtastatur ersetzt.

☑ Nachdem Ihre Änderungen abgeschlossen sind, tippen Sie einmal mehr auf die Befehlsschaltfläche FERTIG.

7.2.2 Eine andere Reihenfolge bitte!

Wie ich bereits erwähnt habe, wird die Memo-Liste in der Grundeinstellung alphabetisch sortiert. Das muss aber nicht so bleiben. Sie können Herrn Palm nämlich auch anweisen, die Einträge so aufzulisten, wie es Ihnen passt.

Dazu müssen Sie Folgendes tun:

☑ Öffnen Sie die Memo-Liste und wählen Sie MENÜ ♦ OPTIONEN ♦ EINSTELLUNGEN.

Das Dialogfenster MEMO-EINSTELLUNGEN öffnet sich.

Bild 7.3: In welcher Reihenfolge hätten Sie Ihre Memos gerne?

☑ Tippen Sie nun auf das Dreieck des Feldes SORTIEREN und wählen Sie aus der aufklappenden Liste MANUELL aus.

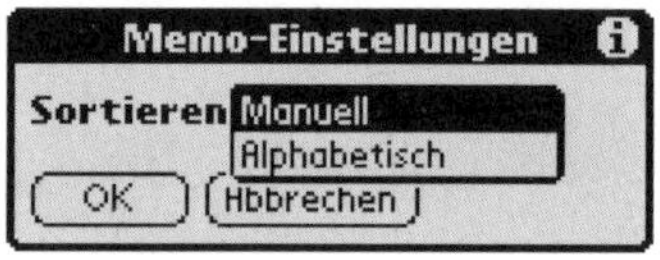

Bild 7.4: Sortieren: MANUELL – jetzt haben Sie das Kommando!

Die Liste verdünnisiert sich und Ihre Wahl wird im Feld SORTIEREN angezeigt.

☑ Tippen Sie jetzt auf OK, verabschiedet sich auch das Dialogfenster MEMO-EINSTELLUNGEN und die Memo-Liste wird wieder angezeigt.

Wundern Sie sich nicht, noch ist alles beim Alten. Wenn Sie aber erst mal ein neues Memo erstellen, werden Sie feststellen, dass es nicht mehr in alphabetischer Reihenfolge einsortiert, sondern einfach ans Ende der Liste gehängt wird. Außerdem können Sie nun selbstständig die Einträge in die Reihenfolge ziehen, die Ihnen am besten gefällt.

☑ Tippen Sie dazu auf den Eintrag, den Sie verschieben möchten. Heben Sie aber den Stift nicht wieder an, sondern lassen Sie ihn auf dem nun dunkel unterlegten Eintrag ruhen und ziehen Sie den Stift an die Stelle der Liste, an der Sie den Eintrag haben möchten. Jetzt können Sie den Stift wieder heben, und wie von Geisterhand rutscht der Eintrag an den neuen Platz.

Erst denken, dann handeln!

Haben Sie Ihre Memo-Liste mühevoll von Hand sortiert, sollten Sie sich gut überlegen, ob Sie wieder in die alphabetische Sortierung zurückschalten. Sobald Sie das tun, geht Ihr eigenes Ordnungssystem nämlich für immer verloren. Und Sie können nur von vorne beginnen, die Einträge zu positionieren.

7.2.3 Memos kategorisieren

Sollten Sie viel mit dem *Merkzettel* des PalmPilots arbeiten, werden Sie spätestens, wenn die Memo-Liste nicht mehr aufs Display passt, den Palm-Erfindern danken, dass man den Einträgen verschiedene Kategorien zuweisen kann. So ging es mir zumindest. Denn dadurch kann man die Liste nicht nur übersichtlich und kurz halten, sondern sieht gleichzeitig alle Memos, die thematisch zusammengehören, auf einen Blick.

Um ein Memo einer bestimmten Kategorie zuzuordnen, gehen Sie folgendermaßen vor:

☑ Tippen Sie in der Memo-Liste auf den entsprechenden Eintrag.

Das Memo öffnet sich. Und wie auch in den anderen Palm-Anwendungen, können Sie die Kategorie des Eintrags rechts oben im Display sehen. Steht dort NICHT ABGELEGT, wurde das Memo noch keiner Kategorie anvertraut.

☑ Tippen Sie nun auf das Kategorienfeld rechts oben im Display (in meinem Fall steht dort, wie gesagt, NICHT ABGELEGT), um dem Memo eine Kategorie zuzuweisen oder eine bereits erteilte zu ändern.

Eine Liste mit Kategorien klappt auf, aus der Sie sich eine aussuchen können.

Bild 7.5: Schublade auf – Memo rein!

Sollten Ihnen die angebotenen Kategorien nicht ausreichen, erstellen Sie einfach eine neue, indem Sie auf KAT. BEARBEITEN tippen. Das funktioniert übrigens genauso, wie ich es bereits rund um das *Adressbuch* beschrieben habe, weshalb ich auch vorschlage, dass Sie dort nachsehen, wollen Sie es genauer wissen (Kapitel 5.5.2). Dort finden Sie auch alles andere Wissenswerte zum Thema Kategorien.

☑ Haben Sie eine Kategorie gewählt, tippen Sie zum Schluss auf die Befehlsschaltfläche FERTIG, um das Memo wieder zu schließen.

In der Memo-Liste können Sie zwischen den einzelnen Kategorien wechseln, indem Sie entweder auf das Kategorienfeld rechts oben im Display tippen und die Kategorie mit dem Stift auswählen. Oder Sie benutzen die Anwendungstaste MERKZETTEL dazu. Jedes Mal, wenn Sie die Taste drücken, springt Ihre Memo-Liste eine Kategorie weiter (ungefüllte Kategorien werden dabei galant übersprungen).

7.2.4 Glauben Sie an unsichtbare Memos?

Ich schon. Denn ich weiß, wie man Einträge verschwinden lassen kann, ohne sie zu löschen. Wenn Sie das Buch von vorn bis hinten lesen, ahnen Sie bestimmt bereits, worauf ich hinaus will, nicht wahr? Aber vielleicht schnuppern Sie auch nur so rein, und dann sollte ich wohl besser noch zwei erklärende Sätze einfügen.

In so gut wie jeder Palm-Anwendung lassen sich die Einträge »privatisieren«, das heißt als privat markieren. Und wenn man will, lassen sich solche »privatisierten« Einträge ausblenden oder mit einer Maskierung anzeigen, so dass Sie sich im Falle des *Merkzettels* sicher sein können, dass Ihnen keiner Ihre verrückten Ideen klaut.

Also, wie läuft die Privatisierungskampagne bei einem Memo ab? Kinderleicht, sage ich Ihnen.

☑ Tippen Sie in der Memo-Liste auf den heiklen Eintrag.

☑ Wenn der Inhalt des Memos angezeigt wird, tippen Sie auf die Befehlsschaltfläche DETAILS.

☑ Das Dialogfenster MEMO-DETAILS öffnet sich, in dem Sie das Kontrollkästchen PRIVAT antippen. Das Kästchen wird durch einen Haken markiert.

Bild 7.6: Ein Haken an der richtigen Stelle und das Memo lässt sich wegzaubern ...!

☑ Tippen Sie nun auf OK.

Haben Sie in den Sicherheitseinstellungen noch nicht dafür gesorgt, dass private Einträge ausgeblendet oder maskiert angezeigt werden, meldet sich das Dialogfenster PRIVATE EINTRÄGE zu Wort. Erschrecken Sie nicht, es will Sie bloß daran erinnern, dass die »Privatisierung« eines Merkzettels nur dann Sinn macht, wenn private Einträge über die Sicherheitseinstellungen ausgeblendet oder maskiert werden. (Und was das nun wieder alles zu bedeuten hat, erfahren Sie, wenn Sie zu Kapitel 3.3 blättern.) Wenn Sie schon ein Palm-Profi sind und in den Sicherheitseinstellungen bereits das Ausblenden oder Maskieren veranlasst haben, kriegen Sie dieses Fenster übrigens gar nicht mehr zu Gesicht. Anstelle dessen macht sich das Dialogfenster MEMO-DETAILS stillschweigend aus dem Staub.

Sie sind noch kein Profi und haben das Dialogfenster PRIVATE EINTRÄGE zu sehen bekommen? Na, macht nichts. Nicht traurig sein. Flennen hilft doch nicht weiter!

☑ Tippen Sie lieber in dem Dialogfenster auf die Befehlsschaltfläche OK, dann müssen Sie es nicht mehr länger anschauen.

☑ Jetzt sehen Sie wieder Ihren Memo-Eintrag, den Sie durch Tippen auf FERTIG ebenfalls schließen.

Und hier sind wir wieder zurück in der Memo-Liste. Haben Sie sich in den Sicherheitseinstellungen dafür entschieden, private Einträge auszublenden, können Sie nun solange in der Liste nach dem »privatisierten« Eintrag suchen, wie Sie wollen. Er wird erst wieder angezeigt, wenn Sie in den Sicherheitseinstellungen das

Einblenden privater Einträge veranlassen. Haben Sie festgelegt, ein privater Eintrag soll maskiert werden, so sehen Sie anstelle des eben »privatisierten« Eintrags einen grauen Balken.

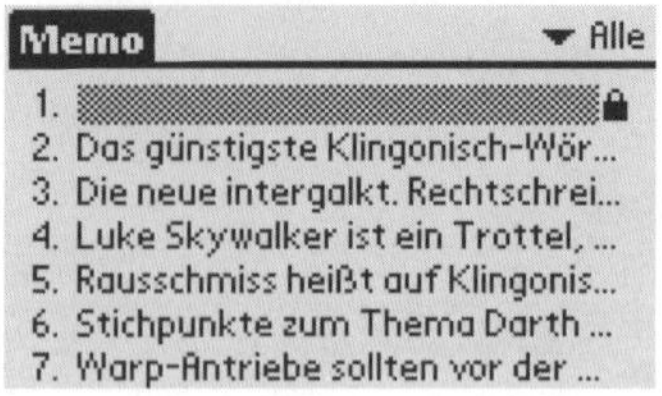

Bild 7.7: Ein privates Memo mit maskierter Darstellung (manch einer nennt es auch Zorro-Memo)

Alles was Sie zum Thema Ein- und Ausblenden oder dem Maskieren von privaten Einträgen wissen müssen, finden Sie wie erwähnt in Kapitel 3.3.

Damit Sie immer sicher sind

Leider können Sie außer in den Sicherheitseinstellungen nirgendwo sehen, ob private Einträge gerade eingeblendet werden oder nicht. Ein kleiner Trick kann Ihnen jedoch helfen, den Überblick zu bewahren. Legen Sie einfach ein als privat markiertes Memo mit dem Titel »Siehst du mich, siehst du alles!« an. Achten Sie darauf, dass es möglichst als erstes in der Memo-Liste auftaucht, damit Sie es auch auf den ersten Blick finden (wenn Sie nach alphabethischer Reihenfolge sortieren, könnten Sie den Eintrag mit einer 0 – »Null«, nicht »Oh« – beginnen, um das hinzukriegen). Sieht man den Eintrag nicht, wissen Sie, dass Ihre privaten Einträge gerade ausgeblendet werden. Sieht man ihn aber – nun ja, dann sieht man wirklich alles.

7.2.5 Schriftbilder umgestalten

Können Sie Ihre Memo-Einträge nur schwer entziffern, weil die Schrift so klein ist? Dann habe ich hier etwas für Sie: Ab Palm III kann man sowohl die Schriftgröße der Memo-Liste als auch die der Memo-Texte ändern. Allerdings passt dann nicht mehr so viel aufs Display. Na ja, Sie werden schon wissen, was Sie tun.

Um die Schrift der Memo-Liste zu ändern, müssen Sie die Memo-Liste öffnen und folgende Schritte gehen:

☑ Wählen Sie MENÜ ◆ OPTIONEN ◆ SCHRIFT.

Das Dialogfenster SCHRIFTART WÄHLEN öffnet sich, in dem Sie zwischen drei Schriftgrößen auswählen können.

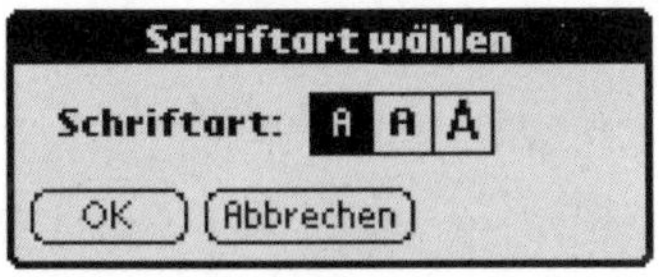

Bild 7.8:
Drei Schriften zur Wahl

☑ Tippen Sie an, was Ihnen am besten gefällt, und schließen Sie das Fenster, indem Sie auf OK tippen.

Das war's schon. Die Memo-Liste sollte nun im neuen Schriftglanz leuchten.

Wenn Sie jetzt auch noch die Schriftgröße Ihrer eigentlichen Memos ändern möchten, öffnen Sie einfach irgendein Memo und befolgen daraufhin exakt die gleichen beiden Schritte, die ich gerade im Zusammenhang mit der Memo-Liste beschrieben habe. Eines sollten Sie aber wissen: Ändern Sie das Schriftbild für ein Memo, ändert es sich für alle.

7.3 Memos löschen

Von Zeit zu Zeit sollte man veraltete Einträge aus der Memo-Liste entfernen, sonst quillt das Ding noch genauso über wie Ihre Schreibtischablage. Und wenn ich mir meine Schreibtischablage ansehe, dann weiß ich, dass ich das dem verehrten Herrn Palm nicht antun darf.

Um einen Eintrag aus der Memo-Liste zu entfernen, tun Sie Folgendes:

☑ Öffnen Sie den verwerflichen Eintrag.

☑ Nun wählen Sie MENÜ ◆ EINTRAG ◆ LÖSCHEN.

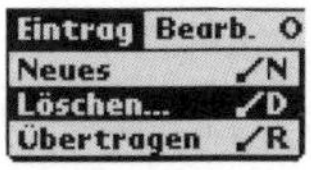

Das Dialogfenster MEMO LÖSCHEN öffnet sich und fragt nach, ob Sie dieses Memo tatsächlich löschen wollen? Außerdem will es wissen, ob Sie nicht eine Archivkopie davon bei Ihrem nächsten *HotSync* auf dem PC erstellen möchten?

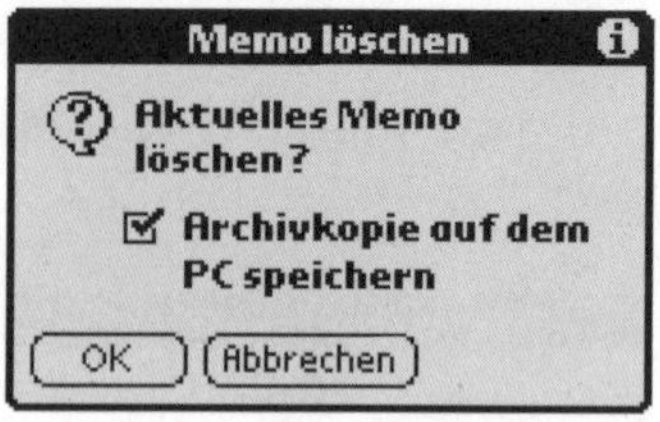

Bild 7.9: Memo löschen?

Denken Sie daran: Wenn Sie das Kontrollkästchen ARCHIVKOPIE AUF DEM PC SPEICHERN nicht durch Antippen mit einem Haken markieren, gibt es keine Möglichkeit mehr, das Memo wiederherzustellen oder einzusehen. (Alles Weitere zum Thema Archivieren gibt's in Kapitel 10 und 11.)

☑ Tippen Sie auf OK um den Eintrag zu löschen.

Gesagt, getan! Das Dialogfenster schließt sich und Ihr Eintrag ist aus der Memo-Liste verschwunden.

7.4 Memos »beamen«

Jawohl, auch ein Eintrag aus der Memo-Liste kann an einen anderen Palm-Anwender übertragen werden (sofern er einen PalmPilot ab dem Modell III besitzt und sich höchstens einen Meter entfernt von Ihnen aufhält). Alle grundlegenden Informationen, die Sie zum »Beamen« brauchen, kriegen Sie übrigens im nächsten Kapitel. An dieser Stelle möchte ich Ihnen nur zeigen, was Sie tun müssen, damit Ihr Palm das Memo an Ihr Gegenüber schickt.

☑ Öffnen Sie das Memo, das übertragen werden soll.

☑ Wählen Sie nun MENÜ ♦ EINTRAG ♦ ÜBERTRAGEN.

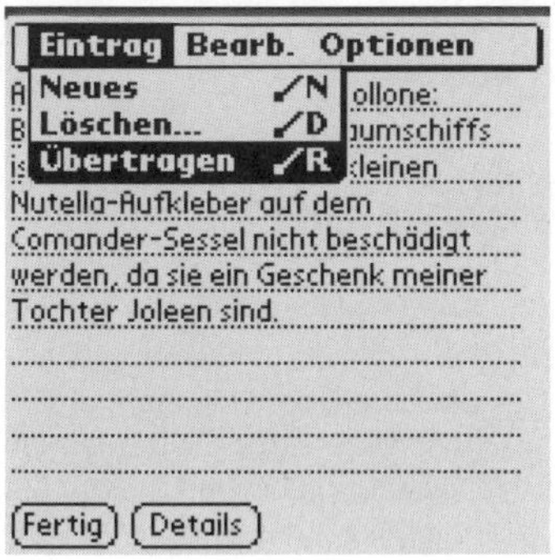

Bild 7.10:
Der Leiter der Putzkolonne kriegt dieses Memo

Sogleich öffnet sich ein Dialogfenster, das Ihnen mitteilt, dass Herr Palm bemüht ist, die Daten an Ihr Gegenüber zu schicken. Ist die Übertragung beendet, schließt es sich automatisch und Ihr Gegenüber hat das Memo im Sack.

Damit Sie sich nicht die Finger wund »beamen«

Besitzen Sie mehrere Memos, die Sie an einen anderen »Palmisten« übertragen möchten, schlage ich vor, das nicht einzeln zu tun. Sie können nämlich auch eine ganze Memo-Kategorie auf einmal »beamen«. Fassen Sie also – wenn das nicht eh bereits der Fall ist – die zu übertragenden Memos in einer Kategorie zusammen, und wechseln Sie mit der Memo-Liste in jene Kategorienansicht (wie das alles geht, habe ich in Abschnitt 7.2.3 beschrieben). Dann wählen Sie MENÜ ♦ EINTRAG ♦ KATEGORIE ÜBERTRAGEN. Und schon versucht Herr Palm, Ihrem Gegenüber die Kategorie anzudrehen. So einfach kann »beamen« sein!

8 Von Palm zu Palm – oder wie man Daten »beamt«

Auf unserem Flug ins Palm-Universum haben wir nun bereits die Hälfte des Weges hinter uns gebracht. Inzwischen sollten Sie mit den Flugbedingungen einigermaßen vertraut sein. Aber was ist das? Ein anderes Handheld-Raumschiff kreuzt unseren Weg und nimmt Kontakt zu uns auf. Ja, es ist auch ein PalmPilot, der neueren Generation. Und wenn sich schon mal zwei Raumschiffe begegnen, sollten wir den neusten Stand der Technik nicht nutzen und uns etwas »zubeamen«?

Wenn Sie bisher aufmerksam mitgelesen haben, dann haben Sie sicher schon eine Vorstellung, um was es beim »Beamen« geht. Für alle anderen erkläre ich es noch einmal: Wenn ich vom »Beamen« spreche, meine ich, dass sich zwei Leute mit einem PalmPilot gegenüberstehen und über dessen Infrarotschnittstelle Daten miteinander austauschen.

Vielleicht gehören Sie ja zu den Leuten, die solchen »Krempel« eher übertrieben cool als nützlich finden und die diese Sache nie im Leben einsetzen würden. Dann können Sie dieses Kapitel getrost überspringen. Andererseits: Wer hat schon was dagegen, cool zu sein?

Wie man etwas aus einer der Hauptanwendungen zu einem anderen Palm-User »beamt«, haben wir uns bereits in den Abschnitten der einzelnen Anwendungen angesehen. Ich werde das an dieser Stelle nicht alles wiederholen. Was ich tun möchte, ist auf der eher allgemeinen Ebene hinzufügen, was noch fehlt, damit aus Ihnen ein echter »Beam-Profi« wird. Und der gute Scotty kann sich endlich guten Gewissens in Pension begeben.

Wann Sie das »Beamen« getrost vergessen können

Der Datenaustausch zwischen zwei PalmPilots funktioniert erst ab der Modellversion III. Nennen Sie ein älteres Modell Ihr eigen, schlage ich Ihnen vor, dieses Kapitel zu überspringen (sonst frustriere ich Sie nur). Ihrem Palm fehlt dann nämlich die Infrarotschnittstelle und ohne die ist das »Beamen« unmöglich. Und wenn Sie schließlich auf den Trichter gekommen sind, sich doch ein neueres Modell zuzulegen, schlagen Sie dieses Kapitel einfach wieder auf. Ich verspreche Ihnen, die Worte werden noch an ihrem Platz stehen.

8.1 »Beamen« leichtgemacht

Es gibt so herrlich viele Situationen, in denen man sich etwas »zubeamen« und damit vor anderen glänzen kann (einzige Voraussetzung ist eben nur, dass man einen findet, der auch einen Palm III, V oder m500 sein eigen nennt). Das einfachste zuerst: Visitenkarten austauschen per Knopfdruck – cool! Oder einen Mitarbeiter mit einer Aufgabenliste quälen, die plötzlich auf seinen Palm geflogen kommt – sehr cool! Adressen übertragen, ein Liebesgedicht der Liebsten auf den Palm schicken, sogar Palm-Anwendungen lassen sich untereinander austauschen und so weiter und so fort ...!

8.1.1 Einen Eintrag »beamen«

Sie haben einen anderen Palm-User gefunden, dem Sie einen Eintrag senden möchten? Gut. Haben Sie auch daran gedacht, sich in Pose zu stellen, damit die Umstehenden mitkriegen, was Sie gleich Cooles zu tun gedenken? Nein, ich will Sie nicht beleidigen, ich wollte nur sicher sein, dass Sie keine Situation ungenutzt lassen, sich in Szene zu setzen – hätte mir natürlich denken müssen, dass Sie bereits daran gedacht haben. Schon klar.

Dann geht's los:

☑ Achten Sie darauf, dass beide Palms angeschaltet sind und zueinander zeigen. Der Abstand zwischen den Geräten sollte nicht mehr als einen Meter betragen.

☑ Öffnen Sie den Eintrag, den Sie Ihrem Gegenüber schicken wollen. Kann ein Termin, eine Adresse, eine Aufgabe oder ein Memo sein.

☑ Tippen Sie nun im APPLICATION-LAUNCHER auf MENÜ.

☑ Jetzt wählen Sie im Menü EINTRAG den Befehl ÜBERTRAGEN aus.

Bild 8.1: Einen Termin einem anderen im Flug in den PalmPilot schreiben? Kein Problem!

Je nachdem, was für einen Eintrag Sie übertragen möchten, kann der Menüeintrag auch anders lauten. In der *Aufgabenliste* heißt er z.B. AUFGABE ÜBERTRAGEN oder im *Kalender* (wie in Bild 8.1) EREIGNIS ÜBERTRAGEN.

Ein Dialogfenster öffnet sich und erklärt Ihnen, dass sich Ihr Palm auf die Suche nach seinem Gegenüber macht. Ist die Übertragung beendet, schließt es sich automatisch und Sie können Ihren Palm wieder einstecken.

Visitenkarte per Knopfdruck übertragen

Wenn Sie Ihre eigene Adresse im *Adressbuch* als Visitenkarte definiert haben (wie das geht, steht in Kapitel 5.4), können Sie die mit einem einzigen Knopfdruck Ihrem Gegenüber auf den Palm »beamen«. Halten Sie dazu einfach die Anwendungstaste ADRESSBUCH etwa zwei bis drei Sekunden gedrückt und sofort macht sich Herr Palm an die Übertragung. Das funktioniert sogar, wenn Ihr Palm ausgeschaltet ist.

Wie's noch schneller geht

Bisher habe ich Ihnen immer den normalen Weg übers Menü empfohlen, wollten Sie etwas »beamen«. Und an dem gibt's auch nichts auszusetzen. Aber der PalmPilot wäre wohl nicht der PalmPilot, gäbe es hier nicht auch eine Abkürzung. Warum ich Sie überhaupt mit dem Menü-Weg genervt habe, wollen Sie wissen? Ganz einfach, die Abkürzung, die ich nun für Sie habe, gibt es erst ab dem Betriebssystem OS 3.5. Und allen, die noch mit einer älteren Version arbeiten, soll der »Beam-Spaß« schließlich nicht vorenthalten werden.

Die Abkürzung läuft folgendermaßen:

☑ Achten Sie wieder darauf, dass beide Palms angeschaltet sind und zueinander zeigen. Der Abstand zwischen den Geräten sollte nicht mehr als einen Meter betragen.

☑ Wählen Sie den Eintrag aus, den Sie »beamen« möchten.

☑ Jetzt ziehen Sie im Buchstabenbereich der Graffiti-Schreibfläche einen schrägen Strich von der unteren linken in die obere rechte Ecke. (Falls Sie sich noch daran erinnern können: Das ist das so genannte Befehlszeichen – wir sprachen bereits darüber in Kapitel 2.3.2).

Was nun passiert ist, dass sich am unteren Displayrand für ein paar Sekunden ein kleines Fenster öffnet, in dem man bestimmte Befehle wählen kann.

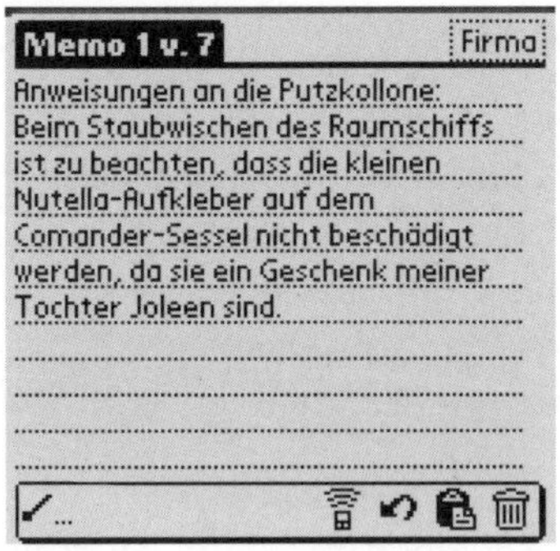

Bild 8.2: Das Befehlszeichen offenbart versteckte Abkürzungen

Und jetzt raten Sie mal, was passiert, wenn Sie auf das Symbol tippen, das aussieht, als würde es Strahlen verbreiten.

Richtig. Wenn Sie darauf tippen, fängt der PalmPilot an, den ausgewählten Eintrag zu »beamen«. Strich und Zack: Herr Palm be-

ginnt mit dem »Beamen«! Schneller geht's nur noch bei dem oben beschriebenen Verfahren für die Visitenkarte.

8.1.2 Einen Eintrag empfangen

Ständig rede ich davon, dass Sie anderen etwas schenken (einen Termin, eine Aufgabe, ein Memo, das den anderen richtig zur Sau macht! – das sind Geschenke, was?). Aber was ist mit Ihnen? Was müssen Sie tun, wenn Ihnen jemand etwas »zubeamt«? Die Antwort ist einfach: fast nichts. Nur im richtigen Moment auf JA tippen. Das ist alles.

Aber sehen wir uns das Ganze Schritt für Schritt an:

☑ Achten Sie darauf, dass beide PalmPilots angeschaltet sind und zueinander zeigen.

Welche Anwendung Sie geöffnet haben, ist egal, Ihr Palm sortiert automatisch richtig ein, was »gebeamt« wird. Der Abstand zwischen Ihnen und dem »beamenden« Palm sollte jedoch nicht mehr als einen Meter betragen.

☑ Wenn Ihr Gegenüber damit beginnt, Ihnen etwas zu schicken, warten Sie, bis sich das Dialogfenster ÜBERTRAGEN öffnet.

Das Fenster verrät Ihnen, was Ihr Gegenüber an Sie zu senden versucht und fragt, ob Sie das auch tatsächlich haben wollen. Dies ist der entscheidende Augenblick!

☑ Entscheiden Sie sich und tippen Sie auf JA oder NEIN.

Wenn Sie NEIN wählen, schließt sich das Fenster – und das war's dann auch schon. Wählen Sie aber JA, wird der zugesandte Eintrag in der Anwendung geöffnet, zu der er gehört. Schickt Ihnen also jemand z.B. seine Visitenkarte, so wird der Eintrag im Adressbuch geöffnet, wo Sie ihm etwas hinzufügen, ihn einer Kategorie zuteilen oder ihn wieder löschen können (wenn der andere nicht mehr guckt).

☑ Möchten Sie nichts mehr an dem Eintrag ändern, tippen Sie auf FERTIG.

8.1.3 Kategorien senden und empfangen

Die Einträge in einer Kategorie lassen sich zusammen als gemeinsames Datenbündel auf einmal »beamen«. Im Kalender geht das natürlich nicht – da gibt es ja keine Kategorien. Hier muss jeder Eintrag schon einzeln versendet werden.

Im Grunde funktioniert das Übertragen von Kategorien genauso, wie ich es eben unter 8.1.1 für einen einzelnen Eintrag beschrieben habe. Der einzige Unterschied ist, dass man eben nicht den einzelnen Eintrag öffnen darf, sondern eine Kategorie. Ach ja, und natürlich muss man auch Kategorie übertragen aus dem Menü Eintrag benutzen, schon klar!

Der Empfang einer Kategorie läuft genauso ab, wie es unter 8.1.2 für den Empfang einzelner Einträge beschrieben wurde. Allerdings bringt der Kategorienempfang zwei Probleme mit sich, die nicht zu unterschätzen sind:

- »Gebeamte« Elemente, die Sie empfangen, verlieren ausnahmslos ihre ursprüngliche Kategorie. Der PalmPilot stopft Sie einfach in die Schublade Nicht abgelegt. Klingt komisch, nicht wahr? Immerhin soll es hier ja um das Empfangen ganzer Kategorien gehen. Geht es auch, nur dass die empfangenen Einträge nun plötzlich keiner Kategorie mehr angehören.
- Wenn Sie auf Ja tippen und damit den Empfang der Elemente der gesandten Kategorie quittieren, öffnet Ihr Palm bloß das erste gesendete Element. Dies hat zur Folge, dass Sie die restlichen Elemente mühsam aus der Liste Ihrer nicht abgelegten Einträge herauskramen müssen, wollen Sie die Einträge gleich bearbeiten oder einer bestimmten Kategorie zuführen. Aber da man ja meistens nicht genau weiß, was einem alles rübergeschickt wurde, kann das erheblich Schwierigkeiten beim Finden mit sich bringen. Schon etwas blöd gelöst, nicht wahr? Lässt sich aber zumindest bis in die OS-Version 3.5 nicht ändern. Der einzige Ausweg ist wohl, dass man alle Einträge stets sofort kategorisiert und damit die Liste nicht abgelegter Einträge ausleert. Dann sieht man natürlich auf den ersten Blick, was einem »gebeamt« wurde.

8.2 Anwendungen »beamen«

Es stimmt tatsächlich! Man kann ganze Programme via Infrarot hin- und herschicken. Und wenn Sie eine Palm-Anwendung »rübergebeamt« kriegen, können Sie die sogar gleich benutzen. Welch ein Service, was? Falls Sie von der PC-Benutzung langwierige Installationen gewohnt sind, sollte das eigentlich einen kleinen Freudentaumel in Ihnen hervorrufen!

8.2.1 Anwendung zu verschenken

Um eine Anwendung zu senden, machen Sie Folgendes:

☑ Beide Palms müssen angeschaltet sein und zueinander zeigen. Der Abstand sollte zwischen den beiden nicht mehr als einen Meter betragen.

☑ Tippen Sie auf das Symbol ANWENDUNGEN im APPLICATION-LAUNCHER.

Die Anwendungsliste mit allen auf Ihrem Palm installierten Anwendungen öffnet sich.

☑ Wählen Sie nun MENÜ ◆ ANWENDUNG ◆ ÜBERTRAGEN.

Bild 8.3: Zum Übertragen einer Anwendung tippt man auf ÜBERTRAGEN (klingt irgendwie logisch ...!)

Das Fenster ÜBERTRAGEN öffnet sich. Sie finden darin alle installierten Anwendungen und deren Größenangabe.

☑ Tippen Sie den Namen der Anwendung an, die Sie übertragen möchten. Er wird dunkel unterlegt dargestellt.

Bild 8.4:
Anwendung verschicken

☑ Zum Schluss tippen Sie auf die Befehlsschaltfläche ÜBERTRAGEN.

Und jetzt geht's ruck, zuck: Das Dialogfenster ÜBERTRAGEN öffnet sich, macht noch mal deutlich, was gerade gesendet wird und schließt sich wieder automatisch, wenn die Übertragung beendet ist.

Nun ja, mit dem »Ruck, Zuck« ist das so eine Sache. In aller Regel braucht das Verschenken einer Anwendung nämlich ein bisschen länger als das eines Memo-Eintrags oder einer Adresse. Warum? Weil Anwendungen viel größer sind. Aber vergleichsweise schnell geht es trotzdem. Ich habe schon Programme »gebeamt«, die über 100 k groß waren und trotzdem hat das nicht länger als ein oder zwei Minuten gedauert.

Zielen Sie einfach mit den beiden PalmPilots solange aufeinander, bis sich das Dialogfenster ÜBERTRAGEN verabschiedet. Und dann tippen Sie auf den Namen der nächsten Anwendung und »beamen« die. Und dann die nächste und die übernächste und die ... Sie werden sehen, das Austauschen der neusten Palm-Anwendungen entwickelt sich unter »Palmisten« schnell zum Sport.

☑ Sollten Sie schließlich genug Anwendungen »gebeamt« haben, tippen Sie auf die Befehlsschaltfläche FERTIG und das Fenster ÜBERTRAGEN macht sich wieder aus dem Staub.

Nicht jede Palm-Anwendung ist »beambar«

Leider gibt es doch ein paar Einschränkungen in der »Beam«-Freiheit. So sind z.B. die Standardanwendungen in der Übertragungsliste mit einem Schloss gekennzeichnet (siehe auch Bild 8.4), was bedeutet, dass sie sich nicht verschicken lassen. Damit wollen die Hersteller wohl der Softwareklauerei entgegen wirken.

8.2.2 Anwendung annehmen

Der Empfang einer Anwendung funktioniert genauso, wie ich es weiter oben für das Empfangen eines einfachen Eintrags oder einer Kategorie beschrieben habe. Nehmen Sie die Anwendung durch Tippen auf JA an, wechselt Herr Palm in die Anzeige der Anwendungsliste, wo Sie das neue Programm in Augenschein nehmen können.

S.O.S.! Habe Programm empfangen, aber es läuft nicht!

Manche »gebeamten« Programme haben einen Haken – immer dann, wenn man zu der eigentlichen Anwendung noch eine Zusatzdatei benötigt. Beim »Beamen« wird nämlich ausnahmslos die Anwendung selbst übertragen. Und zugehörige Dateien, wie z.B. die Übersetzungsdatenbank eines Wörterbuchs, bleiben auf der Strecke. Und leider muss ich sogar noch einen Schritt weiter gehen: Meistens lassen sich solche benötigten Dateien auch gar nicht »beamen«. Die einzige Chance, die Anwendung lauffähig zu kriegen, ist dann, diese Dateien via *HotSync* auf Ihren Palm zu spielen (um den *HotSync* wird es übrigens im übernächsten Kapitel gehen). Auch mit der »Beamerei« von Bildern oder Textdokumenten ist es schwierig. Dazu muss man wiederum extra ein Programm auf dem Palm installieren, welches das »Beamen« solcher Dateien in die Wege leitet.

Absender

Name, Vorname

Straße

PLZ/Ort

Beruf Alter

Telefon (tagsüber)

☐ Bitte schicken Sie mir Ihr kostenloses Gesamtverzeichnis zu

Bitte freimachen

An
Franzis-Buchverlag
Lektorat

Gruberstr. 46a

85586 Poing

Lekt.	Kä	BV

Auch in Zukunft

wollen wir den Inhalt unserer Fachbücher genau auf die Bedürfnisse des Anwenders zuschneiden. Dazu sind Ihre Anregungen für uns von größtem Interesse – bitte schreiben Sie uns.

Diese Karte lag in dem Buch: ______________________________

1 Hat unser Buch alle Fragen ausreichend behandelt? ja ❑ nein ❑

2 Zu welchen Kapiteln und Themen würden Sie gerne mehr erfahren?

____

3 Was sollten wir bei einer Neuauflage verbessern?

____

____

____

____

4 Welche Schulnoten würden Sie diesem Buch geben:

	1	2	3	4	5	6
Umschlaggestaltung	❑	❑	❑	❑	❑	❑
Praxisnutzen	❑	❑	❑	❑	❑	❑
inhaltliche Qualität	❑	❑	❑	❑	❑	❑
Preis	❑	❑	❑	❑	❑	❑

5 Welche PC- und Elektronik-Fachzeitschriften lesen Sie?

____

____

____

____

6 Wie wurden Sie auf dieses Buch aufmerksam: ❑ durch eine Anzeige ❑ bei meinem Buchhändler ❑ durch Verlagsverzeichnis ❑ durch Empfehlung ❑ durch eine Zeitschriftenbesprechung

7 Unabhängig vom vorliegenden Buch, zu welchem Thema wünschen Sie sich neue Bücher?

____

____

8.3 Ausblick gefällig?

Die Infrarotschnittstelle Ihres PalmPilots lässt natürlich ungeahnte Möglichkeiten zu. So ist es beispielsweise machbar, mit dem PalmPilot im Internet zu surfen, wenn Sie ein Handy mit IR-Schnittstelle besitzen. Oder wenn Sie einem Drucker begegnen, der weiß, was Infrarot ist (manche Drucker von HP und Canon gehören in diese Kategorie), können Sie mit dem Palm lässig auf den Drucker zeigen und per Infrarot ein Memo oder ein sonst was ausdrucken. Klingt doch nicht schlecht, oder?

Auch die Möglichkeit, einen *HotSync* im Flug ohne Dockingstation durchzuführen, ist bei einem PC mit Infrarotschnittstelle durchaus denkbar. Oder der PalmPilot als Fernbedienung für den Fernseher ... Wenn man allerdings jedes Mal aufstehen muss und bis auf einen Meter an die Kiste rantreten soll, weiß ich auch nicht, ob das eine der klügsten Erfindungen ist.

Aber wie gesagt, der Fantasie sind hier nur wenige Grenzen gesetzt. Und nach allem, was ich mitkriege, wird auf dem Gebiet auch munter geforscht und programmiert.

Ich kann hier nur versuchen, Ihnen den Mund wässrig zu machen. Alles andere würde meinen Rahmen mehr als sprengen. Um die konkrete Anwendung, die Ihren Palm zur Fernbedienung macht oder Ihr Garagentor öffnet, müssen Sie sich schon selbst kümmern. Stöbern Sie doch einfach mal im Internet.

9 Post im Flug bearbeiten

Etwas Ruhe ist eingekehrt. Aufregende Stunden liegen hinter uns – immerhin mussten wir einen interstellaren Angriff der Spaceballs über uns ergehen lassen. Aber glücklicher Weise ist diese Spezies nicht besonders intelligent, was uns einen kurzen Kampf ermöglicht hat. Jetzt haben wir etwas Zeit, Ruhe, endlich wieder Muße. Wie wäre es, unserer Angebeteten einen Liebesbrief zu schreiben und ihn ihr als E-Mail zu schicken? Gerade kein Internetanschluss zur Hand? Na macht nichts, auf dem Palm können wir unsere Hohelied-E-Mail wenigstens schon mal so weit bringen, dass sie sofort versandt wird, sind wir wieder internetfähig.

Die kleine, oben geschilderte Situation aus meinem Alltag kennen Sie sicher in der einen oder anderen Variante. Und mein Gott, das waren noch Zeiten, als man sich seine Post einfach unter den Arm geklemmt, ins Büro mitgeschleppt und in der Mittagspause auf einem Block Papier beantwortet hat. Seit es E-Mail gibt, ist es ein bisschen schwieriger geworden, die Post auf der Parkbank zu erledigen.

Nicht unbedingt für »Palmisten«. Ihr PalmPilot verfügt nämlich über ein (zugegebenermaßen recht schlichtes) E-Mail-Programm, das es Ihnen ermöglicht, einen ganzen Postsack voller E-Mails mit sich herumzuschleppen. So können Sie die Dinger lesen und beantworten, während Sie auf dem Mars Mars-Mallows futtern, in einer U-Bahn sitzen oder von mir aus auch auf Wolke sieben. Eine feine Angelegenheit und so handlich!

9.1 Post auf dem PalmPilot

Zuerst mal eine Enttäuschung: Mit der Palm-Anwendung *Mail* können Sie keine Nachrichten empfangen oder senden, wie Sie das von dem Mailprogramm auf Ihrem PC gewohnt sind. Leider nicht! Es ist lediglich eine Art Zubehör für das Programm auf Ihrem Rechner – sozusagen für den mobilen Betrieb.

Das Ganze funktioniert nach folgendem Schema: Sie kopieren per *HotSync* frisch empfangene E-Mails von Ihrem PC oder Mac in Ihren PalmPilot. Unterwegs können Sie die E-Mails dann auf Ihrem Palm lesen und beantworten. Natürlich können Sie auch eine ganz neue E-Mail an jemanden verfassen – kein Problem! Wenn Sie dann wieder nach Hause oder ins Büro kommen, schaufeln Sie per *HotSync* alle von Ihnen verfassten E-Mails in das Mail-Programm auf Ihrem Rechner und verschicken sie über dessen Internetanbindung. (Auf Ihrem PalmPilot bleibt dabei übrigens eine Kopie der verfassten E-Mails erhalten.)

Wahrscheinlich sind in Ihrer Abwesenheit schon wieder neue E-Mails für Sie eingetroffen, die holen Sie sich schnell auf den PalmPilot und das Spiel beginnt von vorne. Sie wollen ja schließlich nicht, dass Ihnen der Lesestoff ausgeht, oder?

Wenn Sie auch mobil E-Mails senden und empfangen wollen

Falls Sie nun sehr enttäuscht sind, kann ich Sie beruhigen. Es gibt schon Möglichkeiten, die eben genannte Einschränkung zu umgehen. Um unterwegs mit dem PalmPilot E-Mails zu verschicken und abzurufen, müssen Sie sich etwas besorgen, das den Palm mit dem Internet verbindet. Z.B. das PalmPilot-Modem oder ein anderes mobiles Modem. Außerdem benötigen Sie ein extra E-Mail-Programm, wie z.B. *AceMail*, von dem wir auch noch reden werden.

9.2 Die Anwendung Mail

Die PalmPilot-Anwendung *Mail* wird Ihnen nur etwas bringen, wenn Sie auch über einen Rechner mit E-Mail-Software und Internetzugang verfügen. Und noch eine Einschränkung muss ich leider eingestehen: Im PalmPilot können Sie zwar problemlos E-Mails lesen, weiterleiten, beantworten oder schreiben, aber Dateien können Sie nicht an eine Mail hängen, genauso wenig wie die Anlage einer Ihnen zugesandten E-Mail öffnen. Das müssen Sie schon am PC erledigen.

Nicht verzagen, wenn's noch nicht klappt!

Um E-Mails vom Rechner zum PalmPilot kopieren zu können, muss man erst das E-Mail-Programm auf dem PC entsprechend konfigurieren. Also keine Panik! Alles, was dafür nötig ist, sehen wir uns in Kapitel 10 an, wenn wir uns mit dem *HotSync* und der Installation der *Palm Desktop*-Software beschäftigen.

Aber genug der Vorbemerkungen. Sie wollen doch endlich wissen, wie die Arbeit mit der *Mail*-Anwendung vonstatten geht. Am besten öffnen wir das Teil dazu erst mal.

☑ Tippen Sie im Application-Launcher auf Anwendungen und wählen Sie in der sich öffnenden Anwendungsliste das Symbol Mail aus.

Die Eingangsliste für Ihre E-Mails erscheint, die noch ziemlich leer ist, wenn Sie die Anwendung zum ersten Mal benutzen. Fangen wir mit dem Verfassen einer frischen E-Mail an.

9.2.1 E-Mails schreiben

Um eine E-Mail an den Mann, die Frau oder an das außerirdische Etwas zu bringen, brauchen Sie einen Inhalt und eine Adresse – wie bei einem normalen Brief auch. Um den Inhalt müssen Sie sich schon selber kümmern, die Suche nach der Adresse übernimmt – wenn nötig – Herr Palm für Sie.

Aber eins nach dem anderen. Um eine frische Mail zu schreiben, tun Sie Folgendes:

☑ Tippen Sie in der Anwendung *Mail* auf die Befehlsschaltfläche Neu. Das Fenster Neue Nachricht öffnet sich.

Bild 9.1:
NEUE NACHRICHT – die E-Mail-Maschine des PalmPilots

Sobald sich dieses Fenster öffnet, ist das Feld AN markiert und der Cursor blinkt dahinter. Wenn Sie die E-Mail-Adresse des Adressaten auswendig kennen, geben Sie sie mit Graffiti oder der Bildschirmtastatur ein. Sie erscheint darauf in diesem Feld.

Was, Sie kennen die E-Mail-Adresse nicht auswendig? Schämen Sie sich! Kleiner Scherz ... Wer kann sich schon all die Mail-Adressen der Leute merken, denen man begegnet. Ich jedenfalls nicht. Aber Herr Palm, der kann das. Um sich von ihm unter die Arme greifen zu lassen, machen Sie Folgendes:

☑ Tippen Sie auf das markierte Wort AN.

Das Fenster AN erscheint.

☑ Tippen Sie darin nun auf die Befehlsschaltfläche SUCHE.

Das Fenster AN: NACHSCHLAGEN öffnet sich. Da stehen alle Leute aus Ihrem Adressbuch drin, für die Sie eine E-Mail-Adresse eingegeben haben. Gar nicht schlecht, was Herr Palm so zwischendurch alles drauf hat, was?

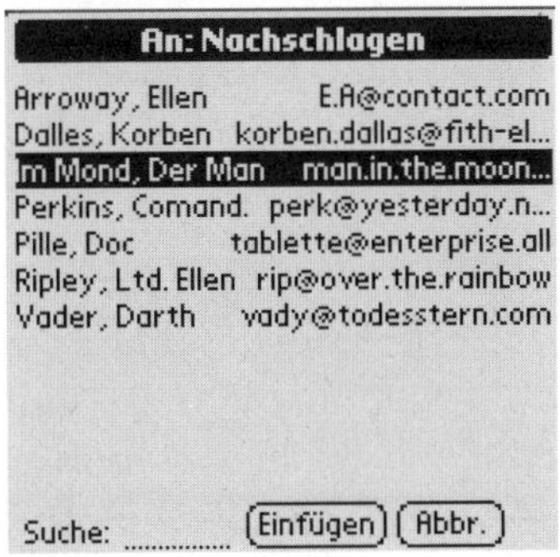

Bild 9.2:
Alle E-Mail-Adressen auf einen Blick

- ☑ Hier tippen Sie auf den Namen der Person, der Sie die E-Mail schreiben möchten. Wie immer wird das angetippte Element hervorgehoben dargestellt.

- ☑ Tippen Sie nun auf die Befehlsschaltfläche EINFÜGEN.

Die E-Mail-Adresse der ausgesuchten Person wird im Fenster AN angezeigt. Wenn Sie nun noch mal auf SUCHE tippen und im Fenster AN: NACHSCHLAGEN einen neuen Namen auswählen, können Sie damit festlegen, dass auch diese Person Ihre E-Mail bekommt, wenn Sie deren Adresse über die Befehlsschaltfläche EINFÜGEN ins Fenster AN kopieren. Wählen Sie so viele Namen als Adressaten aus, wie Sie wollen.

- ☑ Dann tippen Sie im Fenster AN auf FERTIG.

Das Fenster NEUE NACHRICHT erscheint wieder und enthält im Feld AN alle E-Mail-Adressen, die Sie ausgewählt haben. Haben Sie viele Adressen gewählt, kann es sein, dass Herr Palm Ihnen nicht alle anzeigt. Aber erschrecken Sie nicht, das bedeutet nicht, dass die Einträge nicht vorhanden sind. Sehen Sie hinter der letzten (sichtbaren) E-Mail-Adresse ein Komma, bedeutet es, dass dahinter (unsichtbar) noch andere Einträge stehen. Durch einen Trick können Sie auch diese Einträge im Fenster NEUE NACHRICHT sichtbar machen:

- ☑ Tippen Sie im Feld AN hinter das Komma der letzten angezeigten E-Mail-Adresse und ziehen Sie den Stift auf dem Display nach unten. Wie Sie sehen, wandert die Anzeige nun mit Ihnen durch alle eingegebenen E-Mail-Adressen.

Gibt es noch jemanden, dem Sie diese E-Mail als Kopie schicken möchten? Dann tippen Sie in die Zeile neben dem Feld CC und geben die E-Mail-Adresse mit Graffiti oder der Bildschirmtastatur ein. Sie wissen auch diese Adresse nicht auswendig? Null Problemo!

- ☑ Tippen Sie auf das Wort CC und führen Sie die oben für das Feld AN genannten Schritte nacheinander aus. So oft, bis Sie im Fenster NACHSCHLAGEN keinen mehr finden, dem Sie noch eine Kopie der Mail schicken wollen. Wenn Sie nun wieder mit FERTIG bestätigen, können Sie die gewählten E-Mail-Adressen im Feld CC bewundern.

Bild 9.3: Adressen sind eingefügt!

Kommen wir endlich zu der eigentlichen E-Mail (wird auch langsam Zeit ...!).

Betr.:

☑ Tippen Sie in die Zeile, die sich neben dem Feld BETR. befindet und geben Sie mit Graffiti oder der Bildschirmtastatur das Thema Ihrer E-Mail ein.

Man schreibt hier nicht mehr als ein Stichwort oder einen kurzen Satz – das soll dem Empfänger auf den ersten Blick einen Hinweis geben, was ihn in Ihrer Mail erwartet.

Text:

☑ Tippen Sie jetzt in die Zeile hinter dem Wort TEXT.

Raten Sie mal, was hier hingehört ... Ich weiß, manchmal stelle ich wirklich Aufgaben für Doofe (aber ich werde mich hüten, das nun weiter zu kommentieren ...!). Natürlich gehört hier die Message rein, die Sie dem Adressaten zukommen lassen wollen.

☑ Dann schreiben Sie sich mal mit Graffiti oder der Bildschirmtastatur Ihren Text von der Seele.

Bild 9.4: Die E-Mail ist fast fertig

Jetzt haben wir es fast geschafft. Wenn Sie Ihren Text beendet haben, fehlt nur noch eins:

☑ Tippen Sie auf die Befehlsschaltfläche SENDEN.

Ihre Nachricht wird geschlossen und in den Ordner AUSGANG gestopft.

SENDEN ist nicht gleich senden!

Ja, Sie haben auf die Befehlsschaltfläche SENDEN getippt. Das bedeutet aber nicht, dass Ihre E-Mail auch schon verschickt ist. Sie ruht nun lediglich im Ordner AUSGANG und wartet darauf, dass Sie Ihren nächsten *HotSync* durchführen. Wenn das geschieht, wird nämlich alles, was sich im Mail-Ordner AUSGANG befindet, in das Ausgangskörbchen Ihres E-Mail-Programms auf dem PC geschoben. Von dort aus können Sie die E-Mails dann tatsächlich versenden, wenn Sie mit dem Internet verbunden sind.

9.2.2 E-Mails lesen

Je nachdem, wie viele Mails Sie geschickt kriegen, kann das Stöbern darin recht viel Zeit kosten. Wie gut, dass Sie das nun im Bus oder in der U-Bahn erledigen können. Und so funktioniert's:

☑ Tippen Sie in der Anwendung *Mail* rechts oben auf das kleine Dreieck.

Folgende Auswahlliste klappt auf:

Bild 9.5: Das ist Ihr E-Mail-Manager

An dieser Stelle finden Sie in den anderen Palm-Anwendungen die Kategorien. Hier nennen wir es aber Ordner. Nicht um Sie vollkommen zu verwirren, nein, sondern weil das E-Mail-Programm, mit dem Sie auf Ihrem PC oder Mac arbeiten, in aller Regel auch Ordner und nicht Kategorie zu diesen »Schubladen« sagt. (Wenn es Sie beruhigt, können Sie auch ruhigen Gewissens weiter Kategorie sagen, denn im Grunde genommen meinen beide Worte dasselbe.)

Auf jeden Fall enthält die Liste die Ordner, in denen sich Ihre Mails befinden.

- EINGANG – hier stecken die Mails, die Ihnen geschickt wurden. Eingang
- AUSGANG – hier finden Sie alle Mails, die Sie selbst verfasst haben und die nur darauf warten, per *HotSync* über Ihren PC einen Adressaten zu finden. Ausgang
- GELÖSCHT – das Wort spricht für sich. Alle Mails, die Sie nicht mehr haben wollen, werden hier solange gelagert, bis Sie den Ordner GELÖSCHT leeren. Gelöscht
- ABGELEGT – wenn Sie den Eingangsordner aufräumen, eine Mail aber nicht gleich löschen wollen, schlage ich vor, Sie legen sie hier ab. Abgelegt
- ENTWURF – Nomen est Omen! Wenn Sie eine Mail schreiben, aber noch nicht verschicken wollen, stecken Sie das Ding hier rein. Entwurf

Und jetzt gilt's:

☑ Tippen Sie auf den Namen des Ordners, dessen E-Mails Sie anzeigen lassen wollen.

Die Mails des ausgewählten Ordners werden untereinander aufgelistet.

☑ Tippen Sie auf die E-Mail, deren Text Sie lesen möchten.

Der Text wird angezeigt.

☑ Haben Sie alles gelesen, tippen Sie auf FERTIG, um die Nachricht wieder zu schließen.

Nun sind Sie wieder zurück in der Anzeige des aktuellen Ordners, wo die gelesene Mail mit einem Häkchen versehen wird.

Übrigens: Wenn Sie eine E-Mail geöffnet haben und nicht immer wieder zurück in die Anzeige des Ordners gehen möchten, um dort die nächste E-Mail zu öffnen, die Sie lesen wollen, habe ich einen Vorschlag für Sie. Benutzen Sie doch einfach die beiden kleinen Dreiecke, die Sie rechts unten in der Anzeige einer E-Mail finden. Je nachdem auf welches der beiden Sie tippen, springen Sie in der Anzeige zur nächsten oder zur vorherigen Mail. Alternativ können Sie natürlich auch die Bildlauftaste zum »Mail-Hopping« benutzen.

Aber noch mal zurück zur Anzeige einer E-Mail. Tippen Sie die E-Mail im jeweiligen Ordner an, wird sie folgendermaßen dargestellt:

Bild 9.6:
Ansichtsoption A:
ohne Kopfdaten

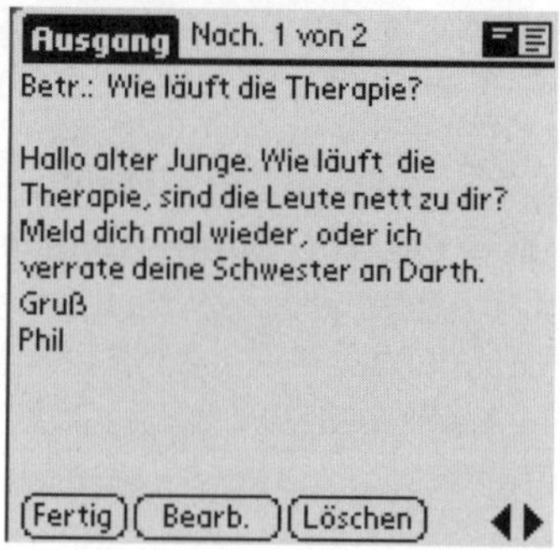

Vielleicht ist Ihnen das Symbol oben rechts in der Ecke aufgefallen. Dessen linke Seite sieht aus wie ein Blatt mit wenig Text und die rechte wie eins mit viel. Bild 9.6 zeigt die Ansichtsoption der ersten Variante.

Wenn Sie auf das Blatt mit viel Text tippen, wird zusätzlich zur Nachricht noch der so genannte Nachrichtenkopf eingeblendet, der Ihnen verrät, an wen Sie die E-Mail schicken bzw. von wem sie Ihnen geschickt wurde. Das sieht dann so aus:

Bild 9.7:
Ansichtoption B:
mit Kopfdaten

9.2.3 E-Mails beantworten

Wenn Sie eine E-Mail beantworten möchten, tun Sie Folgendes:

☑ Tippen Sie in der Anwendung *Mail* auf die E-Mail, der Sie eine Antwort schreiben wollen. Die Nachricht wird angezeigt.

☑ Tippen Sie auf die Befehlsschaltfläche ANTWORT.

Das Dialogfenster ANTWORTOPTIONEN öffnet sich:

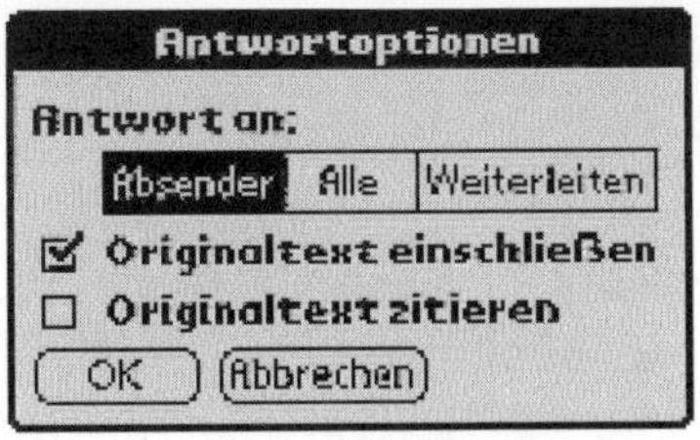

Bild 9.8:
Hier wird festgelegt, wer die Antwort bekommt

Sie müssen nun ein paar Entscheidungen treffen: Möchten Sie nur dem Verfasser der Mail antworten, so tippen Sie auf ABSENDER. Wurde die E-Mail, der Sie antworten wollen, an mehrere Adressen geschickt, können Sie auch festlegen, dass jeder, der die Mail bekommen hat, ebenfalls Ihre Antwort geschickt kriegt. Dazu müssen Sie das Feld ALLE antippen.

Vergessen Sie erst einmal das Feld WEITERLEITEN. Was passiert, wenn Sie darauf tippen, sehen wir uns im nächsten Abschnitt an.

Aber es gibt noch mehr Entscheidungen zu treffen! Denn wie Sie sehen, werben auch zwei Kontrollkästchen um Ihre Aufmerksamkeit. Wenn Sie ORIGINALTEXT EINSCHLIEßEN durch Antippen mit einem Haken markieren, wird der Text, auf den Sie antworten, mit in Ihre Nachricht gestellt. Markieren Sie zusätzlich noch ORIGINALTEXT ZITIEREN, wird dieser Text mit »>«-Zeichen versehen, damit der Empfänger ihn schnell als Zitat erkennen kann. Sie können keines der Kästchen markieren (dann wird auch kein Originaltext der Nachricht hinzugefügt), eines oder alle beide. Sollten Sie sich jedoch entschließen, nur Kästchen Nummer zwei zu markieren, muss ich Sie enttäuschen. Sie können das tun, kein Problem, Sie sind ja der Captain – es wird nur nicht viel nutzen. Denn welchen Originaltext soll Herr Palm bitte schön als Zitat markieren, wenn keiner in die Nachricht eingeschlossen wird ...?

☑ Tippen Sie auf OK, wenn Sie Ihre Wahl getroffen haben.

Das Fenster NEUE NACHRICHT öffnet sich. Die E-Mail-Adresse(n) des Empfängers oder der Empfänger befinden sich bereits in der Zeile AN. In der Zeile BETR. wurde der Text »Antw:« mitsamt dem Originalbetreff der Nachricht eingefügt, auf die Sie antworten. So sieht der Empfänger auf den ersten Blick, dass es sich bei Ihrer Mail um eine Antwort auf seine Mail XY handelt. Und wenn Sie sich entschieden haben, den Originaltext mit in Ihre Nachricht zu übernehmen, so wird auch der in den Textzeilen angezeigt.

- ☑ Möchten Sie diese E-Mail auch noch anderen Leuten zukommen lassen, so fügen Sie deren E-Mail-Adressen in die Felder AN bzw. CC ein.

Sollten Sie schon wieder vergessen haben, wie man das macht, lesen Sie noch mal in Abschnitt 9.2.1 nach. Da habe ich genau erklärt, wie das vor sich geht.

- ☑ Um nun endlich Ihre Antwort zu schreiben, tippen Sie rechts neben das Feld TEXT, woraufhin der Cursor fröhlich in der Zeile zu blinken beginnt.

- ☑ Geben Sie nun Ihre Antwort mit Graffiti oder der Bildschirmtastatur ein.

Auch wenn es auf den ersten Blick wirkt, als hätten Sie nur eine oder zwei Zeilen Platz vor der zitierten Originalnachricht – nur die Ruhe! Sie haben mehr. Denn wenn Sie mehr schreiben, werden auch automatisch neue Zeilen eingefügt.

- ☑ Das Werk ist vollbracht? Dann tippen Sie auf die Befehlsschaltfläche SENDEN.

Das Fenster der Nachricht schließt sich und Ihre Antwort wird in den Ordner AUSGANG geschoben, in dem sie geduldig auf den nächsten *HotSync* wartet.

9.2.4 E-Mails weiterleiten

Sie bekommen eine E-Mail und möchten den Inhalt auch einem Bekannten zur Verfügung stellen? Nichts leichter als das. Leiten Sie die Mail einfach weiter.

Und so geht's:

- ☑ Tippen Ssie in der Anwendung *Mail* auf die E-Mail, die Sie weiterleiten wollen. Die Nachricht öffnet sich.

- ☑ Tippen Sie nun auf die Befehlsschaltfläche ANTWORT.

Das Dialogfenster ANTWORTOPTIONEN taucht auf, welches wir schon aus Abschnitt 9.2.3 kennen, als wir uns mit der Beantwortung von E-Mails herumgeschlagen haben.

☑ Achten Sie darauf, dass das Kontrollkästchen ORIGINALTEXT EINSCHLIEẞEN markiert ist und tippen Sie das Feld WEITERLEITEN an.

☑ Nun tippen Sie noch auf OK.

Das Fenster NEUE NACHRICHT öffnet sich, mit dem Nachrichtentext als Inhalt, den Sie weiterleiten möchten. Dieser hat außerdem den Hinweis »Weitergeleitete Nachricht« als Überschrift verpasst bekommen. Und in der Betreffzeile steht »Weiter:« am Zeilenanfang vor dem Originalbetreff. Diese Felder müssen Sie alle nicht mehr ausfüllen ... Gut, was?!

☑ Geben Sie jetzt die E-Mail-Adresse des Bekannten im Feld AN ein, an den Sie die Nachricht weiterleiten wollen.

Das funktioniert genauso, wie ich es im Zusammenhang mit dem Verfassen einer frischen E-Mail in Abschnitt 9.2.1 erklärt habe.

☑ Wenn Sie Ihrem Bekannten noch einen oder mehrere Sätze zu der weitergeleiteten Nachricht schreiben möchten, tippen Sie in die Zeile rechts neben das Feld TEXT.

Der Cursor blinkt in der Zeile und wartet auf Ihre Texteingabe per Graffiti oder per Bildschirmtastatur.

☑ Wenn Sie genug geschrieben haben, tippen Sie auf die Befehlsschaltfläche SENDEN, woraufhin sich die Nachricht schließt und in den Ordner AUSGANG verzieht. Auch eine weitergeleitete E-Mail wartet sehnsüchtig auf den nächsten *HotSync*, damit sie sich von Ihrem PC in die unendlichen Datenweiten des Internets ergießen kann.

9.3 Und in den Papierkorb damit!

Wenn Sie den PalmPilot zum ersten Mal anschalten und ein wenig rumstöbern, werden Sie den Eindruck kriegen, dass Sie unendlich viel Speicherplatz zur Verfügung haben. Nun, da ist was dran – allerdings nur solange, bis Sie damit beginnen, E-Mails vom PC zu laden. Herr Palm lässt sich damit nämlich recht schnell zustopfen. Deshalb ist es nicht unklug, unbenötigte Mails auch wieder über den Jordan zu schicken. Und das geht folgendermaßen:

☑ Tippen Sie in der Anwendung *Mail* auf die Nachricht, die gelöscht werden soll. Die ausgewählte E-Mail öffnet sich.

☑ Wählen Sie nun die Befehlsschaltfläche LÖSCHEN.

Natürlich fragt Herr Palm noch mal nach, ob Sie sich auch wirklich sicher sind. Immerhin könnte man ja auch versehentlich auf LÖSCHEN getippt haben ... Und so klappt das Dialogfenster NACHRICHT LÖSCHEN auf.

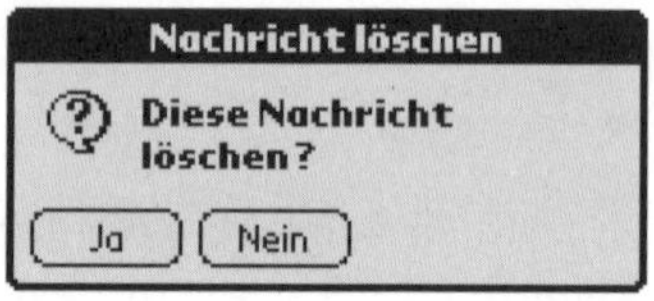

Bild 9.9:
Sind Sie sich sicher?

☑ Tippen Sie auf JA.

Wenn Sie die Nachfrage nervt

Falls Sie das ewige Nachfragen des Dialogfensters NACHRICHT LÖSCHEN stört, wenn Sie Ihre E-Mails loswerden wollen, dann schalten Sie es doch einfach ab. Wählen Sie dazu in der Anwendung *Mail* folgendes MENÜ: OPTIONEN ♦ EINSTELLUNGEN und deaktivieren Sie das Kontrollkästchen GELÖSCHTE BESTÄTIGEN im aufklappenden Dialogfenster. Wenn Sie das nächste Mal auf LÖSCHEN tippen, um eine E-Mail loszuwerden, wird sie sich sofort aus dem Staub machen.

Hinzuzufügen ist noch, dass eine gelöschte Nachricht noch nicht tatsächlich gelöscht ist. Sie wurde bloß in den Ordner GELÖSCHT verschoben. Das ist ganz praktisch, will man eine E-Mail doch noch mal wiederhaben.

9.3.1 Gelöschte Mails zurückholen

Um eine E-Mail wiederherzustellen, tun Sie Folgendes:

☑ Öffnen Sie den Ordner mit den gelöschten Mails, indem Sie in der Anwendung *Mail* oben rechts auf das kleine Dreieck tippen. Wählen Sie in der ausklappenden Liste GELÖSCHT aus.

☑ Im Ordner GELÖSCHT tippen Sie dann auf die Nachricht, die Sie gerne wiederhaben möchten.

Die »gelöschte« E-Mail öffnet sich.

☑ Ganz unten im Display sehen Sie nun die Befehlsschaltfläche WIEDERHERST. Tippen Sie hier drauf, wird die Nachricht in ihrem ursprünglichen Ordner wiederhergestellt.

9.3.2 Mülleimer leeren

Okay. Wir wissen nun, dass eine Mail zu löschen in Tatsache nur ein Pseudo-Löschvorgang ist, da das Teil lediglich in einen anderen Ordner verschoben wird. Und dass der nun GELÖSCHT heißt, macht zumindest für meinen Speicherplatz auch keinen Unterschied. »Ja kriege ich die Dinger denn gar nicht mehr von meinem Palm?«, höre ich verzweifelt jemanden rufen. Aber natürlich kriegt man die runter und zwar ruck, zuck!

Man braucht nur den Ordner GELÖSCHT leeren. Und so geht's:

☑ Öffnen Sie die Anwendung *Mail* und wählen Sie MENÜ ♦ NACHRICHT ♦ GELÖSCHTE ENTFERNEN.

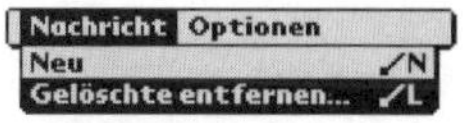

Das Dialogfenster GELÖSCHTE ENTFERNEN fragt noch mal vorsichtig nach, ob Sie wirklich gewillt sind, den Mülleimer auszuleeren? Außerdem verrät es Ihnen, dass es nach dem »JA«-Wort kein zurück gibt:

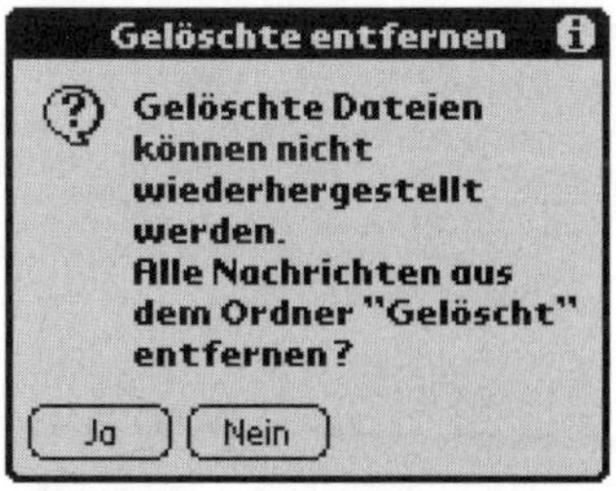

Bild 9.10: Hier sollten Sie sich sicher sein!

Aber wir sind Terraner und keine unentschlossenen Thermianer. Wir wissen, was wir wollen!

☑ Und deshalb tippen wir genüsslich auf JA.

Das Dialogfenster verschwindet. Und mit ihm verziehen sich alle Mails aus dem Ordner GELÖSCHT in die ewigen Jagdgründe veganischer Bit-Indianer.

Am PC löschen geht schneller

Wenn Sie einen *HotSync* durchführen, wird der Eingangskorb von PalmPilot-Mail mit dem Eingangskorb des E-Mail-Programms auf Ihrem Rechner synchronisiert. Das bedeutet, dass sich Palm-*Mail* an Ihrem PC orientiert. Wenn Sie nun auf dem PC E-Mails löschen und danach einen *HotSync* durchführen, werden sie automatisch auch auf dem PalmPilot gelöscht. Deshalb mein Vorschlag: Löschen Sie Ihre E-Mails immer auf dem PC (hier kann man meistens auch mehrere Mails auf einmal loswerden und muss sie nicht mühsam einzeln vertilgen wie auf dem PalmPilot). Führen Sie danach einen *HotSync* durch und Sie sind die ungeliebten Nachrichten mit einem Schlag auf beiden Systemen los.

Gelöschte Mails sind plötzlich wieder da ...!

Wenn Sie eine E-Mail auf dem PalmPilot löschen, sie aber nicht auch auf Ihrem PC löschen, wird sie beim nächsten *HotSync* wieder auf Ihren PalmPilot übertragen. Ein Weg, um sich vor so etwas Unsinnigem zu schützen, ist, Herrn Palm anzuweisen, nur ungelesene E-Mails vom PC zu holen. Und wie das geht, verrate ich Ihnen im Abschnitt *HotSync*-Optionen etwas weiter unten in diesem Kapitel.

Und noch mal aufgepasst!

Anders als die Einträge der anderen Anwendungen, lassen sich gelöschte E-Mails nicht im *Palm Desktop* archivieren. Denken Sie daran, wenn Sie eine E-Mail im PalmPilot löschen, dass sie unter Umständen nicht wiederhergestellt werden kann. Nutzen Sie darum zu Archivzwecken das E-Mail-Programm auf Ihrem PC.

9.4 E-Mails ablegen

Möchten Sie eine Mail zwar aus dem Eingangsordner, nicht aber vom PalmPilot entfernen, empfehle ich Ihnen, sie im Ordner ABGELEGT abzulegen. Wie der Name des Ordners schon sagt, ist er ja dafür da.

☑ Öffnen Sie dazu die entsprechende E-Mail.

☑ Dann wählen Sie MENÜ ➧ NACHRICHT ➧ DATEI aus.

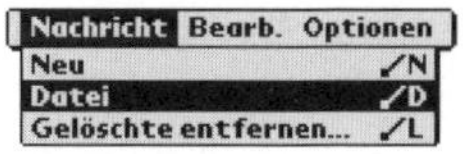

Herr Palm möchte im Dialogfenster ABLAGEOPTIONEN noch von Ihnen wissen, ob Sie eine Kopie dieser Mail im Eingangsordner aufbewahren möchten?

☑ Tippen Sie auf JA oder NEIN und schwups wird die Mail aus dem aktuellen Ordner nach ABGELEGT geschoben.

Um den Ordner ABGELEGT einzusehen, tippen Sie in der Anwendung *Mail* auf das kleine Dreieck rechts oben im Display (da, wo sich in anderen Palm-Anwendungen die Kategorien befinden). Aus der aufklappenden Liste wählen Sie nun ABGELEGT aus. Jetzt können Sie durch Antippen jede Ihrer abgelegten Mails einsehen.

9.5 Entwürfe

Tippen Sie, während Sie eine neue E-Mail verfassen, auf die Befehlsschaltfläche ABBRECHEN, öffnet sich das Dialogfenster ENTWURF

SPEICHERN. Hier werden Sie gefragt, ob Sie Ihren abgebrochenen Versuch nicht als Entwurf speichern möchten?

Bild 9.11: Man weiß ja nie, ob man's nicht noch mal braucht ...!

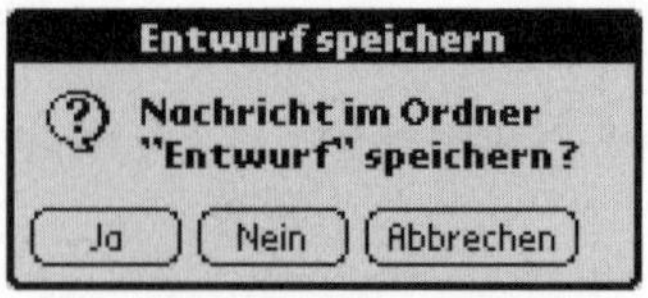

Beantworten Sie die Frage mit NEIN, löscht Herr Palm diesen Mail-Versuch rigoros. Tippen Sie auch hier wiederum auf ABBRECHEN, kehren Sie zurück zu Ihrer E-Mail und können weiterschreiben. Bestätigen Sie jedoch die Frage mit JA, wird Ihr Mail-Versuch in den Ordner ENTWURF geschoben. Dort können Sie im Bedarfsfall jederzeit darauf zurückgreifen.

9.6 Blindkopie

Ich habe einen Freund, der ist ein wenig eigen. Wenn ich Ihnen verrate, dass er vom Planeten Sylt stammt, wissen Sie bestimmt gleich, was ich meine (oder ist Ihnen jemals jemand von Sylt vors Raumschiff gelaufen, der nicht irgendwie »eigen« war?). Seine Eigenheit drückt sich z.B. dadurch aus, dass er E-Mails nur dann liest, wenn Sie einzig und allein an ihn adressiert sind (er hat immer schnell Verschwörungstheorien kosmischer Krankheiten auf Lager, die sich durch E-Mails an multiple Adressaten ausbreiten würden – ich sagte doch, dass er eigen ist ...!). Also schreibe ich ihm immer schön alleine. Aber manchmal ist es doch nötig, dass noch jemand anderes eine Kopie der E-Mail an ihn erhält. Und deshalb »hintergehe« ich meinen Freund, wenn es nicht anders geht, indem ich die Mail in einer so genannten Blindkopie noch anderen zukommen lasse. Davon merkt er nichts und denkt stets, dass er der Einzige ist, der die E-Mail kriegt, obwohl andere mitlesen (bitte verraten Sie ihm nie, dass so was möglich ist – er würde seiner außerirdischen Lebensform nicht mehr froh werden ...!).

Blindkopien nennt man auch BCC – das bedeutet so viel wie »Blind Carbon Copy«. Und sie sind dermaßen hinterlistig, dass ihre Adresszeile im E-Mail-Kopf nicht mal angezeigt wird. Wenn Sie also auch mal jemandem eine Kopie einer Mail zusenden wollen, aber nicht wünschen, dass der eigentliche Adressat das mitkriegt, sollten Sie jetzt aufpassen.

☑ Tippen Sie in der Anwendung *Mail* auf die Befehlsschaltfläche Neu.

Das uns bereits bekannte Fenster Neue Nachricht öffnet sich.

☑ Hier tippen Sie auf die Befehlsschaltfläche Details.

☑ Das Dialogfenster Nachrichtendetails öffnet sich, in dem Sie das Kontrollkästchen BCC antippen.

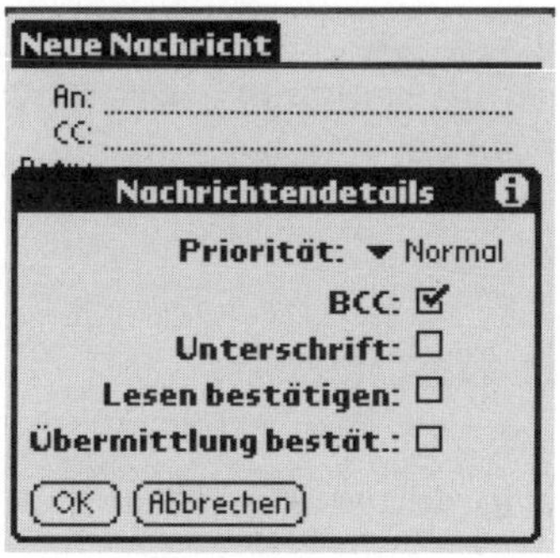

Bild 9.12:
Mit BCC Adressaten verheimlichen

Wie Sie in Bild 9.12 sehen, wird es mit einem Haken markiert, wenn Sie darauf tippen.

☑ Tippen Sie jetzt auf OK.

Das Dialogfenster Nachrichtendetails schließt sich und wir sind zurück im Fenster Neue Nachricht. Und siehe da, im E-Mail-Kopf findet sich nun das Feld BCC (allerdings nur bei Ihnen – der eigentliche Empfänger wird dieses Feld niemals zu Gesicht kriegen).

☑ Tippen Sie auf das Wort BCC.

☑ Das Fenster BCC öffnet sich, in das Sie mit Graffiti oder der Bildschirmtastatur die E-Mail-Adresse des Blindempfängers eingeben können.

Wenn Sie die Adresse nicht auswendig wissen, tippen Sie auf die Schaltfläche Suche. Der PalmPilot öffnet dann ein Fenster mit allen E-Mail-Adressen, die auf Ihrem Palm gespeichert sind. Wenn Sie die richtige gefunden haben, tippen Sie sie an und danach auf die Befehlsschaltfläche Einfügen. Sofort erscheint die Adresse im Fenster BCC.

☑ Haben Sie alle E-Mail-Adressen, an die die Blindkopie gehen soll eingetragen? Dann tippen Sie im Fenster BCC auf Fertig.

Die entsprechende E-Mail-Adresse wird nun auch im Fenster Neue Nachricht in der BCC-Zeile angezeigt.

☑ Schreiben Sie nun Ihre E-Mail. (Alles was diesbezüglich zu sagen ist, habe ich bereits im Abschnitt 9.2.1, »E-Mails schreiben«, von mir gegeben.) Und vergessen Sie nicht, den eigentlichen Empfänger der Mail im Feld An einzutragen.

☑ Wenn Sie fertig sind, tippen Sie auf die Befehlsschaltfläche Senden.

Voilà, Ihre erste Mail mit geheimer (gemeiner) Blindkopie wartet auf den nächsten *HotSync*.

9.7 HotSync Optionen

Wie erwähnt, wird während des *HotSyncs* das E-Mail-Konto auf Ihrem Palm an das auf Ihrem PC angepasst. Die Grundeinstellung sieht nun vor, dass Herr Palm immer alle E-Mails auf dem Palm mit denen auf dem PC synchronisiert. Ob das sinnvoll ist, müssen Sie selbst entscheiden. Ich persönlich ziehe vor, dass Herr Palm lediglich die ungeöffneten Mails von meinem PC holt, denn das sind ja diejenigen, die ich zuhause nicht mehr lesen konnte. Außerdem geht's schneller so.

Aber eins nach dem anderen. Sehen wir uns an, was möglich ist.

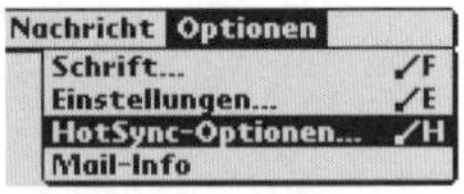

☑ Öffnen Sie die Anwendung *Mail* und wählen Sie Menü ➧ Optionen ➧ HotSync-Optionen.

Das Fenster HotSync-Optionen öffnet sich.

Bild 9.13:
Legen Sie fest, wie der PalmPilot mit Ihrer Post umspringt

☑ Tippen Sie auf das kleine Dreieck im Feld EINSTELLUNGEN FÜR, um festzulegen, für welchen *HotSync*-Vorgang Sie die Einstellung ändern möchten.

Bild 9.14:
LOKAL oder FERN – das ist hier die Frage!

Sie haben die Wahl zwischen Einstellungen für den lOKalen *HotSync* mit der Dockingstation und für einen Fern-*HotSync* über ein Modem. Da der *HotSync* aus der Ferne wesentlich länger dauert, sollten Sie für diesen Fall auf jeden Fall die Datenmenge der E-Mails reduzieren, die sich Herr Palm aufbürden soll. Sind Sie dann später wieder vor Ort, führen Sie einen lokalen *HotSync* durch und bringen Ihren E-Mail-Haushalt damit auf den neusten Stand. Wenn Sie nicht vorhaben, mit einem Modem einen *HotSync* durchzuführen – vergessen Sie einfach, was ich gesagt habe, stellen Sie EINSTELLUNGEN FÜR auf LOKAL und lesen Sie weiter.

☑ Wählen Sie entweder den Eintrag LOKAL oder FERN aus.

Damit wir uns nicht falsch verstehen: Natürlich können Sie unterschiedliche Einstellungen für jeden der beiden *HotSync*-Typen vornehmen und nicht nur für einen. Je nachdem, ob Sie auf LOKAL oder FERN tippen, wird Ihre Einstellung dann angezeigt.

☑ Tippen Sie in einen der vier Kästen unter dem Feld EINSTELLUNGEN FÜR.

Je nachdem, was Sie gewählt haben, wird ein erläuternder Text angezeigt. Folgende vier Optionen stehen zur Debatte:

☐ Wählen Sie ALLE aus, legen Sie fest, dass beim nächsten *HotSync* alle E-Mails im Eingang Ihres PC-E-Mail-Programms auf

den PalmPilot kopiert werden. Außerdem werden alle ausgehenden Nachrichten aus dem PalmPilot an Ihr E-Mail-Programm übertragen.

- ☐ NUR SENDEN bedeutet, dass keine E-Mail vom PC auf den Palm kopiert wird. Lediglich die Nachrichten im Ordner AUSGANG des PalmPilots werden an das E-Mail-Programm des PCs übertragen.

- ☐ Entscheiden Sie sich für die Option FILTER, können Sie den PalmPilot anweisen, bestimmte E-Mails anzunehmen und andere nicht. Das Ganze sehen wir uns noch näher im Abschnitt »E-Mails filtern« an.

- ☐ Als Letztes steht noch die Option UNGELESEN zur Verfügung. Hiermit legen Sie fest, dass lediglich ungelesene E-Mails vom PC auf den PalmPilot kopiert werden. Ich sagte ja bereits, dass das meine Lieblingseinstellung ist.

E-Mails, die sich im Ordner AUSGANG des PalmPilots befinden, werden übrigens mit allen vier Varianten während des *HotSyncs* an den PC übertragen.

☑ Haben Sie Ihre Wahl getroffen, so tippen Sie auf OK.

Jetzt haben Sie voll im Griff, was während des *HotSyncs* mit den E-Mails passiert.

9.7.1 E-Mails filtern

Gehören Sie auch zu den Leuten, die tagein tagaus von E-Mails überschwemmt werden? Und darunter steckt dann meist jede Menge Werbung? Wenn Sie diese Mails alle auf Ihren Palm quetschen wollen, braucht es erstens viel Speicherplatz und zweitens dauert der *HotSync* ewig. In so einem Fall empfiehlt es sich zu filtern, was auf den Palm gehört und was nicht.

Um die Filteroptionen festzulegen, machen Sie Folgendes:

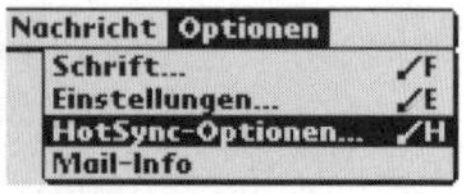

☑ Öffnen Sie die Anwendung *Mail* in Ihrem PalmPilot und wählen Sie MENÜ ♦ OPTIONEN ♦ HOTSYNC-OPTIONEN.

☑ Wählen Sie im Feld EINSTELLUNGEN FÜR aus, ob Sie die Filterregeln für den LOKAL- oder einen FERN-*Hotsync* festlegen möchten.

☑ Tippen Sie nun in das Feld FILTER.

Wie Sie sehen (Bild 9.15), werden jetzt einige Entscheidungen von Ihnen gefordert. Schauen wir uns das Ganze von oben nach unten an:

Bild 9.15: E-Mails filtern

Wenn man E-Mails verschickt, kann man ihnen eine Priorität zuordnen, was dem Leser auf den ersten Blick zeigt, wie wichtig eine Nachricht ist. Eine Filterregel könnte nun sein, nur E-Mails mit hoher Priorität abzurufen.

☑ Wenn Sie das wollen, markieren Sie das Kontrollkästchen HOHE PRIORITÄT ABRUFEN, dann bleiben Ihnen in Zukunft alle Nachrichten, die diesem Merkmal nicht entsprechen, erspart.

Wenn Sie auf das kleine Dreieck unter dem Kontrollkästchen tippen, können Sie wählen, ob die folgenden Felder dazu dienen sollen, Nachrichten mit bestimmten Merkmalen zu ignorieren. Oder ob umgedreht nur Nachrichten mit diesen Merkmalen an den Palm übertragen werden sollen.

Bild 9.16: Soll der Filter bestimmte E-Mails ignorieren oder nur besondere abrufen?

☑ Tippen Sie auf eine der beiden Optionen.

Im Folgenden tue ich einfach so, als hätten Sie das Gleiche wie ich gewählt. Nämlich das Ignorieren von Nachrichten. Haben Sie die

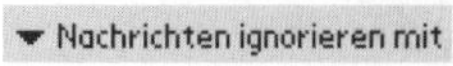

andere Wahl getroffen, müssen Sie meine Ausführungen einfach inhaltlich umdrehen. Aber wem sage ich das, Sie sind ja nicht blöd, oder ...?

- ☑ Wenn Sie mehrere E-Mail-Adressen besitzen und die Nachrichten an eine davon Ihrem Palm nicht aufbürden wollen (weil es private Mails sind, von einer hübschen Dame der Venus vielleicht – Sie alter Schlingel!), dann schreiben Sie diese E-Mail-Adresse in das Feld An.

- ☑ Um Post von einem bestimmten Absender zu ignorieren, geben Sie dessen E-Mail-Adresse in das Feld Von ein.

Bild 9.17: Von dir krieg ich bestimmt keine Mail mehr!

Mehrere Einträge trennen Sie durch ein Komma. Und sollte Ihnen die eine Zeile nicht reichen, tippen Sie einfach das Wort Von an und führen die Liste der unerwünschten Absender im Fenster Von fort. Hier können Sie übrigens auch die Befehlsschaltfläche Suche benutzen, um eine E-Mail-Adresse in Ihrem Adressbuch zu finden – ganz so, wie wir das aus dem Abschnitt übers Schreiben von E-Mails gewohnt sind.

Das eben Gesagte gilt im Übrigen genauso für die Felder An und Betr. Auch hier können Sie durch Tippen auf das Wort Platz schaffen, um mehr Einträge unterzubringen (die Sie auch hier durch Komma trennen müssen).

- ☑ Um E-Mails mit einem bestimmten Betreff zu ignorieren, geben Sie ein oder mehrere Schlüsselwörter im Feld Betr. ein.

Hier können Sie mehrere Einträge auch durch Leerzeichen voneinander trennen. Jeder Begriff, den Sie nennen, wird übrigens durch ein logisches »oder« miteinander verknüpft. Das bedeutet, es reicht, wenn eins der Worte im Betreff einer E-Mail auftaucht, um damit die Nachricht von Ihrem Palm zu verbannen.

☑ Haben Sie Ihre Einträge in den Feldern vorgenommen, tippen Sie noch auf OK, um das Fenster wieder zu schließen.

Lassen Sie doch Ihren PC die Arbeit machen

Ist das E-Mail-Programm auf Ihrem PC mit umfassenderen Filtermöglichkeiten gesegnet, würde ich ihm die »Filterei« gleich ganz überlassen. Dann laden Sie einfach nur noch, was davon übrig bleibt, auf den PalmPilot. So haben Sie weder auf dem Rechner noch auf Ihrem Palm unnötigen E-Mail-Müll rumfliegen.

Ich muss allerdings zugeben, dass die meisten »Palmisten«, denen ich bisher begegnet bin, ein ausgesprochen erfülltes Leben führen, ohne jemals auch nur eine E-Mail zu filtern. Lassen Sie sich also von mir nichts aufschwätzen ... Wenn Sie das nicht brauchen – auch Okay. Ob gefiltert wird oder nicht, ist immer noch Ihre Entscheidung!

9.7.2 E-Mails kürzen

Von den Bewohnern des Planeten Bit wird gesagt, dass sie auf nichts so gut achtgeben wie auf den Speicherplatz ihrer Rechenanlagen (außerdem sollen sie auch Bier nicht gerade abgeneigt sein – aber das tut hier nicht viel zur Sache). Die Bits und Bytes dieses Sterns wissen, dass ihr Leben eng und unbequem wird, sobald die Festplatten anfangen überzulaufen. Und ganz ähnlich ist das auch im Palm-Universum: Speicherplatz ist ein kostbares Gut! Solange Sie noch viel davon auf Ihrem Palm zur Verfügung haben, werden Sie sich wohl fragen, was meine Worte bedeuten sollen. Sind Sie aber zum Wissenden geworden, werden Sie für jeden Ratschlag dankbar sein, der Ihrem PalmPilot Platz zum Atmen schafft.

Um Speicherplatz zu sparen, schneidet der PalmPilot E-Mails ab einer bestimmten Länge einfach ab. Und obwohl Sie die Länge, ab der geschnippelt wird, selbst bestimmen können, sind mehr als 8000 Zeichen auf keinen Fall drin. 8000 Zeichen sind auch nicht gerade wenig (immerhin mehr als zwei DIN-A4-Seiten mit der

Schreibmaschine!). Aber wenn Ihnen jemand noch längere E-Mails schickt, müssen Sie den Rest eben am Rechner lesen.

Aber vielleicht sind Ihnen ja 8000 Zeichen schon viel zu viel und Sie möchten dem guten Herrn Palm viel eher erlauben, die Schere anzusetzen. Dann tun Sie Folgendes:

☑ Öffnen Sie die Anwendung *Mail* des PalmPilots und wählen Sie MENÜ ♦ OPTIONEN ♦ HOTSYNC-OPTIONEN

Das uns bekannte Fenster HOTSYNC-OPTIONEN öffnet sich einmal mehr.

☑ Tippen Sie nun auf die Befehlsschaltfläche KÜRZEN.

Das Dialogfenster KÜRZUNGSOPTIONEN macht sich breit:

Bild 9.18: Sie sind umgeben von Laberbacken? Freuen Sie sich – der PalmPilot mutet Ihnen höchstens 8000 Zeichen zu

☑ Tippen Sie auf die maximale Zeichenzahl, ab der eine E-Mail im Kopiervorgang auf den PalmPilot abgeschnitten werden soll.

Ihre Auswahl wird wie immer dunkel unterlegt.

☑ Tippen Sie jetzt auf OK.

Das KÜRZUNGSOPTIONEN-Fenster verschwindet und macht wieder den HOTSYNC-OPTIONEN Platz.

☑ Hier tippen Sie noch einmal auf OK.

Die Liste mit E-Mails wird wieder angezeigt, und Sie können sich guten Gewissens in dem Erfolgsgefühl sonnen, dass Ihnen Ihre E-Mails nicht mehr allen Speicherplatz der Welt klauen werden.

Was noch so abgeschnitten wird ...!

Gehören Sie auch zu den Leuten, die sich gegenseitig per E-Mail die neusten Karikaturen und Dateien zuschicken? Eine witzige Angelegenheit – nur leider nicht auf dem PalmPilot. Der überträgt beim *HotSync* nämlich grundsätzlich keine an E-Mails angehängte Dateien. Tut mir leid – die neusten Nacktfotos der Frau Ihres Chefs müssen Sie sich schon am PC ansehen ...!

9.8 E-Mails unterschreiben

Wenn Sie vom PC oder Mac den Umgang mit E-Mails gewohnt sind, kennen Sie sicher die Funktion der E-Mail-Signatur. Das ist so etwas wie eine Unterschrift, die man unter jede seiner E-Mails setzt. Meistens gehört der Name und die Anschrift dazu. Viele fügen auch noch ein Zitat einer berühmten (oder wie auch immer gearteten) Persönlichkeit hinzu – jeder so wie es ihm gefällt.

Und wenn man pfiffig ist, schreibt man das nicht jedes Mal selber ans Ende seiner Mail, sondern überlässt diese Arbeit dem E-Mail-Programm. So auch, wenn Sie am PalmPilot Ihre Mail verfassen. Natürlich müssen Sie dazu einmal Ihre Signatur festgelegt haben. Und das funktioniert so:

☑ Öffnen Sie die Anwendung *Mail* und wählen Sie MENÜ ♦ OPTIONEN ♦ EINSTELLUNGEN.

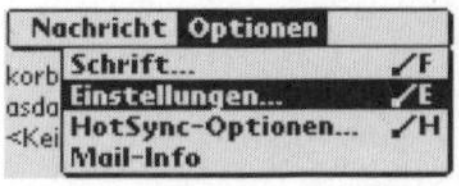

Das Dialogfenster EINSTELLUNGEN öffnet sich.

☑ Geben Sie den gewünschten Text für die Unterschrift Ihrer E-Mails mit Graffiti oder der Bildschirmtastatur ein.

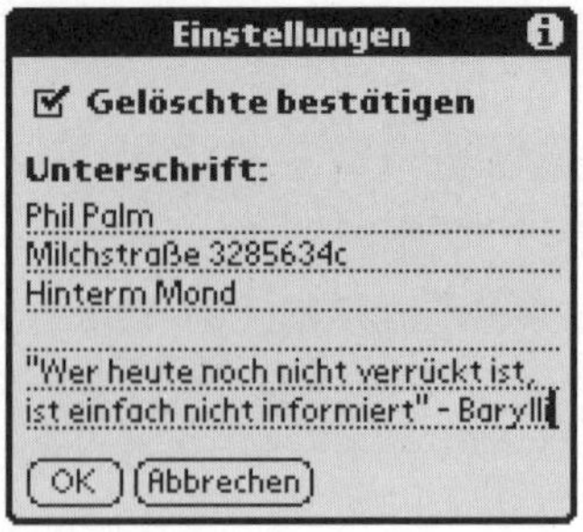

Bild 9.19: Ich unterzeichne ...! Unterschrift mit persönlichem Touch

☑ Wenn Sie Ihre Unterschrift entworfen haben, tippen Sie auf OK.

Von nun an wird diese Unterschrift automatisch ans Ende jeder E-Mail gestellt, die Sie mit dem PalmPilot verfassen.

Wo ist die Unterschrift nur ...?

Achtung: Ihre Unterschrift wird erst beim Senden drangehängt. Wundern Sie sich also nicht, wenn Sie das Ding nicht zu Gesicht kriegen, während Sie eine Mail schreiben. Und tun Sie mir einen Gefallen: Denken Sie daran, dass Sie den PalmPilot beauftragt haben, für Sie zu unterschreiben und machen Sie das nicht selber auch noch. Doppelt gemoppelt mag ja besser halten, sieht aber in diesem Fall ziemlich doof aus!

9.9 Ordnung in der Nachrichtenzentrale

Die Frage ist: Wie möchten Sie Ihre E-Mails anzeigen lassen? Ich mag es am liebsten in der Reihenfolge, in der sie mir zugeschickt wurden. Manchmal ist es aber auch nötig, sie nach Absender oder Betreff zu sortieren, damit man z.B. im ersten Fall einen schnellen Überblick über einen Briefwechsel kriegt.

Die jeweilige Ordnung für Ihr Postfach festlegen können Sie mit folgenden Schritten:

☑ Öffnen Sie die Anwendung *Mail*.

☑ Tippen Sie auf die Befehlsschaltfläche ANZEIGEN.

Das Dialogfenster ANZEIGEOPTIONEN öffnet sich:

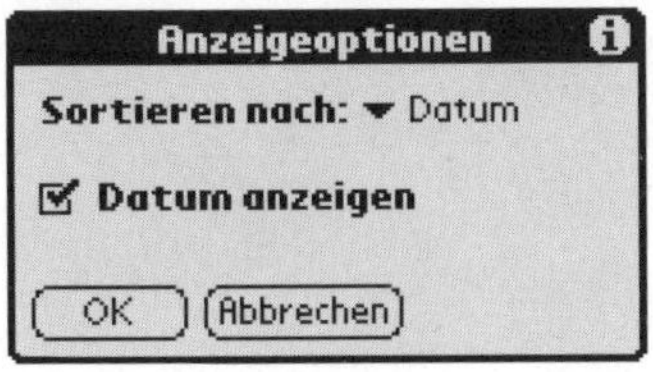

Bild 9.20: Struktur in den Mail-Berg bringen

Ist das Kontrollkästchen DATUM ANZEIGEN mit einem Haken markiert (wie in Bild 9.20) wird neben dem Absender und dem Betreff auch das Datum der Mail in der Liste des jeweiligen Ordners angezeigt. Das können Sie durch Antippen des Kästchens ändern.

☑ Um die Sortierreihenfolge festzulegen, tippen Sie auf das kleine Dreieck im Feld SORTIEREN NACH. Und schon klappt eine Liste mit drei Möglichkeiten auf.

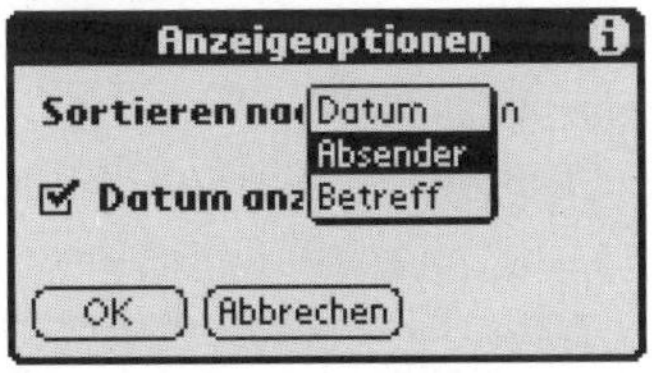

Bild 9.21: Wie hätten Sie's denn gerne?

☑ Wählen Sie nun aus der Liste aus, ob Sie Ihre E-Mails in der Reihenfolge des Datums, der Absender oder des Betreffs anzeigen lassen wollen.

Die gewählte Variante wird im Feld SORTIEREN NACH angezeigt.

☑ Tippen Sie zum Schluss noch auf die Befehlsschaltfläche OK, um die Einstellung zu speichern.

In Zukunft werden Mails in der von Ihnen gewünschten Reihenfolge sortiert – so lange, bis Sie sich für eine neue entscheiden.

10 Fasten your seat belts – gut gesichert ist halb gewonnen!

Das Universum – unendliche Weiten, unendliche Freiheit, unendliche Einsamkeit ...? Jetzt fliegen Sie mit Ihrem Raumschiff schon seit geraumer Zeit durchs All. Sicher, ab und an haben wir unterwegs einen anderen Palm-Handheld getroffen und uns gegenseitig etwas »zugebeamt«. Aber das doch eher peripher. Es ändert nur wenig daran, dass der Weg zum Palm-Universum weit ist und der Weltraum bis dahin überwiegend öde und leer.

Damit Ihr PalmPilot nicht vom Weltraum-Blues überrollt wird, ist es durchaus sinnvoll, ihn ab und zu mit einem seiner großen Brüder zusammenzubringen. Das kann ein Desktop-Computer oder ein Notebook sein, ein PC oder ein Mac (ob es Ihnen gefällt oder nicht: Ihr Palm bringt für die ideologischen Grabenkämpfe zwischen Microsoft-Regierung und Macintosh-Rebellen nicht mehr Interesse auf als ein Eisbär für die neuste Tiefkühltruhengeneration!) – der PalmPilot mag Familientreffen.

Sicher, man kann ihn ein Leben lang auch nur alleine einsetzen und so herzlos sein, ihm jeglichen Familienkontakt zu verwehren. Er wird nicht schmollen, sondern seine Arbeit zuverlässig tun. Aber glauben Sie mir, zu wahrer Größe läuft Herr Palm doch erst auf, lässt man ihn mit einem seiner großen Brüder zusammenarbeiten.

Zweck meiner schwülstigen Einleitung war es, Sie davon zu überzeugen, dass Sie sich keinen Gefallen tun, lassen Sie die Möglichkeiten ungenutzt, die Ihnen das Zusammenspiel von Palm und Computer bietet. Aber auch hier gilt natürlich einmal mehr: Sie sind der Captain!

Haben Sie kein Interesse an so einer Zusammenarbeit, überspringen Sie die kommenden Seiten einfach. Denn hier geht es jetzt darum, den PalmPilot mit einem herkömmlichen Computer zusammenzubringen.

Die *Palm Desktop*-Software auf Ihrem Computer ist der Schlüssel dazu. Sie bietet Ihnen eine Fülle von Möglichkeiten der schnelleren und effektiveren Dateneingabe und -verwaltung, als dies mit dem PalmPilot selbst möglich ist. Und wenn Sie gewohnt sind, am PC oder Mac zu arbeiten, werden Sie diese Vorteile nicht nur zu schätzen wissen, sondern auch blitzschnell intus haben und nicht mehr missen wollen. Dazu muss der *Palm Desktop* allerdings erst auf Ihrem Computer installiert werden – worum wir uns gleich kümmern werden. Außerdem erfahren Sie in diesem Kapitel alles, was Sie zu jenem ominösen *HotSync* wissen müssen, der von mir bereits so oft breitgetreten wurde.

10.1 Der PalmPilot Windows-mäßig

Als Erstes sehen wir uns an, was wir tun müssen, um den PalmPilot mit einem PC zusammenzubringen, der mit *Windows* läuft. Die Mac-Fans unter Ihnen müssen sich jetzt ein kleinwenig gedulden.

10.1.1 PalmPilot dockt an

Bevor wir uns um die Installation der *Palm Desktop*-Software kümmern können, müssen Sie den PalmPilot an Ihren PC anschließen. Dazu dient die Docking-Station. Sie ist das Bindeglied zwischen Palm und Ihrem Rechner.

☑ Fahren Sie Ihren Computer herunter und schalten Sie ihn aus.

☑ Stecken Sie das Kabel der Docking-Station auf der Rückseite Ihres Rechners in den Anschluss, in den der Stecker passt. (Wenn Sie einen Laptop benutzen, kann der Anschluss auch an der Seite des Geräts zu finden sein.)

Diesen Anschluss nennt man serielle Schnittstelle, und wenn Ihr PC noch recht neu ist, stehen die Chancen gut, dass diese noch unbelegt ist. Die serielle Schnittstelle ist meist ein Anschluss mit neun winzigen Pins. Manche serielle Anschlüsse sind aber auch größer und besitzen fünfundzwanzig Löcher statt der neun Pins. Sollte das auf Sie zutreffen: Keine Panik! Zur Docking-Station des PalmPilots gibt es einen Adapter. Wenn Sie den auf den Stecker der Docking-Station stecken, sollte der fünfundzwanzig-Löcher-Anschluss für Sie kein Problem mehr darstellen. Aber Obacht, verwechseln Sie das Ganze nicht mit dem Steckplatz für den Drucker, der hat nämlich auch fünfundzwanzig Löcher. Und glauben Sie mir, Herr Palm ist eitel. Auf die »niedere« Ebene eines Druckers lässt er sich nicht ein.

Haben Sie die serielle Schnittstelle gefunden? Die meisten PCs besitzen gleich zwei davon – COM1 und COM2 nennt man sie oft. Sollten beide schon anderweitig belegt sein (mit der Maus, einem Modem oder mit was weiß ich), haben Sie ein kleines Problem. Entweder schmeißen Sie eins der Gerät wieder raus oder es bleibt Ihnen nichts anderes übrig, als den netten Computermann von nebenan zu bitten, Ihnen doch noch einen seriellen Anschluss einzubauen.

Ich gehe nun aber mal davon aus, dass bei Ihnen alles glattgelaufen ist und der Stecker der Docking-Station gleich beim ersten Mal in einem der beiden COM-Anschlüsse gelandet ist. Dann können Sie Ihren Computer nämlich wieder hochfahren, und wir können mit der Installation des *Palm Desktops* beginnen.

10.1.2 Den Palm-Desktop installieren

Die *Palm Desktop*-Software *3.1* für *Windows* dient dazu, Ihren Palm in das *Windows*-Betriebssystem einzubinden, so dass die beiden miteinander kommunizieren und arbeiten können. Dazu liegt Ihrem PalmPilot-Paket eine CD-ROM bei, mit der das Programm auf Ihrem Computer installiert wird. Diese Software läuft unter *Windows 95, 98, 2000* oder einer früheren *NT*-Version.

Sie haben diese CD-ROM verschlampt, verloren, nie besessen? Besitzen zwar die CD-ROM aber kein CD-ROM-Laufwerk? Oder leben Sie gar noch in der Bronzezeit und arbeiten mit *Windows 3.1*? Allen diesen Situationen kann geholfen werden. Sie könnten sich z.B. die entsprechende Software aus dem Internet herunterladen (*www.palm.com*) oder bei Palm das Ganze auf Disketten bestellen. Was, Sie haben zwar die CD-ROM, aber noch keinen PC? Tja, dann müssen Sie entweder dieses Kapitel so lange vergessen, bis sich das geändert hat oder heute Nachmittag in die Stadt fahren und tief in die Tasche greifen ...!

Wie dem auch sei, im Folgenden gehe ich vom Normalfall aus. Davon, dass Sie die CD-ROM in Händen halten und das CD-ROM-Laufwerk Ihres PCs funktionstüchtig ist. Dann mal los!

☑ Legen Sie die CD-ROM aus dem PalmPilot-Paket in das CD-ROM-Laufwerk und schließen Sie es.

Das Eröffnungsfenster PALM DESKTOP INSTALLATIONSPROGRAMM-MENÜ startet automatisch.

☑ Klicken Sie hier mit der Maus auf INSTALLIEREN.

Nun breitet sich das WILLKOMMENSFENSTER vor Ihnen aus und verrät Ihnen, wie's weitergeht.

☑ Klicken Sie auf die Befehlsschaltfläche WEITER.

Das Dialogfenster VOR DER INSTALLATION wird angezeigt. Machen Sie, was Ihnen dort empfohlen wird. Die Docking-Station haben wir ja bereits angeschlossen, also legen Sie die Batterien in Ihren PalmPilot (wenn Sie glücklicher Besitzer eines Palm V oder höher sind, brauchen Sie das natürlich nicht zu machen, denn dann läuft Ihr Palm ja mit diesen wunderbaren Lithium-Ionen-Akkus). Und wichtig: Legen Sie den PalmPilot noch nicht in die Docking-Station!

☑ Klicken Sie auch hier auf WEITER.

Jetzt sehen Sie das Dialogfenster SETUP-TYP.

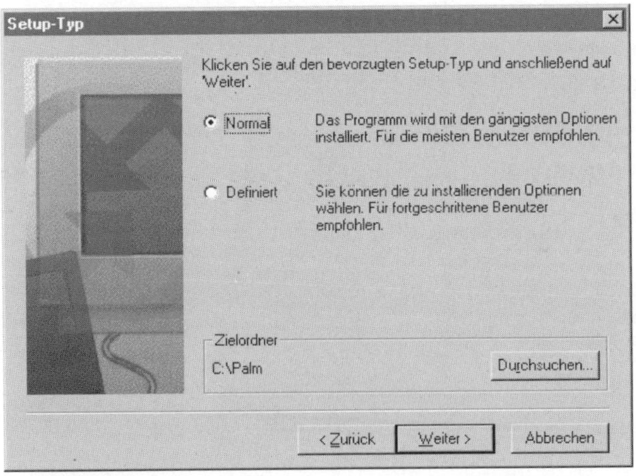

Bild 10.1: Entscheiden Sie: Möchten Sie die zu installierenden Optionen selber auswählen oder darf es die Standardinstallation sein?

☑ Ich empfehle, dass Sie die Option NORMAL auswählen um fortzufahren. Das spart Zeit und Nerven!

Wie Sie unten in Bild 10.1 sehen können, wird der Zielordner für die *Palm Desktop*-Software auf Ihrem Computer unter *C:\Palm* installiert. Daran ist nichts auszusetzen. Wollen Sie das Ganze aber trotzdem an einer anderen Stelle haben, klicken Sie auf die Befehlsschaltfläche DURCHSUCHEN und wählen einen Pfad aus, der Ihnen angenehmer ist.

☑ Und wieder klicken Sie auf WEITER.

Falls *Microsoft Outlook* auf Ihrem Computer installiert ist, wird als Nächstes das Dialogfenster MICROSOFT OUTLOOK GEFUNDEN angezeigt. Hier können Sie wählen, ob Sie Ihren PalmPilot lieber mit der Palm-Software oder mit *Outlook* benutzen möchten.

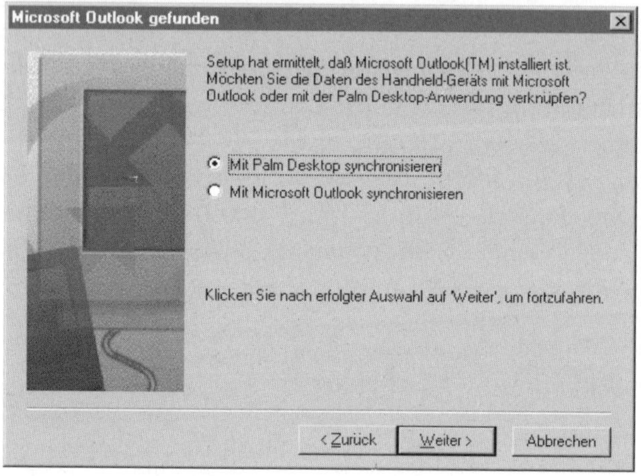

Bild 10.2: *Outlook* oder *Palm Desktop* – das ist hier die Frage!

☑ Haben Sie Ihre Wahl getroffen? Dann klicken Sie auf – na, worauf wohl ...? Auf WEITER natürlich!

Das Dialogfenster BENUTZERKONTO ERSTELLEN zeigt sich und fragt Sie, wie Ihr Benutzername im PalmPilot heißen soll.

☑ Geben Sie den Namen ein, den Sie tragen möchten.

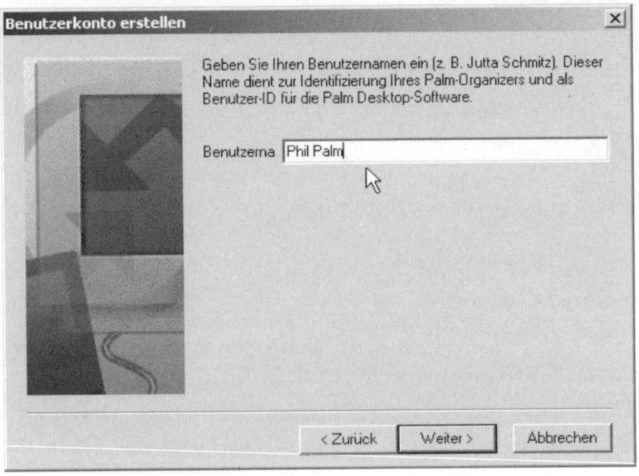

Bild 10.3:
Ach wie gut, dass niemand weiß, dass ich ...!

☑ Ich traue es mich gar nicht mehr zu sagen – aber als Nächstes klicken Sie am besten wieder auf WEITER.

Das Dialogfenster EINRICHTEN DES SERIELLEN ANSCHLUSSES erscheint und am besten machen Sie genau das, was es Ihnen empfiehlt.

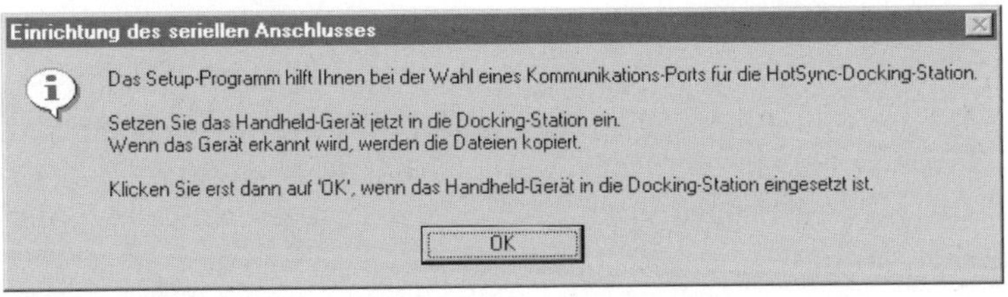

Bild 10.4:
Wenn Sie den PalmPilot in die Dockingstation gesteckt haben, dürfen Sie zur Abwechslung mal auf OK klicken

Findet das Setup-Programm den PalmPilot, beginnt es automatisch die benötigten Dateien zu kopieren. Erkennt es (aus welchen Gründen auch immer) die Schnittstelle, an der die Docking-Station steckt, nicht selbstständig, bittet es Sie mit folgendem Fenster um tatkräftige Unterstützung.

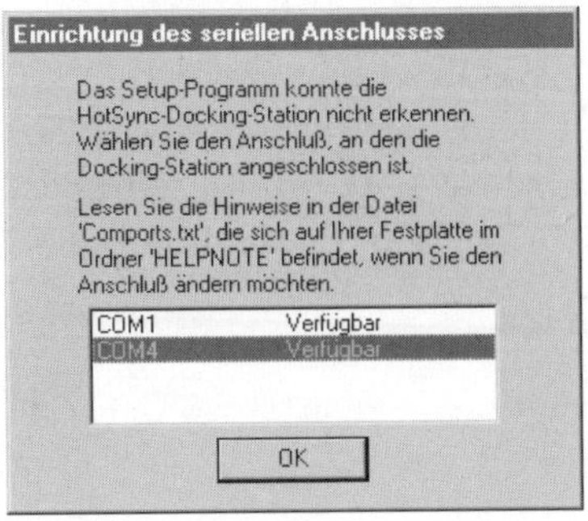

Bild 10.5:
Na, wo steckt die Docking-Station bei Ihnen?

☑ Ist das bei Ihnen der Fall, dann klicken Sie den COM-Port an, an dem die Docking-Station steckt (wenn Sie sich nicht sicher sind – probieren geht über studieren!).

Der COM-Port wird markiert dargestellt.

☑ Klicken Sie danach auf die Befehlsschaltfläche OK.

Jetzt werden auf jeden Fall erst mal die Daten kopiert. (Übrigens: Sollten Sie den falschen COM-Port ausgewählt haben, ist das nicht schlimm. Sie können das jederzeit im *HotSync-Manager* wieder ändern.) Dann erscheint das Registrierungsfenster und möchte Sie dazu bringen, eine elektronische Registrierung des Geräts vorzunehmen. Vorteil einer solchen Registrierung ist, dass Sie leichter und schneller Hilfe bekommen, sollten Sie mal nicht weiter wissen. Auch die neusten Infos kommen Ihnen so per E-Mail ins Haus geflattert. Nachteil ist: Nun ja, eine Firma mehr auf der Welt hat ein paar Ihrer Daten im Sack ...

Da es für die Installation nicht relevant ist, ob Sie sich registrieren, lasse ich diese Entscheidung ganz bei Ihnen und überspringe den Punkt galant. Und ob Sie sich nun gleich registrieren, auf SPÄTER REGISTRIEREN oder auf ABBRECHEN klicken, auf jeden Fall kommen Sie da an, wo wir hinwollen. Nämlich zum Dialogfenster MAIL SETUP DURCHFÜHREN?, das von Ihnen wissen will, ob Sie nun auch Ihr E-Mail-Programm auf die Benutzung mit dem PalmPilot einstellen wollen.

Wollen Sie ...? Wenn nicht, können Sie diesen Schritt auch problemlos irgendwann einmal durchführen und das Mail-Setup einrichten, indem Sie im *Windows*-Startmenü auf START ➧ PROGRAMME ➧ PALM DESKTOP ➧ MAIL-SETUP klicken.

☑ Klicken Sie also auf JA oder NEIN.

☑ Wenn Sie mit der Maus auf JA geklickt haben, öffnet sich das Fenster MAIL-SETUP. (Gleiches geschieht natürlich, wenn Sie das Mail-Setup zu einem anderen Zeitpunkt durchführen.) Hier sollten Sie durch Klicken auf das Feld SYNCHRONISIERE MIT in der Liste das E-Mail-Programm auswählen, welches Sie benutzen.

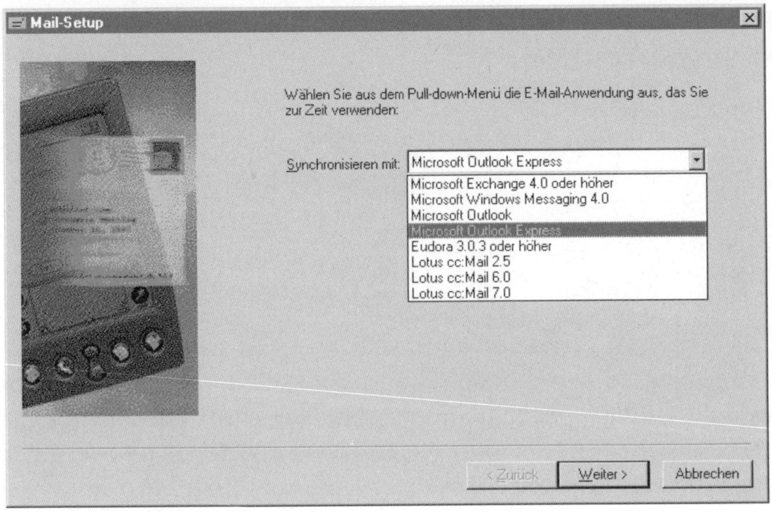

Bild 10.6: Viele der gängigen E-Mail-Anwendungen arbeiten problemlos mit dem PalmPilot zusammen

☑ Jetzt klicken Sie auf WEITER (das kennen wir doch irgendwoher ...).

Das Dialogfenster MAIL-SETUP informiert Sie darüber, dass alles ordnungsgemäß eingerichtet wurde und zeigt noch mal die Konfiguration an.

☑ Und wieder klicken Sie auf WEITER (ein letztes Mal – versprochen!).

Geschafft! Das Dialogfenster SETUP ABGESCHLOSSEN wird angezeigt.

☑ Klicken Sie zum Schluss auf die Befehlsschaltfläche BEENDEN – und das war's, die *Palm Desktop*-Software ist installiert.

10.2 Wundersame Welt des Macs

Das Palm-MacPac, das Sie für die Zusammenarbeit zwischen PalmPilot und einem Macintosh-Computer benötigen, gehört leider nicht zum Lieferumfang des PalmPilots. Sie müssen es schon separat bestellen. Es enthält neben einem Anwenderbuch und dem seriellen Mac-Adapterkabel, auch eine CD-ROM mit der *Palm Desktop*-Software *2.6* für den Macintosh (die aktuellste Version der Software können Sie sich übrigens im Internet unter *www.palm.com/support/macintosh* herunterladen). Fairerweise muss ich Ihnen mitteilen, dass es das Paket nur auf Englisch gibt.

Die Software läuft jedoch auch problemlos unter der deutschen Version von Mac OS.

Sie halten die CD-ROM in den Händen? Nun gut, dann können wir mit der Installation anfangen – vorher müssen Sie allerdings noch die Docking-Station des PalmPilots an Ihren Mac anschließen.

10.2.1 An den Mac andocken

Die meisten Macs besitzen zwei serielle Schnittstellen, über die Sie Peripheriegeräte anschließen können. Eine ist oft vom Drucker belegt, die andere manchmal vom Modem. Ich hoffe für Sie, dass Sie eine frei haben, sonst müssen Sie entweder das »Bäumchen-wechsel-dich-Spiel« spielen oder einen Mac-Fachmann fragen, wie Sie der Schnittstellen-Hungersnot entgegen wirken können.

☑ Nehmen Sie das Mac-Adapterkabel aus dem MacPac und stecken Sie ein Ende an die Docking-Station und das andere an eine freie serielle Schnittstelle des Mac. (Probieren Sie einfach aus, welches Ende in die Docking-Station und welches in Ihren Mac passt – es gibt nur zwei Möglichkeiten!)

Welchen Mac besitzen Sie?

Da es Macintosh-Computer in allen möglichen Größen und Altersstufen gibt, ist es nicht ganz unwesentlich herauszufinden, welche Version Sie besitzen. Haben Sie nämlich ein Uraltgerät, kann es sein, dass Ihr PalmPilot die Zusammenarbeit verweigert. Im Internet finden Sie unter *www.palm.com/support/macintosh* Informationen für die erforderliche Systemkonfiguration. Aber eins ist sicher: Sie benötigen mindestens Version 7.5, sonst streikt Ihr Palm auf jeden Fall.

10.2.2 So kommt der Palm Desktop auf den Mac

Da Sie ein Mac-User sind, brauche ich Ihnen hier wahrscheinlich nicht viel zu erklären, was? Oder sind Sie etwa die berühmte Ausnahme der Regel, die besagt, dass Mac-User alles Computer-Freaks sind? Nun gut, dann will ich Sie mal nicht im Regen stehen lassen.

Ich empfehle Ihnen, vor der Installation des *Palm Desktops* Ihren Mac neu zu starten. Und zwar möglichst so, dass beim Systemstart alle Systemerweiterungen deaktiviert werden. Schalten Sie dazu alle Peripheriegeräte aus, fahren Sie den Computer neu hoch und halten Sie dabei die ⇧-Taste gedrückt. Und zwar so lange, bis der Finder wieder auf Ihrem Bildschirm auftaucht.

☑ Legen Sie die Installations-CD-ROM in Ihr CD-ROM-Laufwerk, schließen Sie es und folgen Sie den Anweisungen, die auf dem Monitor auftauchen.

☑ Wenn es um die Auswahl des Installationstyps geht, empfehle ich Ihnen: Entscheiden Sie sich für EASY INSTALL (spart Zeit und Nerven!). Auch die Frage nach dem Zielordner der Installation würde ich mit der Standardvorgabe beantworten – es sei denn, Sie wollen die Dateien wo anders lagern.

Da wir umsichtig waren und die Docking-Station bereits angeschlossen haben, wird es Ihnen nicht schwer fallen, auf die Frage zu antworten, welche serielle Schnittstelle Sie für den *HotSync* verwenden wollen.

☑ Wählen Sie also entweder den Drucker- oder den Modemanschluss aus.

☑ Dann geben Sie noch Ihren Palm-Benutzernamen ein und starten den Mac neu.

10.2.3 Den Mac auf den ersten HotSync vorbereiten

Da der PalmPilot in erster Linie auf die Hardware eines *Windows*-Rechners ausgerichtet ist, bleibt es Ihnen nicht erspart, ein wenig an den Mac-Einstellungen herumzufummeln. Tut mir echt leid, aber ich kann auch nichts dafür, dass *Windows* Herr Goliath und Macintosh »nur« klein David ist. Ich habe die Regeln nicht erfunden.

Docking-Station an der Druckerschnittstelle?

Wenn Sie die Docking-Station des PalmPilots an der Druckerschnittstelle angeschlossen haben, müssen Sie erst noch AppleTalk ausschalten, bevor der erste *HotSync* durchführbar ist.

☑ Klicken Sie im Apple-Menü auf den Befehl AUSWAHL.

Es öffnet sich das Dialogfenster AUSWAHL.

☑ AppleTalk wird deaktiviert, indem Sie unten rechts das Optionsfeld DEAKTIVIERT anklicken.

☑ Ignorieren Sie die Mitteilung, dass Sie sichergehen sollen, dass das AppleTalk-Netzwerk nicht mehr angeschlossen ist und klicken Sie auf OK.

☑ Schließen Sie nun noch das Dialogfenster AUSWAHL durch einen Klick auf das Kästchen in seiner oberen linken Ecke.

Als Nächstes müssen Sie auch noch dieselben Schritte gehen, wie die Leute, deren Docking-Station am Modemanschluss steckt. (Welche Schritte das sind, lesen Sie im nächsten Abschnitt.)

Docking-Station an der Modemschnittstelle?

Auch wenn Sie nicht erst AppleTalk ausschalten müssen, wie die Brüder und Schwestern aus der Druckerschnittstellen-Fraktion, bleibt noch ein bisschen Arbeit für Sie übrig, wenn Sie die Docking-Station an der Modemschnittstelle angeschlossen haben.

☑ Wählen Sie im Apple-Menü ♦ KONTROLLFELDER ♦ HOTSYNC.

Das Kontrollfeld HOTSYNC öffnet sich.

☑ Wählen Sie das Register LOCAL aus.

☑ Klicken Sie unter HOTSYNC STATUS auf die Befehlsschaltfläche START.

Die Bezeichnung der Befehlsschaltfläche ändert sich daraufhin in STOP. Damit haben Sie das Kontrollfeld angewiesen, die serielle Schnittstelle zu beobachten, falls von der Docking-Station die Aufforderung zum *HotSync* kommt.

☑ Schließen Sie nun das Kontrollfeld HOTSYNC durch Klicken auf das kleine Kästchen links oben.

Geschafft! Ihr Mac ist jetzt zum *HotSync* bereit.

Wenn Sie »Bäumchen-wechsel-dich« spielen

Haben Sie den Stecker des Druckers oder des Modems herausgezogen, um der Docking-Station Platz zu schaffen? Dann müssen Sie das jeweilige Gerät natürlich wieder anschließen, wenn Sie es benutzen wollen. Außerdem müssen Sie die obigen Schritte wiederholen – allerdings in umgekehrter Reihenfolge. Klicken Sie also zuerst im Kontrollfeld HOTSYNC auf die Befehlsschaltfläche STOP und aktivieren danach wieder den AppleTalk (Letzteres natürlich nur, sind bei Ihnen der Drucker und die Docking-Station ins »Bäumchen-wechsel-dich-Business« eingestiegen).

10.3 Der HotSync

Es ist soweit, unser kleiner Raumgleiter hat am Mutterschiff angedockt und wir sind bereit für unseren ersten *HotSync*. Noch mal zur Erinnerung: Was ist das, ein *HotSync*?

Der *HotSync* ist ein Programmablauf, der den Datenaustausch zwischen PalmPilot und Computer regelt, bei dem die gespeicherten Daten mit dem jeweils anderen abgeglichen oder synchronisiert werden. So haben Sie immer auf Ihrem PC, was Sie unterwegs im Palm eingetragen haben und umgekehrt, auf Ihrem Palm, was Sie oder Ihre Sekretärin in den PC gehackt hat. Außerdem sind Sie so vor dem gefürchteten Datenverlust gefeit, falls Sie Ihren Palm mal irgendwo liegen lassen oder der Kleine sonst was für Zicken macht.

Und das Beste ist, das Ganze funktioniert per Knopfdruck. Sie müssen dazu nicht mal den Palm-Desktop auf Ihrem Computer öffnen. Einzige Voraussetzung ist, dass der *HotSync-Manager* in Ihrer Taskleiste aktiv ist. Ob das bei Ihnen der Fall ist, sehen Sie auf dem PC-Monitor unten rechts, in der Leiste neben der Uhr.

Bild 10.7:
Der *HotSync-Manager* in der Taskleiste

Das Symbol mit dem rot-blauen Kreis und den aufeinander zeigenden Pfeilen steht für den *HotSync-Manager*. Das sollten Sie irgendwo in der Leiste neben der Uhr sehen. Die anderen Symbole in Bild 10.7 können Sie getrost ignorieren. Die sind hier nicht wichtig. Auf Ihrem PC können auch ganz andere Symbole in der Taskleiste auftauchen – ist ja mein PC, den ich hier für Sie fotografiert habe, nicht wahr? Wichtig ist der *HotSync-Manager*!

Wenn Sie nicht bereits an der Konfiguration herumgespielt haben, wird der *HotSync-Manager* nach der Installation der Palm-Desktop-Software bei jedem Start Ihres PCs automatisch geladen. Und ich möchte Ihnen raten, das so zu belassen. Der *HotSync-Manager* braucht nicht viele Systemressourcen und schlummert so lange in Ihrer Taskleiste vor sich hin, bis Sie auf die HOTSYNC-TASTE Ihrer Docking-Station drücken. Dann erwacht er zum Leben und regelt den Datenaustausch. Ist doch praktisch, oder?

Sollten Sie den automatischen Start des *HotSync-Managers* abgeschaltet haben, können Sie das Programm natürlich auch manuell starten (dann wird Ihr *HotSync* eben ein kleines bisschen umständlicher). Tun Sie dafür Folgendes:

☑ Klicken Sie auf die Befehlsschaltfläche START, links unten in der Ecke Ihres Monitors, und wählen Sie PROGRAMME ➧ PALM DESKTOP ➧ HOTSYNC MANAGER aus.

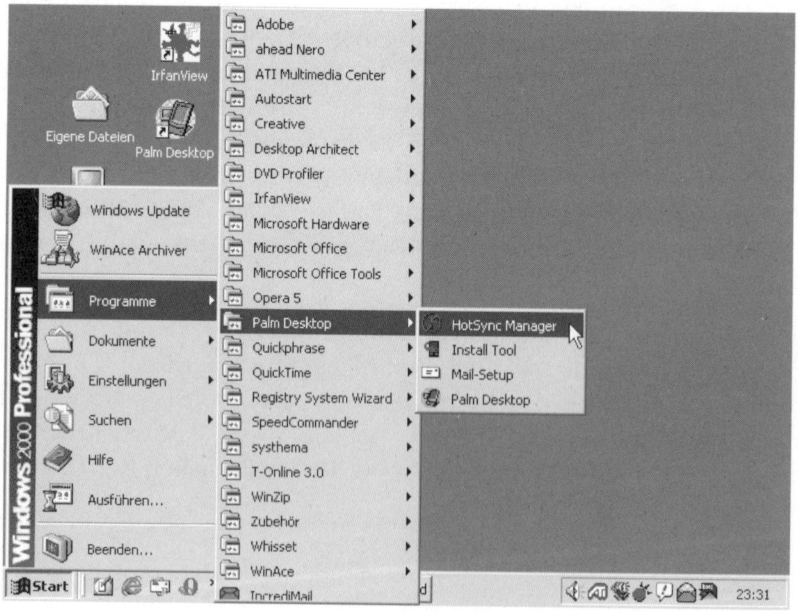

Bild 10.8: Den *HotSync Manager* manuell starten

Das öffnet den *HotSync-Manager* und löst Ihr Problem. Aber jetzt gilt es: Auf zum *HotSync*!

☑ Stecken Sie Ihren PalmPilot in die Docking-Station.

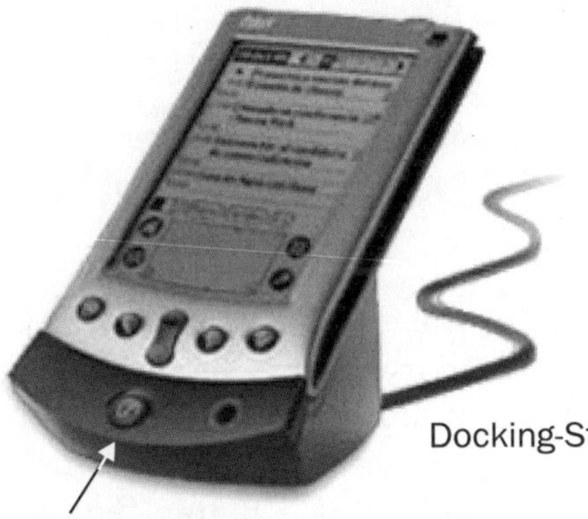

Bild 10.9:
Der PalmPilot in der Docking-Station. Hier in der Version V

☑ Drücken Sie nun die HOTSYNC-TASTE auf der Docking-Station.

Und das war's! Ihr Palm gibt einen Piepston von sich, und wie Sie sehen können, öffnet sich auf Ihrem Monitor das kleine Fenster des *HotSync-Managers*, das angibt, welche Daten gerade synchronisiert werden. Je nachdem, wie viel Sie auf dem PalmPilot eingetragen haben oder welche Anwendungen Ihnen »zugebeamt« wurden, kann die Sicherung der Daten unterschiedlich lang dauern. Aber sobald Herr Palm den nächsten Piepton von sich gibt, dürfen Sie wissen: Es ist vollbracht!

Wenn Sie Ihren PalmPilot nicht mit dem *Palm-Desktop* sondern mit einem anderem PIM (Personal Information Manager) wie z.B. *Microsoft Outlook* oder *Lotus Organizer* synchronisieren, kann es durchaus hin und wieder zu Problemen beim Datenabgleich kommen. Sie brauchen dann ein so genanntes *Conduits*, das den sorgenfreien Datenaustausch zwischen dem jeweiligen Programm und dem PalmPilot regelt. Darüber werde ich Ihnen noch etwas in Kapitel 13 zu erzählen haben.

11 Arbeiten mit dem Desktop

Nach dem Andocken und der ersten Verständigung mit der Palm-Basis sind wir unserem Ziel bereits erheblich näher. Aber bevor wir weiterfliegen, wollen wir diese Basisstation schon noch genauer unter die Lupe nehmen. Wir bringen doch nicht Lichtjahre hinter uns und sehen uns dieses Schmuckstück von Raumstation nur im Vorbeifliegen an – wo denken Sie hin?

Ein kleiner Abstecher zur Basisstation hat noch keinem Raumfahrer geschadet. Alles, was wir bisher auf unserem Flug mit dem kleinen PalmPilot entdeckt haben, gibt es hier in groß (und in bunt, was die »Palmisten« unter Ihnen freuen wird, die nicht das Glück – und den Geldbeutel dafür – hatten, einen Palm IIIc oder gar einen Palm m505 zu erstehen, die beide ihre Piloten auch während des stinknormalen Flugs mit einem Farbdisplay verwöhnen). Außerdem kann die Basisstation natürlich Sachen, die einem kleinen Raumgleiter wie dem PalmPilot immer verwehrt bleiben. Doch genug davon – und willkommen im *Palm Desktop*!

Die Vorzüge einer Zusammenarbeit vom PalmPilot in Ihrer Westentasche und dem *Palm Desktop* auf dem normalen Rechner habe ich nun wirklich schon oft genug angepriesen. Und auch, wenn es mir in den Fingern juckt, es an dieser Stelle schon wieder zu tun, werde ich Sie verschonen und lieber gleich zum praktischen Teil übergehen (man kann ja alles übertreiben!). Ein paar Vorbemerkungen seien mir jedoch gestattet.

In diesem Kapitel beschäftige ich mich hauptsächlich mit der PalmPilot-Desktop-Software für *Windows*. Auch meine Beispiele stammen vom *Windows*-Desktop. Das heißt jedoch nicht, dass die Macintosh-User unter Ihnen leer ausgehen. Denn im Grunde genommen arbeitet der *Palm Desktop* auf beiden Systemen sehr ähnlich. Und auch wenn der *Palm Desktop* bei Ihnen, liebe Mac-Liebhaber, ein bisschen anders aussieht, als er hier beschrieben wird, ist der Unterschied doch keineswegs so groß, dass Sie sich nicht zurechtfinden werden. Aber selbstverständlich lasse ich Sie wissen, wo gravierende Unterschiede auftauchen. Ach ja, ich sollte wohl noch erwähnen, dass ich vom *Palm Desktop* mit der Versionsnummer *3.1* ausgehe. Sollten Sie – und das geht jetzt wieder an die *Windows* Benutzer – mal etwas nicht so vorfinden, wie hier beschrieben, dann kann das durchaus daran liegen, dass Sie noch mit einer älteren Version arbeiten. (Rausfinden, welche Version Sie benutzen, können Sie, indem Sie im Menü HILFE auf PALM DESKTOP-INFO klicken.) Die neuste Version des *Palm Desktops* können Sie sich übrigens kostenlos unter *www.palm.com* herunterladen. Und glauben Sie mir, es lohnt sich up to date zu sein!

Und noch eins: Sie müssen natürlich nicht mit dem *Palm Desktop* arbeiten, um Daten zwischen PC und PalmPilot auszutauschen. Das funktioniert durchaus auch mit anderen gängigen PIMs (»Personal Information Manager« – so nennt man all jene Programme, mit denen man Ordnung ins Tagewerk bringt), wie *Microsoft Outlook*, dem *Lotus Organizer* oder anderen. Sie benötigen dann aber noch eine zusätzliche Software (ein so genanntes *Conduit*), die den *HotSync* zwischen PalmPilot und jenem speziellen PIM regelt. Darüber werden wir uns in Kapitel 13 noch unterhalten. An dieser Stelle wird es jedoch um den *Palm Desktop* gehen. Und ich persönlich finde auch nicht, dass er sich vor einem der anderen PIMs verstecken muss.

11.1 Was der Palm Desktop alles kann

Zunächst einmal: Der *Palm Desktop* kann alles, was Ihr PalmPilot auch kann. Aber tun Sie mir einen Gefallen, ja? Bitte hören Sie auf, mit dem PalmPilot-Stift auf Ihrem Computermonitor herumzutippen – das bringt nichts! Und so war es auch nicht gemeint gewesen. Ihr PalmPilot wird mit dem Stift bedient und der *Palm Desktop* auf dem Computer mit der Tastatur und der Maus. So war es immer gewesen – so wird es bleiben. Basta.

Andere Bedienung – gleicher Funktionsumfang? So könnte man es nennen. Allerdings stimmt das auch nicht ganz, denn der *Palm Desktop* kann sogar einiges, was dem PalmPilot verwehrt ist. Zum Beispiel

- das gleichzeitige Kopieren mehrerer Einträge,
- Drag & Drop oder die
- Texteingabe über die Tastatur. (Man kann es drehen und wenden wie man will, aber die Tastatur hat in Sachen Geschwindigkeit noch jeden Graffiti-Olympiasieger geschlagen.)

☐ Einer der größten Vorteile des *Palm Desktops* wird aber wohl sein, dass Sie hier die archivierten Daten verwalten können, die Sie auf Ihrem PalmPilot gelöscht haben.

Nun denn, dann lassen Sie uns mal Schwerter mit Laser machen – oder um es antiquiert auszudrücken: Nägel mit Köpfen. Starten wir den *Palm Desktop*.

☑ Klicken Sie dazu auf das Symbol PALM DESKTOP auf der Oberfläche Ihres PCc. (Alternativ dazu können Sie den *Palm Desktop* auch übers Startmenü: START ➧ PROGRAMME ➧ Ordner PALM DESKTOP ➧ Symbol PALM DESKTOP öffnen.)

11.2 Was Sie über die Palm Desktop-Benutzeroberfläche wissen müssen

Wenn Computerfreaks von »Benutzeroberfläche« sprechen, dann meinen sie damit das, was Sie zu sehen kriegen, wenn Sie ein Programm öffnen. Wenn man den *Palm Desktop* zum ersten Mal startet, erscheint seine Benutzeroberfläche mit dem geöffneten Kalender des aktuellen Datums. Bei mir sieht das heute so aus:

Bild 11.1: Benutzeroberfläche des *Palm Desktops*

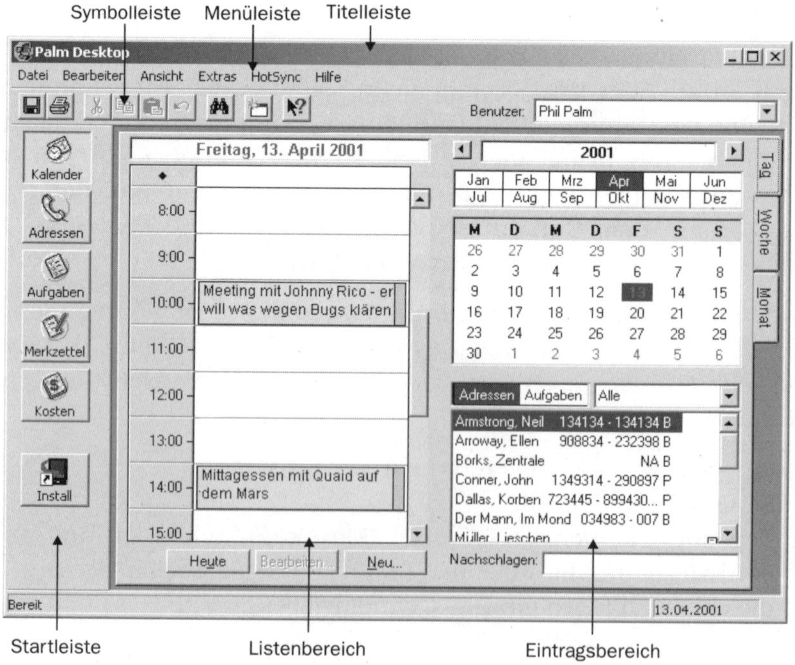

Die Benutzeroberfläche des *Palm Desktops* beinhaltet dieselben Elemente, die Ihnen aus anderen Computerprogrammen bekannt sein dürften. Und selbstredend auch einige eigene. Der Name des Programms findet sich oben links in der Titelleiste. Darunter ist die Menüleiste, die genauso bedient wird, wie man das von anderen Programmen auf dem Computer gewohnt ist. Eine Reihe von Schaltflächen finden Sie unterhalb der Menüs auf der Symbolleiste. Das sind nützliche Helfer, mit denen man häufig anfallende Aufgaben durch einen einzigen Klick erledigt.

Bild 11.2: Die Symbolleiste und ihre Funktionen

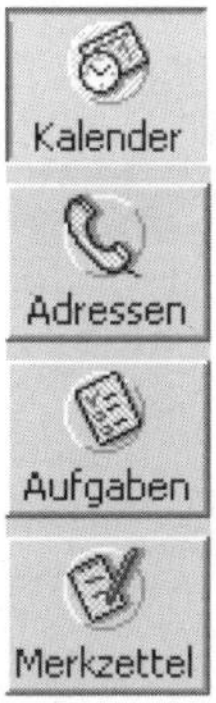

Am linken Rand des *Palm Desktops* sehen Sie von oben nach unten die Startleiste . Hier sind mehrere Schaltflächen angebracht, mit denen man die Standardanwendungen des Palms im Desktop starten kann (und jetzt raten Sie mal, wo die Startleiste ihren Namen her hat). Wenn Sie einen Eintrag am PC in einer der Standardanwendungen vornehmen oder einsehen möchten, klicken Sie einfach auf die entsprechende Schaltfläche – und los geht's!

Unter den ersten vier Schaltflächen für die Standardanwendungen befinden sich noch zwei weitere: Kosten und Install (allerdings nicht, wenn Sie mit einem Mac arbeiten – Sorry, dann müssen Sie ohne die beiden auskommen).

Kosten öffnet natürlich das Desktop-Äquivalent zur *Kosten*-Anwendung, die wir schon beim PalmPilot kennen gelernt haben (Kapitel 3.4.4), so dass Sie Ihre Ausgaben auch am PC nachvollziehen können. Und Install startet das Tool, über das man Anwendungen auf dem Palm installiert (noch so ein pfiffiger Weg, wie ein Bildschirmelement zu seinem Namen gekommen ist, was?). Ums Installieren von Anwendungen wird es aber erst später gehen.

Je nachdem, auf welche der Schaltflächen der Startleiste wir klicken, verändert sich die Darstellung des *Palm Desktops*. In aller Regel haben wir es mit zwei großen Bereichen zu tun, mit zwei Fenstern, könnte man sagen. In dem auf der linken Seite ist der

LISTENBEREICH, der die Daten fast so an zeigt, wie wir es vom Palm-Pilot gewohnt sind. Rechts befindet sich der EINTRAGSBEREICH und liefert detailliertere Infos. Aber auch dazu mehr zu gegebener Zeit.

Thema Sicherheit

Wenn Sie nicht wollen, dass jeder x-Beliebige, der in Ihr Büro stapft, den *Palm Desktop* auf Ihrem Computer einsehen kann und damit über Ihre Termine und Geheimnisse Bescheid weiß, rate ich Ihnen, das Programm mit einem Kennwort zu verriegeln. Allerdings müssen Sie dazu auch auf Ihrem PalmPilot den Kennwortschutz aktivieren. Denn der *Palm Desktop* plagt Sie nicht mit der Lernerei eines neuen, sondern verlangt exakt dasselbe von Ihnen, das Sie dem PalmPilot bereits eingetrichtert haben. Wie Sie es auf dem Palm aktivieren, können Sie in Kapitel 3.3.2 nachlesen. Und wie Sie das im *Palm Desktop* tun, verrate ich Ihnen hier.

☑ Öffnen Sie den *Palm Desktop* und wählen Sie im Menü EXTRAS den Befehl OPTIONEN.

☑ Im sich öffnenden Dialogfenster OPTIONEN wählen Sie das Register SICHERHEIT aus.

☑ Wenn Sie hier das Kontrollkästchen KENNWORT FÜR ZUGRIFF AUF PALM DESKTOP-DATEN ERFORDERLICH markieren und auf OK klicken, springt ein weiteres Dialogfenster auf. Es informiert Sie darüber, dass Sie in Zukunft Ihr Kennwort eingeben müssen, um den *Palm Desktop* zu öffnen.

☑ Schließen und bestätigen Sie es durch einen weiteren Klick auf OK.

Geschafft! Der *Palm Desktop* ist in Sicherheit.

Aber wenden wir unseren Blick jetzt zu den Anwendungen im *Desktop*. Eigentlich kommt hier nicht viel Neues. Das meiste kennen Sie bereits aus meinen Ausführungen zum PalmPilot. Auf dem *Palm Desktop* ist alles etwas größer und übersichtlicher (weshalb manche Dinge auch anders angeordnet sind), aber im Grunde genommen funktioniert es nach dem gleichen Schema.

11.3 Kalender

Wie bereits erwähnt, begrüßt Sie der *Kalender* mit dem aktuellen Datum, wenn Sie den *Palm Desktop* öffnen. An seinem rechten Rand sehen Sie drei Register, mit denen Sie zwischen Tages-, Wochen- und Monatsansicht umschalten können.

11.3.1 Ansichtssache

Tagesansicht

Im linken großen Fenster werden Ihre Termine angezeigt. Hier ist jetzt auch mehr Platz als im PalmPilot – es wirkt nicht mehr alles so gequetscht, finden Sie nicht auch? Da hat man doch gleich viel mehr Lust, sich noch eine Besprechung zusätzlich reinzuknallen. Um in der Tagesansicht zu einem anderen Datum zu wechseln, benutzen Sie das Kalendarium rechts oben.

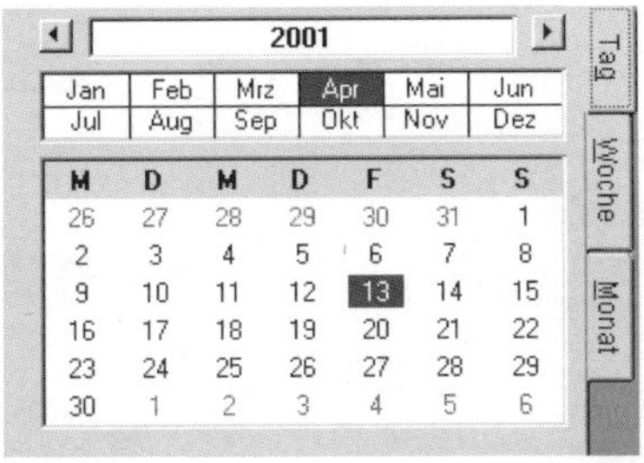

Bild 11.3:
Jeder Tag nur wenige Klicks entfernt

Klicken Sie mit der Maus den Monat und den Tag an, wechselt die Tagesansicht zum entsprechenden Datum. Wollen Sie ganze Jahre weiter vor- oder zurückspringen, klicken Sie auf das Dreieck rechts bzw. links der Jahreszahl.

Wochenansicht

Wenn es Ihnen zu umständlich ist, das Register WOCHE zu benutzen, können Sie auch mit der Tastenkombination alt + W in die Wochenansicht wechseln. Die Wochenansicht sieht der des PalmPilot recht ähnlich. Mit dem großen Plus, dass hier nicht Balken angezeigt werden, sondern die tatsächlichen Termine. Außerdem lassen sich – anders als im PalmPilot – Termine auch direkt bearbeiten und einfügen. Wenn Sie mit einem Doppelklick (das sind zwei rasche Klicks nacheinander mit der linken Maustaste) auf einen Termineintrag oder ein leeres Feld klicken, dann wird es hervorgehoben dargestellt und der Cursor beginnt darin zu blinken. Das ist für Sie das Zeichen, dass Sie losschreiben können.

Monatsansicht

Auch hier ist die Bildschirmanzeige der des PalmPilots einen gewaltigen Schritt voraus. Dient die Monatsansicht im PalmPilot eher zur allgemeinen Orientierung – Sie erinnern sich: Termine werden dort lediglich als kleine, unscheinbare Striche dargestellt, ohne jeden Informationsgehalt – so verrät Ihnen der *Palm Desktop* nicht nur, dass Sie einen Termin haben, sondern auch noch, was es für einer ist. Nun ja, ich will ehrlich sein. Die Monatsansicht verrät nicht den ganzen Termin, aber zumindest seine Anfangszeit und die ersten Buchstaben des Eintrags. Ist doch schon mal was! Auch zu dieser Ansicht gibt es eine Tastenkombination: alt + M.

Bild 11.4: Bildausschnitt der Monatsansicht

Mehr Termine als Platz?

Sind an einem Tag mehr Termine, als im Tageskasten der Monatsansicht Platz ist, sehen Sie einen kleinen schwarzen Pfeil im Kopf dieses Kasten (siehe auch Bild 11.4). Aber dieser Pfeil verrät Ihnen nicht nur, dass noch mehr Termine auf Sie warten, als es den Anschein hat. Sondern er blendet diese Einträge auch ein, wenn Sie mit der Maus direkt auf den Pfeil klicken.

Agenda-Ansicht

Ist Ihnen da was entgangen? Hat der Autor dieser Zeilen etwa noch ein Register mit einer weiteren Ansichtsoption zur Verfügung, die Ihnen kleine naseweise außerirdische Ewoks vom Computer stibitzt haben ...? Bevor Sie Zeter und Mordio rufen, kann ich Sie beruhigen. Nein, nein, auch ich habe nur das Register mit den drei Ansichten, die gerade besprochen wurden. Und dennoch, es gibt die Agenda-Ansicht – sogar in erweiterter Ausführung!

Sie erinnern sich: Die Agenda-Ansicht des *Kalenders* besteht im PalmPilot aus einer Kombination von *Kalender* und *Aufgabenliste*. Sie zeigt Ihnen auf einen Blick die täglichen Termine sowie die zu erledigenden Aufgaben an (siehe auch Kapitel 4.1.4). Und jetzt kommt's: Durch einen einzigen Klick mit der Maus wird die Tagesansicht des *Kalenders* im *Palm Desktop* zur Agenda-Ansicht.

Und so geht's:

☑ Öffnen Sie im *Palm Desktop* die Tagesansicht des *Kalenders*.

Im unteren Viertel der rechten Seite sehen Sie ihre Adresseinträge eingeblendet (siehe auch Bild 11.1). Direkt über den Adresseinträgen befinden sich die Felder ADRESSEN und AUFGABEN.

☑ Klicken Sie in das Feld AUFGABEN.

Nun steht die Liste mit Ihren Aufgaben, wo eben noch die Adresseinträge angezeigt wurden. Und Sie haben Termine und Aufgaben gemeinsam auf einen Blick.

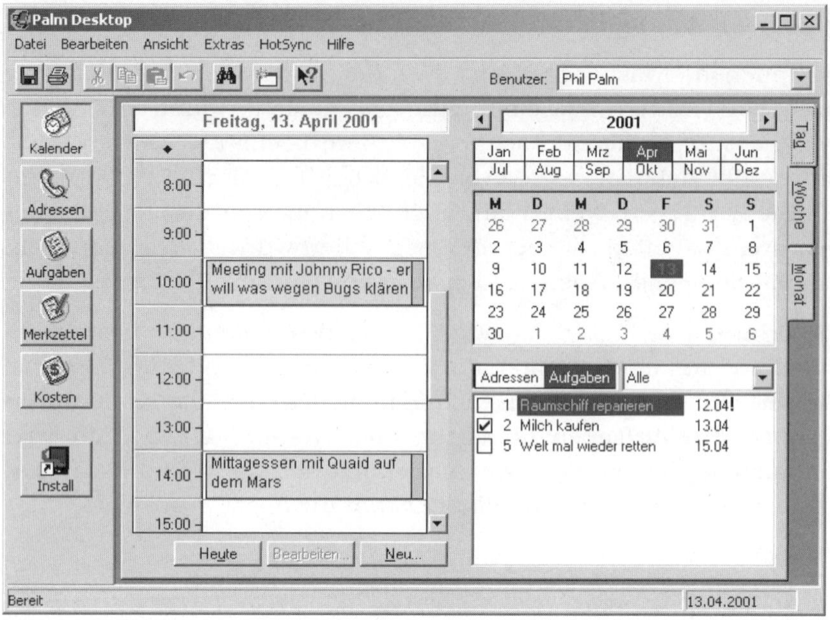

Bild 11.5: Die Tagesansicht zur Agenda-Ansicht machen

Ich habe dies übrigens eine erweiterte Agenda-Ansicht genannt, da hier mit einem Klick auch all Ihre Adresseinträge eingeblendet werden können (einfach wieder ins Feld ADRESSEN klicken). Beim Palm müssen Sie dazu schon zwischen *Kalender* und *Adressbuch* mühsam hin und her schalten. Außerdem können Sie sowohl bei ADRESSEN als auch bei AUFGABEN die angezeigte Kategorie wählen, wenn Sie ins Feld ALLE klicken.

11.3.2 Termine eingeben

Sehen wir uns an, wie die Arbeit mit dem *Kalender* im *Palm Desktop* funktioniert. Wenn Sie die meisten Termine planen, während Sie vor dem Computer sitzen, möchte ich Ihnen empfehlen, diese direkt im *Palm Desktop* einzugeben und später per *HotSync* auf den PalmPilot zu übertragen. Am Computer ist das einfach am komfortabelsten.

☑ Klicken Sie dazu auf der rechten Seite das Register TAG an (alternativ können Sie auch die Tastenkombination [alt] + [G] nehmen – bzw. wenn Sie einen Mac benutzen: [⌘] + [D]).

Die Tagesansicht öffnet sich.

☑ Wählen Sie auf der rechten Seite im Kalendarium den Tag aus, an dem Sie den Termin eintragen möchten.

Die Tagesansicht wechselt zum entsprechenden Datum.

☑ Nun klicken Sie in die Zeile neben der Stunde, zu der Ihr Termin beginnt.

Ein Textfeld öffnet sich, in dem der Cursor blinkt. Und was sagt Ihnen das? Richtig:

☑ Geben Sie Ihren Termin mit der Tastatur ein.

☑ Wenn Sie fertig sind, klicken Sie am besten auf die schmale graue Leiste zwischen der Tagesansicht und dem Kalendarium. Damit schließen Sie die Eingabe für den Termin, der daraufhin als Bestätigung, dass er registriert wurde, gelb unterlegt wird.

Wenn ein Termin den ganzen Tag dauert oder Sie ihn keiner bestimmten Uhrzeit zuordnen können (z.B. Urlaub, Geburtstage o.ä.), schreiben Sie ihn ins Feld mit dem schwarzen Karo, das stets über den Uhrzeiten thront.

Wie bereits erwähnt, funktioniert die Termineingabe genauso unproblematisch in der Wochenansicht: Klicken Sie beim entsprechenden Tag ins Feld mit der entsprechenden Uhrzeit, so dass der Cursor darin blinkt, und geben Sie die Terminbezeichnung ein. Das ist alles.

Sie möchten in der Monatsansicht einen Termin eingeben? Kein Problem.

☑ Klicken Sie mit der rechten (!) Maustaste auf das entsprechende Datum. Ein so genanntes Pop-up-Menü springt auf:

Bild 11.6: Sogar in der Monatsansicht lassen sich Termine eintragen

☑ Wählen Sie aus dem Menü (jetzt wieder mit der linken Maustaste) den Eintrag NEUES EREIGNIS aus.

☑ Das Dialogfenster EREIGNIS BEARBEITEN öffnet sich, in dem Sie den Termin im Feld BESCHREIBUNG formulieren können.

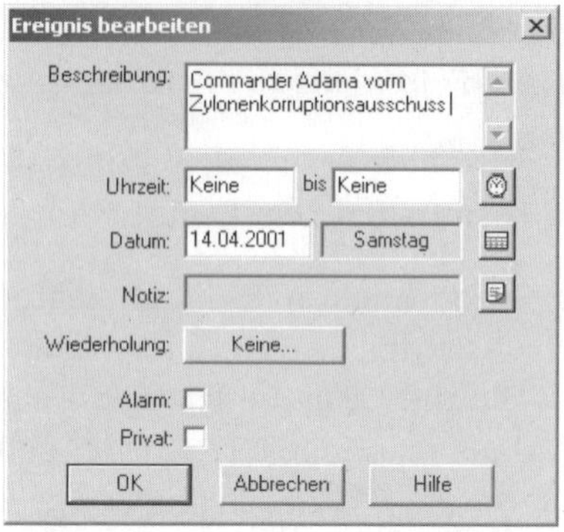

Bild 11.7: EREIGNIS BEARBEITEN

☑ Haben Sie dem Termin seinen Namen gegeben, klicken Sie auf die Befehlsschaltfläche mit der Uhr und wählen aus dem aufklappenden Fenster Start- und Endzeitpunkt aus. (Das Fenster wird Sie sehr an sein Äquivalent im PalmPilot erinnern.) Bestätigen Sie Ihre Wahl, indem Sie auf OK tippen.

Wenn es Ihnen besser gefällt, können Sie die Zeitpunkte auch festlegen, indem Sie im Fenster EREIGNIS BEARBEITEN ins Feld UHRZEIT klicken. So können Sie die Eingabe auch über die Tastatur vornehmen. Wichtig: Schreiben Sie die genaue Stunden- und Minutenzahl aus (also vier Ziffern), ohne sie voneinander zu trennen. Den Doppelpunkt zwischen Stunden und Minuten setzt das Programm dann automatisch.

Bild 11.8: Uhrzeit »handmade«

☑ Zum Schluss schließen Sie das Fenster EREIGNIS BEARBEITEN mit einem Klick auf OK.

Der neue Termin erscheint jetzt im *Kalender*.

11.3.3 Termindetails

Von der Arbeit mit dem PalmPilot kennen wir ja bereits so nützliche Zusätze wie: einem Termin Notizen beifügen, private Einträge,

Alarmeinstellungen oder Termine, die sich wiederholen. Und selbstverständlich lässt sich das alles auch im *Palm Desktop* hinzufügen oder bearbeiten. Sie werden sehen, es funktioniert so ziemlich genauso, wie wir es im PalmPilot gelernt haben.

Und es ist übrigens egal, ob Sie aus der Wochen- oder aus der Tagesansicht heraus diese Einstellungen vornehmen – die Schritte sind jeweils dieselben. Sehen wir uns an, wie's geht.

☑ Klicken Sie in der Tages- oder Wochenansicht mit der rechten (!) Maustaste auf einen Termineintrag.

☑ Wählen Sie dann im aufklappenden Pop-up-Menü mit der linken Maustaste den Eintrag BEARBEITEN aus.

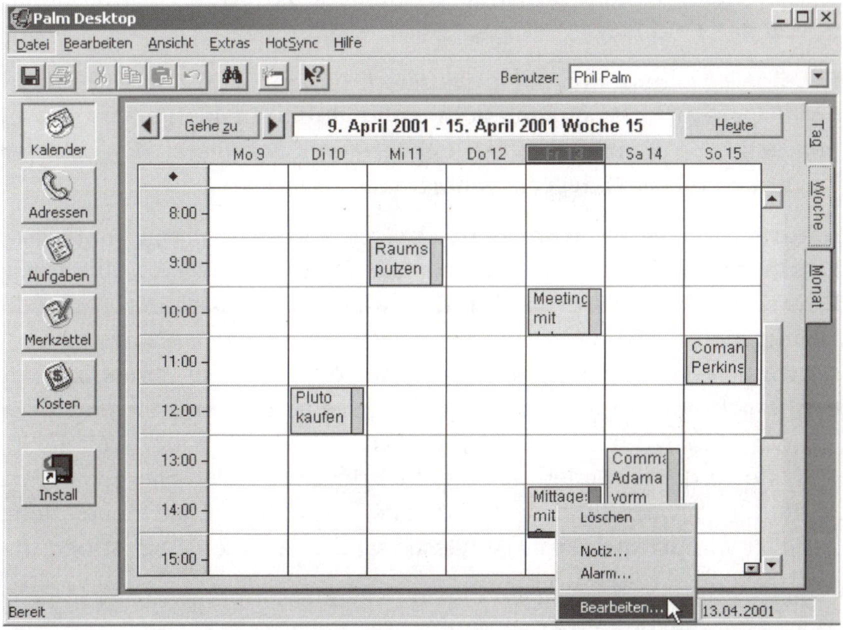

Bild 11.9: Wochenansicht des *Palm Desktops*

Das Fenster EREIGNIS BEARBEITEN öffnet sich – und es wird Sie sicher nicht erstaunen, dass es dasselbe Fenster ist, das wir gerade bei der Termineingabe in der Monatsansicht kennen gelernt haben.

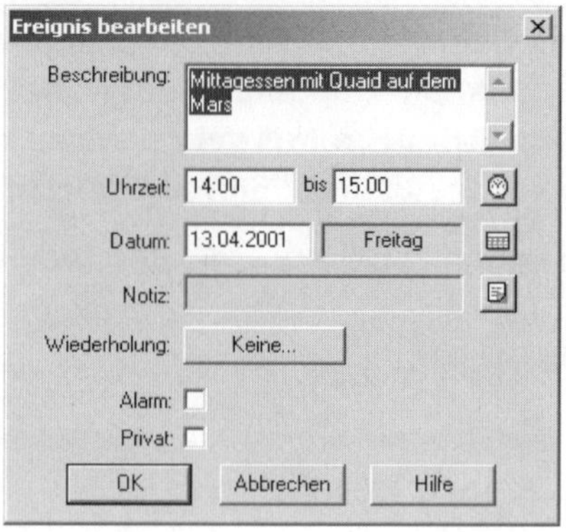

Bild 11.10: Hier werden Termindetails festgelegt

Sehen wir uns die Möglichkeiten einmal von unten nach oben an.

☑ Um einen Termin zu Ihrer Privatsache zu erklären, markieren Sie das Feld PRIVAT.

Sobald Sie einen Eintrag privatisiert haben, wird im Terminfeld der Tages- und Wochenansicht oben links ein kleiner Schlüssel angezeigt. So können Sie auf den ersten Blick feststellen, ob der Termin zu dieser Kategorie gehört.

Natürlich ist es auch im dem *Desktop* möglich, privat markierte Einträge auszublenden. Klicken Sie dazu aufs Menü ANSICHT ➧ PRIVATE EINTRÄGE AUSBLENDEN und bestätigen Sie das aufspringende Dialogfenster mit OK. Die als privat markierten Einträge verschwinden nun vom *Desktop*. Und das Symbol eines gelben Schlüssels wird in der Symbolleiste eingeblendet, um Sie daran zu erinnern, dass zur Zeit nicht jeder Termin sichtbar ist. Wollen Sie das Ganze dann wieder zu Gesicht kriegen, wählen Sie das Menü ANSICHT ➧ PRIVATE EINTRÄGE EINBLENDEN. (Und wenn Sie noch mehr zum Thema private Einträge wissen wollen, empfehle ich Ihnen die Lektüre von Kapitel 3.3.)

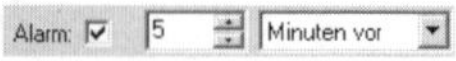

Aber sehen wir uns weiter im Fenster EREIGNIS BEARBEITEN um. Um den Alarm für einen Termineintrag einzustellen, klicken Sie mit der Maus auf das Feld ALARM. Das Kästchen wird mit einem Haken markiert und dieselbe Einstellmöglichkeit öffnet sich, die wir bereits vom PalmPilot gewohnt sind. Treffen Sie hier Ihre Wahl.

Wenn das Kästchen für den Alarm aktiviert ist, wird in der Tages- und Wochenansicht im Terminfeld ein kleiner Wecker angezeigt. Sie sollen schließlich nicht vergessen, dass Herr Palm Sie erinnern wird, nicht wahr? (Sie wollen noch mehr Informationen zum Alarm? Ich sage nur: Kapitel 4.3.1!)

Wenn Sie Termine haben, die sich in regelmäßigen Intervallen wiederholen, brauchen Sie die nicht jedes Mal neu einzugeben. Lassen Sie das Herrn Palm regeln.

☑ Klicken Sie im Fenster Ereignis bearbeiten auf die Befehlsschaltfläche hinter dem Feld Wiederholung. Ist für diesen Termin noch kein Wiederholungsintervall definiert worden, steht auf der Schaltfläche Keine.

Das Dialogfenster Wiederholung ändern öffnet sich. Und auch hier machen Sie die erfreuliche Feststellung, dass es mit dem im PalmPilot so gut wie identisch ist:

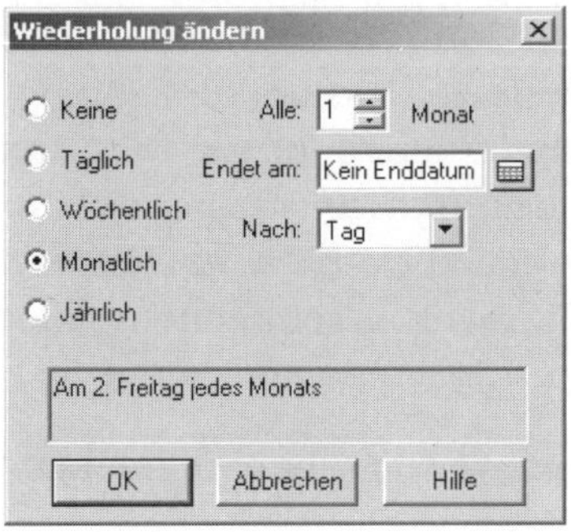

Bild 11.11: Wiederkehrende Termine konfigurieren

☑ Legen Sie in diesem Fenster fest, in welchem Intervall sich der Termin wiederholen soll. (Wenn Sie mehr zu den einzelnen Einstellmöglichkeiten wissen möchten, lesen Sie schnell noch mal Kapitel 4.3.2 – ich muss mich hier ja nicht unnötig wiederholen, oder?)

☑ Bestätigen Sie Ihre Einstellung, indem Sie auf OK klicken. Das Fenster Wiederholung ändern schließt sich. Und im Fenster Ereignis bearbeiten wird nun ein Hinweis zu Ihrer Einstellung auf der Befehlsschaltfläche Wiederholung ausgegeben.

Auch in der Tages- und Wochenansicht wird im Terminfeld mit einem kleinen Kreis deutlich gemacht, dass dieser Termin immer wieder im *Kalender* auftaucht.

Kommen wir zum Thema, Termine mit Notizen zu bereichern. Nach wie vor befinden wir uns im Fenster Ereignis bearbeiten.

☑ Klicken Sie hier auf die Schaltfläche mit dem Notizzettel hinter dem Feld Notiz. Der Notizeditor öffnet sich, in den Sie Ihre Anmerkungen zu einem Termin eintragen können.

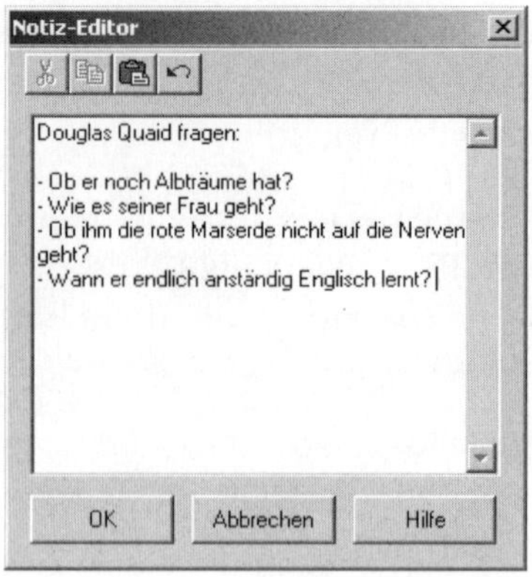

Bild 11.12:
Zu einem Termin
Notizen machen

Um Text auszuschneiden, zu kopieren, aus der Zwischenablage einzufügen oder Ihre letzte Aktion rückgängig zu machen, benutzen Sie die vier Schaltflächen unter der TITELLEISTE. Gerade das Einfügen von Text, der aus irgendeiner *Windows*-Anwendung kopiert wurde, wird Ihnen die Arbeit mit jeglicher Textfunktion des *Palm Desktops* unglaublich vereinfachen. Auch so ein Vorteil des *Palm Desktops*. Immerhin muss man nicht mehr so viel tippen.

☑ Wenn Sie Ihre Notiz verfasst haben, klicken Sie auf OK.

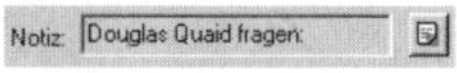

Im Fenster EREIGNIS BEARBEITEN findet sich im Feld NOTIZ nun die erste Zeile derselben. Außerdem – und das ist sicher wesentlich relevanter – wird in der Tages- und Wochenansicht im Terminfeld ein kleiner Notizzettel angezeigt. Somit wissen Sie immer, dass es zu dem Termin noch etwas zu lesen gibt. (Und sollten Sie immer noch Fragen zu der Notizfunktion im *Kalender* haben, empfehle ich Ihnen, in Kapitel 4.3.4 nachzuschlagen.)

☑ Wenn Sie die gewünschten Änderungen im Fenster EREIGNIS BEARBEITEN vorgenommen haben, klicken Sie darin auf OK. Es schließt sich, und wir sind wieder zurück im *Kalender*, wo Sie all die vielen Symbole im Termineintrag bestaunen können.

Apropos Symbole!

Wenn Sie in der Tages- oder Wochenansicht eines der kleinen Symbole entdecken, die verraten, dass es zusätzliche Details zu einem Eintrag gibt, können Sie mit einem einfachen Klick auf das Symbol den jeweiligen Editor öffnen. So ist das Detail bequem einzusehen oder zu bearbeiten. (Wiederum ist das nichts anderes, als wir vom PalmPilot gewohnt sind.) Einzige Ausnahme ist der Schlüssel für die privaten Einträge – hier passiert gar nichts, wenn man draufklickt.

Termindetails und die Monatsansicht

In der Monatsansicht können Sie die Details nur während der direkten Termineingabe hinzufügen. Wenn sie nun aber einem existenten Termin z.B. eine Notiz mitgeben oder den Wecker einstellen wollen, dann müssen Sie sich eines Tricks bedienen: Doppelklicken Sie auf den entsprechenden Tag und er öffnet sich in der Tagesansicht. Hier können Sie nun die Schritte vollziehen, die ich oben für das Hinzufügen der Termindetails beschrieben habe.

11.3.4 Termine verschieben

Wenn sich ein Termin verschiebt und er an eine andere Stelle im *Kalender* muss, gibt es zwei Möglichkeiten, dies zu bewerkstelligen.

Auf die schnelle Tour

Am einfachsten verschieben Sie den Termineintrag in der Tages- oder Wochenansicht. Hier klicken Sie mit der linken Maustaste auf den Eintrag, halten die Maustaste gedrückt und ziehen den Termin zum entsprechenden neuen Zeitpunkt. Er lässt sich somit über die gesamte Kalenderansicht bewegen. Dieses Verfahren nennt man übrigens »Drag & Drop«. (Nur zur Info: In der Monatsansicht lässt sich leider nichts irgendwohin ziehen.)

Nachteil: Sie können den Eintrag nur innerhalb der jeweiligen Ansicht verschieben. Das heißt, in der Wochenansicht, kann er zwar zu einem anderem Datum samt anderer Uhrzeit bewegt werden, aber nur innerhalb derselben Woche. In der Tagesansicht steht mehr zur Debatte. Wenn Sie einen Termin nämlich »packen« und über den Desktop auf das gegenüberliegende Kalendarium (rechts oben auf der Benutzeroberfläche) zu einem neuen Datum ziehen, wechselt die Tagesansicht dorthin und platziert den Termin zur ursprünglichen Uhrzeit. Wenn sich auch die Anfangszeit geändert hat, ziehen Sie den Termin nun einfach in der Tagesansicht an die richtige Stelle.

Sie sehen, einen Eintrag ein paar Stunden, Tage oder sogar Wochen zu verschieben, ist überhaupt kein Problem. Das Problem beginnt, wenn Sie den Termin über den aktuellen Monat hinaus befördern müssen. Dann bleibt Ihnen nur die ausführliche Tour.

Auf die ausführliche Tour

Suchen Sie den Termin, den Sie verschieben müssen, und öffnen Sie ihn in der Tagesansicht (wenn Sie den Termin in der Monatsansicht gesichtet haben, genügt ein Doppelklick auf das entsprechende Datum, um es in der Tagesansicht zu öffnen). Klicken Sie nun mit der rechten (!) Maustaste in den entsprechenden Eintrag, und wählen Sie aus dem aufklappenden Pop-up-Menü mit der linken Maustaste den Eintrag Bearbeiten aus.

Das aus dem letzten Abschnitt hinreichend bekannte Fenster Ereignis bearbeiten öffnet sich. Direkt unter Beschreibung sehen Sie die Felder Uhrzeit und Datum. Wenn Sie in diese Felder klicken, können Sie Uhrzeit und Datum direkt mit der Tastatur korrigieren. Mit einem Doppelklick in ein Feld markieren Sie es sogar, so dass es von Ihrer Eingabe überschrieben wird.

Bild 11.13: Uhrzeit und Datum per Hand eingeben

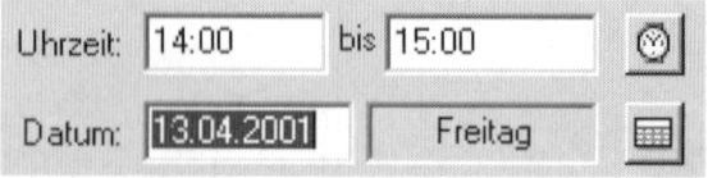

Wenn Sie nicht die Tastatur bemühen möchten, können Sie auch auf die beiden Schaltflächen neben den Feldern klicken und sowohl Uhrzeit als auch Datum in den aufklappenden Fenstern per Klick auswählen.

Zuletzt schließen Sie das Fenster EREIGNIS BEARBEITEN durch Klicken auf OK. Die Tagesansicht wechselt nun zu dem gewählten neuen Datum, so dass Sie Ihre Terminverschiebung bestaunen können.

11.3.5 Termine löschen

Das Löschen eines Termins ist im *Palm Desktop* das Einfachste überhaupt! Öffnen Sie die Tagesansicht mit dem Datum, an dem sich der Übeltäter eingenistet hat. (Wenn Sie lieber in der Wochenansicht löschen, soll mir das auch recht sein.)

☑ Klicken Sie auf den Termineintrag, den Sie loswerden wollen. Aber Achtung: Klicken Sie mit einem einfachen Klick in den Eintrag, nicht mit einem Doppelklick!

Bild 11.14: Falsch: Termineintrag wurde mit Doppelklick markiert

Mit einem Doppelklick markieren Sie den Text des Eintrags und wenn Sie diesen dann löschen, können Sie den Eintrag nicht mehr archivieren. Der Doppelklick ist gut, um die Terminbeschriftung zu ändern – nicht zum Löschen (zumindest nicht, so lange Sie noch etwas vom Archivieren halten)!

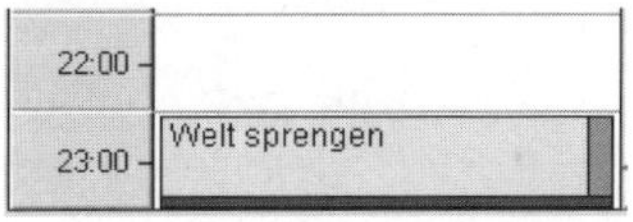

Bild 11.15: Richtig: Termineintrag wurde mit einfachem Klick markiert

Wie Sie in Bild 11.15 sehen, bleibt die farbige Unterlegung des Eintrags bei einem einfachen Klick erhalten. Und der Text wird im Gegensatz zum Doppelklick nicht markiert. Lediglich das Terminfeld wird mit einem dunklen Schatten unterlegt.

Nun aber endlich zum Löschen.

☑ Haben Sie das Terminfeld mit einem (einfachen) Klick markiert, drücken Sie auf der Tastatur [Entf].

Wie wir das vom Palm gewohnt sind, fragt Sie ein Dialogfenster, ob Sie sich sicher sind und ob Sie den Eintrag archivieren möchten.

Bild 11.16:
Lästigen Terminen
den Garaus machen!

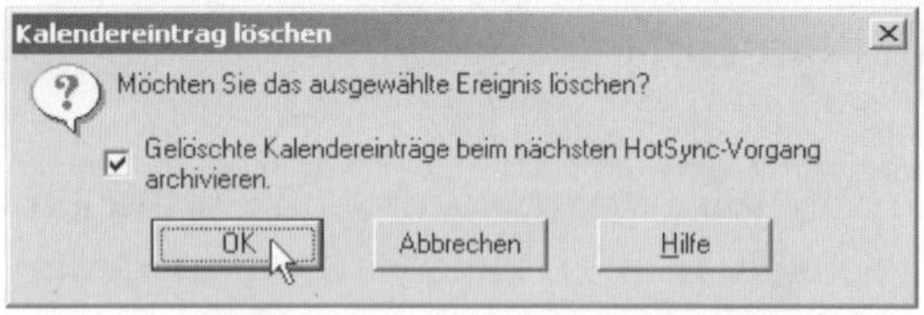

☑ Treffen Sie Ihre Wahl bezüglich der Archivierung und klicken Sie auf OK.

Und das war's! Der Eintrag verschwindet aus dem *Kalender*.

Einträge in anderen Anwendungen löschen

Wenn Sie einer Aufgabe, einem Adresseintrag oder einem Memo den Garaus machen wollen, gehen Sie exakt so vor, wie ich es gerade für Termineinträge beschriebenen habe. Das Leben kann doch manchmal wirklich gut zu einem sein, oder?

11.4 Adressbuch

Wie Sie bereits beim *Kalender* gesehen haben, sind die Unterschiede zwischen der Bedienung des PalmPilots und der entsprechenden Anwendung auf dem *Palm Desktop* geringfügiger Natur. Genauso verhält es sich beim *Adressbuch*.

Aber sehen wir doch einfach mal rein. Sie können zur Adressverwaltung übers Menü ANSICHT ♦ ADRESSEN oder über einen Klick auf das Symbol ADRESSEN in der STARTLEISTE gelangen. Aber Hand aufs Herz, in den meisten Fällen will man doch nicht in erster Linie die Anwendung *Adressbuch* zu Gesicht kriegen, sondern den Inhalt eines bestimmten Adresseintrags. Und das geht am schnellsten, indem Sie in der Tagesansicht des *Kalenders*, unten rechts im Adressenfenster, mit einem Doppelklick auf den entsprechenden Namen klicken.

Sofort öffnet sich das *Adressbuch*. Auf der rechten Seite sehen Sie im Eintragsbereich die Details zu der Person, die Sie angeklickt haben. Links im Listenbereich finden Sie die gesammelten restlichen Einträge Ihres *Adressbuchs*.

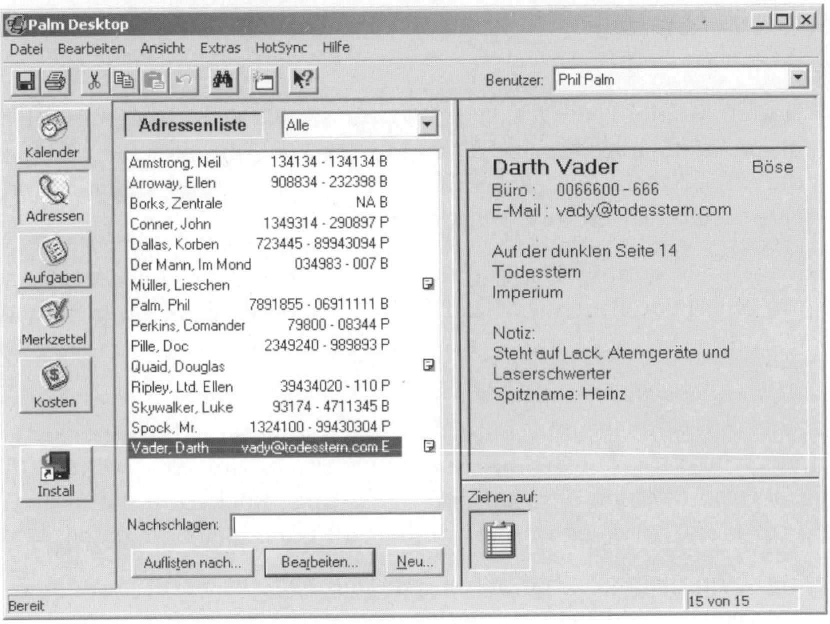

Bild 11.17: Das *Adressbuch* des *Palm Desktops*

11.4.1 Handling des Adressbuchs

Klicken Sie im Listenbereich auf einen Namen, wird der Inhalt des Adresseintrags rechts im Eintragsbereich angezeigt. Wenn Sie im Listenbereich einen Eintrag doppelklicken, öffnet er sich im Fenster ADRESSEN BEARBEITEN, wo Sie genau das tun können, wovon der Titel dieses Fensters spricht. Und welche Kategorie im Listenbereich angezeigt wird, wählen Sie durch Klicken auf das Feld neben dem Wort »Adressenliste« aus.

Eine äußerst coole Funktion beim *Palm Desktop* steckt hinter dem Symbol der ZWISCHENABLAGE, unten rechts. Wenn Sie nämlich einen Eintrag aus dem Listenbereich per »Drag & Drop« auf dieses Symbol ziehen (Eintrag mit links anklicken ➧ Taste gedrückt halten ➧ Maus aufs Symbol ziehen ➧ Taste darüber loslassen), wird der gesamte Inhalt dieses Eintrags in die *Windows-Zwischenablage* kopiert. So müssen Sie die Adressdaten einer Person nicht mühsam abschreiben, sollten Sie sie in einem anderen Programm benötigen (z.B. um einen Brief zu schreiben). Befindet sich etwas in der *Zwischenablage*, kann es mit dem Menübefehl EINFÜGEN in die meisten *Windows*-Anwendungen eingefügt werden. Sollten Sie gleich mehrere Einträge in die

Zwischenablage kopieren wollen, ist das sogar gleichzeitig möglich. Und zwar so:

☑ Halten Sie die Taste [Strg] gedrückt, und klicken Sie dabei mit der Maus nacheinander alle Einträge im Listenbereich an, die in die *Zwischenablage* kopiert werden sollen. Die angeklickten Einträge behalten Ihre Markierung.

☑ Haben Sie genug Einträge markiert, klicken Sie mit der Maus auf einen von ihnen und ziehen ihn per »Drag & Drop« (also wie oben beschrieben) zum Symbol der ZWISCHENABLAGE.

Auch wenn es nicht sichtbar ist, werden gleichzeitig alle anderen markierten Einträge mit kopiert. Wollen Sie sich die »über-den-Bildschirm-Zieherei« sparen, können Sie auch mit der rechten (!) Maustaste auf einen der markierten Einträge klicken und aus dem Pop-up-Menü KOPIEREN wählen – das erfüllt den gleichen Zweck.

Ach ja, einen Hinweis hab ich noch: Den *Kalender* ausgenommen, finden Sie das Symbol der ZWISCHENABLAGE im *Palm Desktop* in allen Standardanwendungen. Und überall erfüllt es den oben beschriebenen Zweck und wird auch auf die gleiche Weise bedient. Ich werde mir verkneifen, das ständig neu zu erwähnen.

Einen ursprünglichen Eintrag sichern

Wenn Sie einen Eintrag im *Adressbuch* bearbeiten müssen, weil die Person umgezogen ist, Sie die ursprüngliche Adresse desjenigen aber trotzdem noch zur Hand haben wollen, verrate ich Ihnen einen klasse Trick: Klicken Sie auf den Eintrag (bevor Sie ihn bearbeitet haben) und ziehen Sie ihn auf das Symbol der ZWISCHENABLAGE. Dann drücken Sie die Tasten [Strg] + [V] (*Windows*) bzw. [⌘] + [V] (Mac), um ihn wieder einzufügen. In Ihrer Adressenliste stehen nun zwei identische Einträge. Einen davon können Sie jetzt mit den neuen Adressangaben bearbeiten. Den andern löschen Sie. Und wenn Sie bei der Löschrückfrage darauf achten, dass das Kästchen zur Archivierung markiert ist, wird dieser alte Adresseintrag beim nächsten *HotSync* archiviert. Und so kommen Sie jederzeit an ihn heran, ohne dass er Ihre Adressenliste zumüllen muss. Wie, wollen Sie wissen? Das verrate ich Ihnen in Abschnitt 11.8. (Das Ganze funktioniert übrigens genauso mit Aufgaben und Memos – gut zu wissen, was?)

11.4.2 Adresseinträge hinzufügen

☑ Um dem *Adressbuch* einen neuen Eintrag hinzuzufügen, klicken Sie auf die Befehlsschaltfläche NEU im Fuß des Listenbereichs.

Das Fenster ADRESSEN BEARBEITEN öffnet sich, in dem Sie die Felder zur Person ausfüllen können. Es teilt sich in drei Register auf, NAME, ADRESSEN und NOTIZ. Eines der Felder müssen Sie mindestens ausfüllen.

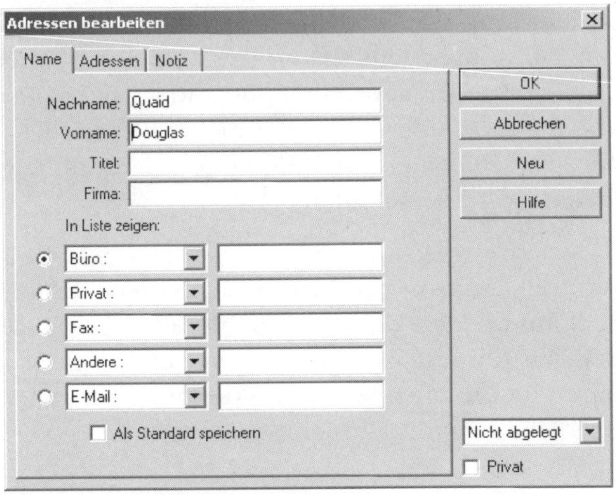

Bild 11.18: Adresseintrag hinzufügen

- ☐ Wenn Sie einen Eintrag als privat markieren möchten, klicken Sie in das Feld PRIVAT. Sowohl in der Adressenliste als auch im Eintragsbereich verrät Ihnen dann ein kleiner gelber Schlüssel, dass dieser Eintrag ausblendbar ist.

- ☐ Um den Eintrag einer bestimmten Kategorie zuzuführen, klicken Sie in das Feld NICHT ABGELEGT und wählen aus der ausklappenden Liste eine Kategorie aus.

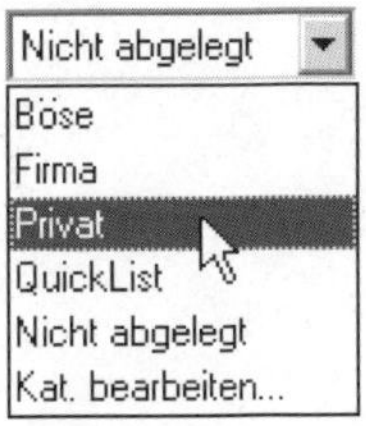

- ☐ Um dem Eintrag eine Notiz beizulegen, klicken Sie auf das Register NOTIZ und verfassen diese. Ist ein Notizeintrag vorhanden, wird dem Eintrag in der Adressenliste ein kleiner Notizzettel zugefügt. Nicht nur, damit Sie sich an das Vorhandensein der Notiz erinnern, sondern auch, um sie Ihnen rasch zugänglich zu machen. Einmal auf das Symbol geklickt und der Editor mit der Notiz öffnet sich.

Wenn Sie die Angaben im Fenster ADRESSEN BEARBEITEN beendet haben, klicken Sie auf OK. Daraufhin erscheint Ihr neuer Eintrag in der Adressenliste. Alles Weitere, was es zum Thema *Adressbuch* zu wissen gibt, wurde von mir bereits in Kapitel 5 behandelt.

11.5 Aufgaben, Merkzettel, Kosten

Inzwischen sollten Sie sich im *Palm Desktop* schon einigermaßen auskennen. Und wahrscheinlich haben Sie sich bei einigen meiner Erklärungen gefragt, warum ich die ganzen Funktionen an dieser Stelle noch mal lang und breit auswalze. Schließlich funktioniert das alles am Computer nicht viel anders, als ich es Ihnen ein paar Kapitel weiter vorne für den PalmPilot erklärt habe. Recht haben Sie! Trotzdem war es mir wichtig, Ihnen anhand des *Kalenders* und des *Adressbuchs* einen Überblick über die Benutzeroberfläche des *Palm Desktops* zu verschaffen.

Ich verrate Ihnen etwas: Ich werde Sie nun nicht länger mit Sachen nerven, die Sie eins zu eins vom PalmPilot auf den *Desktop* übertragen können. Von daher empfehle ich Ihnen, sich die Benutzeroberfläche für *Aufgaben*, *Merkzettel* und *Kosten* anzusehen und mit dem, was Sie über deren Funktionen am PalmPilot gelernt haben, zu bedienen. Dann können Sie gar keinen Fehler machen.

11.6 PalmPilot an Drucker – bitte melden!

Eine der großen Zusatzfunktionen, die einem der *Palm Desktop* beschert, ist die Möglichkeit auszudrucken, was man unterwegs oder am *Desktop* »gekritzelt« hat. Und solange ein Drucker an Ihrem Computer angeschlossen ist, fällt auch dies in die Kategorie: kinderleicht. So können Sie die Termine eines Tages, einer Woche oder eines ganzen Monats auf Papier bringen. Genauso Ihre komplette Adressenliste oder – wenn Ihnen das lieber ist – bloß einen Auszug daraus. Auch Aufgaben und Memos sind druckbar. Der *Palm Desktop* bringt alles in einem schlichten, aber funktionalen Design aufs Papier.

Wenn Sie etwas drucken wollen, haben Sie verschiedene Möglichkeiten. Sie können einzelne Einträge (also ein Memo, eine Aufgabe usw.) oder alle Elemente aus einer gemeinsamen Kategorie drucken. Des Weiteren können Sie sich entscheiden, ob angefügte

Notizen mitausgedruckt werden sollen oder nicht. Beim *Adressbuch* haben Sie sogar die Wahl, sich eine Telefonliste ausdrucken zu lassen. Und so geht's:

☑ Öffnen Sie den Bereich des *Palm Desktops*, von dem aus Sie etwas drucken möchten.

☑ Wenn es nicht um den *Kalender* geht, wählen Sie bitte eine Kategorie oder einen bestimmten Eintrag durch Anklicken aus. (Sie können auch mehrere Einträge gleichzeitig wählen, indem Sie beim Klicken die [Strg]-Taste gedrückt halten.)

☑ Klicken Sie in der SYMBOLLEISTE auf das DRUCKERSYMBOL oder benutzen Sie die Tastenkombination [Strg] + [P] (*Windows*) bzw. [⌘] + [P] (Mac).

Das Fenster DRUCKEN öffnet sich, das je nachdem, aus welchem Bereich des *Palm Desktops* Sie drucken, immer ein wenig anders aussieht.

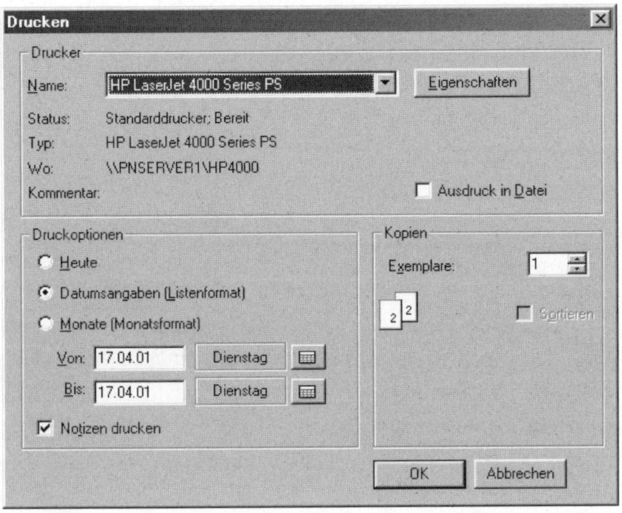

Bild 11.19:
Das Fenster DRUCKEN – hier im Zusammenspiel mit dem *Kalender*

Beim *Kalender* haben Sie, wie in Bild 11.19 zu sehen ist, die Wahl zwischen dem Druck der heutigen Termine, einer datumsgebundenen Auflistung der Termine (dies kann ein einzelnes Datum oder ein ganzer Zeitraum sein) oder dem Ausdruck von Monatsübersichten. Ist das Feld NOTIZEN DRUCKEN markiert, werden den Einträgen beigefügte Notizen mit gedruckt. Ist es nicht markiert, nun ja, dann eben nicht. Außer beim Drucken von Memos kann diese Wahl immer getroffen werden.

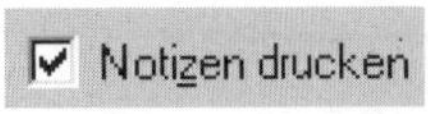

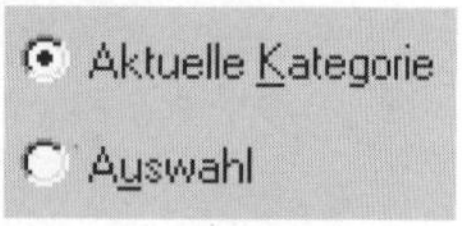

Wenn Sie Adresseinträge drucken, begegnen Ihnen im Fenster Drucken die Optionen Aktuelle Kategorie und Auswahl. Hier entscheiden Sie, ob die ganze geöffnete Kategorie oder ob nur der bzw. die von Ihnen markierten Einträge gedruckt werden sollen. Auch bei den anderen Anwendungen haben Sie diese Entscheidung zu treffen (den *Kalender* ausgenommen – der hat ja keine Kategorien). Zusätzlich finden Sie beim Drucken von Adressen das Kästchen Nur Telefon drucken. Ist es markiert, wird nicht die ganze Adresse, sondern nur eine Telefonliste der aktuellen Kategorie oder der markierten Einträge gedruckt.

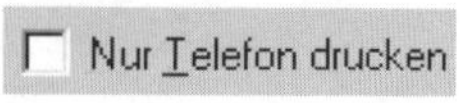

Beim Drucken von Memos (Merkzetteln) findet sich neben der Option, ob man die aktuelle Kategorie oder nur eine Auswahl davon drucken möchte, noch die Möglichkeit, Memo Nr. x bis Memo Nr. y auszuwählen. So muss man die Memos nicht alle einzeln markieren, will man mehrere drucken. Klicken Sie dazu auf das Feld Merkzettel Von und schreiben Sie in die Felder dahinter die Positionen, die gedruckt werden sollen (z.B. 19 bis 43).

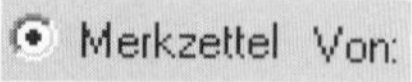

☑ Haben Sie gewählt, welchen Ausschnitt Sie drucken wollen, klicken Sie auf die Befehlsschaltfläche OK. Und schon werden die entsprechenden Teile zu Ihrem Drucker geschickt.

Drucken mit mehr Esprit!

Ich sagte ja bereits, dass der *Palm Desktop* Ihre Daten schlicht und funktional aufs Papier bringt. Wenn Ihnen das z.B. für die Ausgabe von Memos zu schlicht ist, rate ich Ihnen den entsprechenden Inhalt in die *Zwischenablage* zu kopieren und in das Textverarbeitungsprogramm Ihrer Wahl einzufügen. Dort können Sie das Ganze dann nach Ihren Wünschen gestalten und schließlich so ausdrucken, wie es Ihnen gefällt.

11.7 Frischer Wind – oder wie man neue Programme auf den PalmPilot kriegt

Bei uns Raumfahrern hat wohl jeder seine Marotte. Der Eine hängt sich einen elektronischen Fuchsschwanz an den Rückspiegel, der Nächste hat jede Menge Spoiler an den Flügeln und legt sein Schiff tiefer. Plüschausstattung, Kaffeemaschine auf Laserbasis oder Familienbilder und eine Kuckucksuhr von den Jupitermonden an den Wänden ... Der Fantasie sind wohl keine Grenzen gesetzt. Und ich möchte auch Ihnen empfehlen, sich den PalmPilot so einzurichten, dass Sie sich wohlfühlen. Immerhin werden Sie eine Menge Zeit mit ihm verbringen. My Palm is my Castle – könnte man auch sagen.

Ich habe keine Ahnung, wie viele Programme täglich für den PalmPilot entwickelt werden, aber wenn Sie mal im Internet auf entsprechende Seiten sehen, stellen Sie fest, dass es viele – nein, sehr viele – sein müssen! Ich sage Ihnen, da finden auch Sie das, was Sie brauchen, um Ihren Palm so richtig heimelig zu machen. Spiele, Tabellenkalkulationen, Office-Anwendungen, Bilder, ganze Bücher (von Karl May bis zur Bibel) und, und, und. Wenn Sie sich auf die Suche nach coolen Programmen machen, ist bloß wichtig, darauf zu achten, dass diese auch für den PalmPilot entwickelt wurden. Es mag Sie stören, aber Sie können nicht einfach *Windows*-Anwendungen auf Ihren Palm packen. Keine Chance! Einige Programme für den Palm habe ich Ihnen auch mit auf die CD-ROM gesteckt, die diesem Buch beiliegt. Aber dazu später mehr.

Bevor wir uns damit beschäftigen, wie Sie Ihrem Palm frischen Wind einhauchen und neue Programme installieren, sollten Sie allerdings noch herausfinden, ob der gute Junge überhaupt genug freien Speicherplatz dafür hat.

11.7.1 Ist der Speicher schon voll?

Die verschiedenen Modelle der PalmPilot-Familie haben auch unterschiedlich viel Speicherkapazität. Ein Palm III z.B. oder ein Palm V haben gerade mal 2 MB, was nicht viel ist – eine normale 1,44-Zoll-Diskette hat schon über die Hälfte davon. Wenn Sie einen Palm Vx Ihr eigen nennen, sieht das schon großzügiger aus, denn der kommt mit 8 MB angeflogen. Wow!

Aber bevor ich Ihnen eine Liste mit Speicherangaben aller PalmPilots aufzähle, sehen Sie doch selber nach, wie viele Möbel bei Ihnen Platz haben. Und das geht so:

☑ Tippen Sie im APPLICATION LAUNCHER des PalmPilots auf das Symbol ANWENDUNGEN. Die *Anwendungsliste* öffnet sich.

☑ Wählen Sie nun MENÜ • ANWENDUNGEN • INFO. Und voilà, das Fenster INFO öffnet sich.

Bild 11.20: Im Fenster INFO sehen Sie nicht nur, welche Anwendungen auf dem Palm installiert sind, sondern auch, wie viel Speicherplatz die Kerle fressen

In der ersten Zeile sehen Sie, wie viel von Ihrem Speicherplatz zur Verfügung steht. Im Fall von Bild 11.20 ist das noch eine ganze Menge. Jede Menge Platz also für Spielereien aus dem Palm-Universum ...! Viele Anwendungen, die für den PalmPilot entwickelt werden, sind recht klein und brauchen nur einige wenige Kilobytes (K) Speicherplatz. Andere benötigen zwischen 50 und 500 K, was noch immer nicht wirklich viel ist. Sollte Ihr Speicher trotzdem mal zur Neige gehen, ist es nicht schwer, durch das Löschen von Anwendungen wieder Platz zu schaffen – aber darum kümmern wir uns erst im übernächsten Abschnitt.

11.7.2 Anwendungen installieren

Jetzt gilt's! Ein neues Programm soll auf den PalmPilot. Und dafür tun Sie Folgendes:

☑ Öffnen Sie den *Palm Desktop* und klicken Sie in dessen STARTLEISTE auf die Schaltfläche INSTALL.

Wenn Sie diese Schaltfläche nicht im *Palm Desktop* finden, weil Sie eine ältere Version des *Palm Desktops* benutzen, müssen Sie nicht verzweifeln. Auch Mac-Usern ist die Schaltfläche im Übrigen unbekannt. Im ersten Fall finden Sie das *Install-Tool* im *Windows*-Startmenü (START • PROGRAMME • PALM DESKTOP • INSTALL-TOOL). Und wenn Sie einen Mac benutzen, finden Sie es in dem Ordner, in dem Sie die *Palm Desktop*-Software abgelegt haben.

Inzwischen sollte sich aber bei allen das Fenster INSTALL TOOL geöffnet haben.

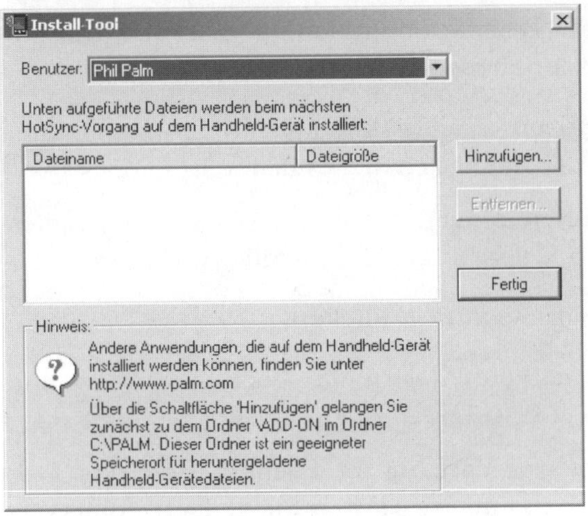

Bild 11.21:
Anwendung gefällig?

☑ Klicken Sie auf die Befehlsschaltfläche HINZUFÜGEN.

Das Dialogfeld ÖFFNEN erscheint.

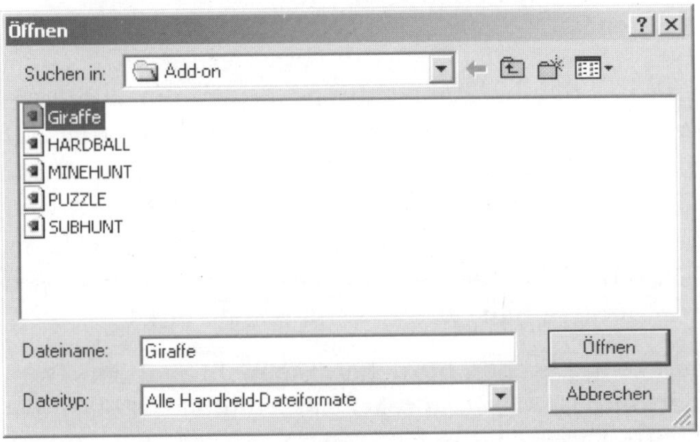

Bild 11.22:
Im Ordner *Add-on* Ihres Palm-Verzeichnisses finden sich bereits einige kleine Palm-Anwendungen

☑ Klicken Sie auf den Namen der Datei, die installiert werden soll.

Wie in Bild 11.22 wird der Name der angeklickten Datei hervorgehoben. (Haben Sie die Datei aus dem Internet heruntergeladen oder auf einer CD, muss sie gegebenenfalls erst mit dem Feld SUCHEN IN lokalisiert werden, bevor man sie anklicken kann.)

☑ Nun klicken Sie auf die Befehlsschaltfläche ÖFFNEN.

Das Dialogfenster schließt sich, und der von Ihnen ausgewählte Dateiname erscheint im Fenster INSTALL TOOL. Wenn Sie wollen, können Sie mehrere Anwendungen gleichzeitig installieren. Dazu klicken Sie wieder auf die Befehlsschaltfläche Hinzufügen und folgen erneut den oben beschriebenen Schritten.

☑ Haben Sie genug Dateien ausgewählt, klicken Sie im Fenster Install Tool auf Fertig (beim Mac heißt es Install).

Ein Dialogfeld erklärt Ihnen nun, dass die ausgewählten Dateien beim nächsten *HotSync* auf dem PalmPilot installiert werden.

☑ Schließen Sie es, indem Sie auf OK klicken.

☑ Stecken Sie jetzt Ihren PalmPilot in die Docking-Station und drücken Sie auf die HotSync-Taste.

»Diedeldühhht!« Der *HotSync*-Vorgang ist beendet und das Programm auf dem PalmPilot installiert. Hätten Sie gedacht, dass das so einfach geht?

11.7.3 Und raus damit ...! Anwendungen löschen

Haben Sie im Internet das eine abgefahrene Programm aufgestöbert, nach dem es Sie schon immer verlangt hat? Und jetzt ist auf Ihrem Palm einfach nicht genug Platz dafür frei? Oder läuft Ihr PalmPilot nur noch schleppend? Fehlt ihm etwas Luft zum Atmen? Es gibt 1000 gute Gründe, warum man Anwendungen vom PalmPilot wieder runterschmeißt – der einfachste ist wohl, dass dieses oder jenes Programm nicht hält, was es versprochen hat.

Und das Beste ist: Zum Löschen brauchen Sie nicht mal den *Palm Desktop* auszupacken. Das geht direkt am PalmPilot. Folgendes müssen Sie tun (für Leute, die mit einem älteren Modell als der Version III arbeiten, stimmt die Schritt-für-Schritt-Anleitung nicht haargenau – aber Sie werden sich schon zurecht finden!):

☑ Tippen Sie im Application Launcher des PalmPilots auf Anwendungen. Die Anwendungsliste öffnet sich.

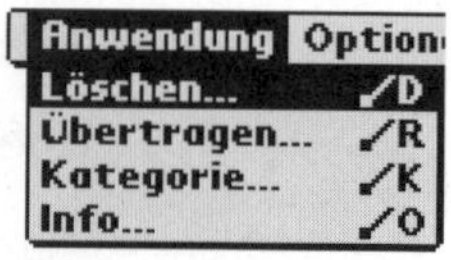

☑ Wählen Sie Menü ♦ Anwendung ♦ Löschen.

Das Fenster Löschen öffnet sich.

☑ Tippen Sie auf den Namen der Anwendung, die Sie über den Jordan schicken wollen. Der ausgewählte Name wird daraufhin hervorgehoben dargestellt.

Bild 11.23: Anwendungen wieder los werden

☑ Nun tippen Sie auf LÖSCHEN.

Das Dialogfenster ANWENDUNG LÖSCHEN öffnet sich und will wissen, ob Sie sich da wirklich sicher sind.

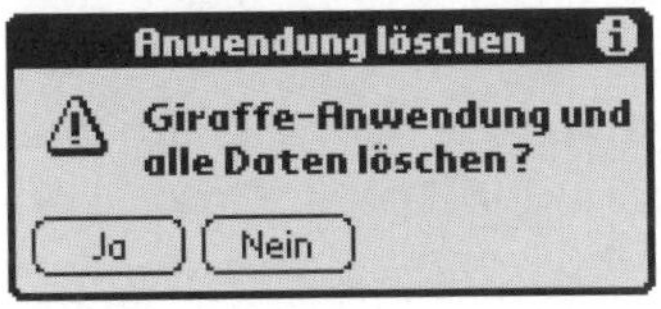

Bild 11.24: Jetzt geht's ums Ganze!

☑ Tippen Sie auf JA (oder auf NEIN – falls Sie doch kalte Füße bekommen haben).

Wenn Sie auf JA tippen, verzieht sich die Anwendung aus der Liste im Fenster LÖSCHEN – und natürlich auch von Ihrem Palm.

☑ Machen Sie solange weiter, bis Sie genug gelöscht haben.

☑ Dann tippen Sie noch auf FERTIG – und das war's!

Und wenn Sie irgendwann bereuen, dass Sie einer Anwendung den Laufpass gegeben haben, installieren Sie das gute Stück einfach neu, so wie ich es im Abschnitt 11.7.2 beschrieben habe. Im Ordner *Backup* Ihres Palm-Verzeichnisses auf dem Computer werden übrigens beim *HotSync* alle Anwendungen gesichert, die auf dem Palm installiert sind. Wollen Sie also eine gelöschte Anwendung wiederhaben, sehen Sie mal in diesen Ordner.

11.8 Im Archiv stöbern

Nimmt dieses Kapitel denn nie ein Ende, fragen Sie sich vielleicht (und auch mir kommt die Frage durchaus bekannt vor). Ich verspreche Ihnen: Bald haben wir es geschafft! Aber Sie wollen die Möglichkeiten des *Palm Desktops* doch wohl ausschöpfen, oder? Da kann ich doch nicht so kurz vor Schluss schlapp machen. Denn jetzt kommt eine wirklich wichtige Sache, die auch schon mehrmals angeklungen ist: Wir sehen uns das Archiv Ihres Palms an.

Wir hatten es ja bereits mehrmals davon, dass PalmPilot sowie *Palm Desktop* immer brav nachfragen, ob Sie nicht archivieren wollen, was Sie löschen. Und wenn Sie klug waren, haben Sie Ihrerseits stets brav das entsprechende Kästchen dafür markiert. Denn die Situation, dass man wieder braucht, was irgendwann überflüssig schien, die kommt bestimmt. Das verspreche ich Ihnen!

Sehen wir uns also an, wie man Einblick in sein Archiv bekommt. Ach ja, das geht übrigens nur im *Palm Desktop*. Also selbst wenn Sie sich entschlossen haben, Ihren Palm mit einem anderen PIM wie *Microsoft Outlook* oder *Lotus Organizer* zu synchronisieren, müssen Sie jetzt den *Palm Desktop* starten.

☑ Klicken Sie in der STARTLEISTE des *Palm Desktops* auf die Schaltfläche der Anwendung, deren Archiv Sie einsehen möchten.

☑ Wählen Sie im Menü DATEI den Befehl ARCHIV ÖFFNEN aus.

Bild 11.25: Hier geht's zum Archiv ...

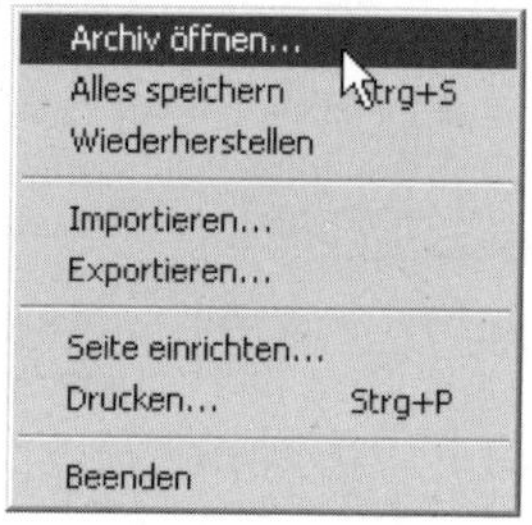

Das Dialogfenster »XY«-ARCHIV ÖFFNEN macht sich breit (es heißt natürlich nicht »XY«, sondern so wie die Anwendung, deren Archiv Sie einsehen möchten).

☑ Klicken Sie auf die Datei, die Sie öffnen wollen.

Bild 11.26:
Und hier ist das Archiv!

In aller Regel sehen Sie hier nur eine Datei. Sollten es aber doch mal mehr sein und Sie finden in der ersten nicht, was sie suchen, probieren Sie einfach nacheinander die Dateien durch.

☑ Klicken Sie auf die Befehlsschaltfläche ÖFFNEN.

Die archivierten Einträge öffnen sich in der jeweiligen Anwendung. Es werden jetzt nur noch Archiveinträge angezeigt und nicht mehr die aktuellen. Damit man nicht vergisst, dass man gerade im Archiv stöbert, wird im unterem Rand des *Palm Desktops* (der so genannten Statuszeile) das Archivsymbol eingeblendet. Wenn den archivierten Daten vorher Kategorien zugewiesen waren, werden sie auch jetzt nach Kategorien sortiert.

Nun können Sie nach Lust und Laune im Archiv herumstöbern. Wenn Sie das Archiv wieder verlassen wollen, wählen Sie den Menübefehl DATEI ♦ AKTUELLE ANWENDUNG ÖFFNEN.

Archivdaten reanimieren

Kommen wir zu der Frage, wie Sie einen oder mehrere Einträge aus dem Archiv in den PalmPilot zurückholen können. Zunächst öffnen Sie das entsprechende Archiv, wie oben beschrieben, und suchen den Eintrag, dem Sie neues Leben einhauchen wollen. Dann gehen Sie folgende Schritte:

☑ Markieren Sie den Eintrag, indem Sie auf ihn klicken (wenn Sie mehrere Einträge reanimieren möchten, halten Sie die Taste Strg gedrückt, während Sie die einzelnen anklicken).

☑ Ziehen Sie den oder die Einträge auf das Symbol der ZWISCHENABLAGE (alternativ können Sie auch die Tasten Strg + C bzw. ⌘ + C beim Mac drücken).

Die Einträge werden in die *Zwischenablage* kopiert. Auf dem Bildschirm passiert gar nichts.

☑ Wählen Sie nun das Menü DATEI ♦ AKTUELLE ANWENDUNG ÖFFNEN.

Sie verlassen das Archiv, und die Liste mit den aktuellen Einträgen erscheint.

☑ Drücken Sie die Tastenkombination Strg + V (*Windows*) bzw. ⌘ + V (Mac). Wenn es Ihnen besser gefällt, können Sie auch im Menü BEARBEITEN auf EINFÜGEN klicken.

Nun denn, jetzt werden die kopierten Einträge aus der *Zwischenablage* wieder in Ihrer Liste platziert. Aber eins fehlt noch:

☑ Stecken Sie den PalmPilot in die Docking-Station und drücken Sie die HOTSYNC-TASTE.

Ist der *HotSync* beendet, sind die Daten im PalmPilot wieder abrufbar.

Weniger ist mehr!

Ihnen ist klar, dass der Sinn des Archivierens darin liegt, Platz auf dem PalmPilot zu schaffen? Übertreiben Sie es daher am besten nicht mit der Reanimation. Sonst läuft Ihr Palm irgendwann noch über ...!

11.9 Den Palm Desktop teilen

Gehören Sie auch zu den ganz modernen Menschen? Immer auf dem neusten Stand sein und die modernsten Geräte besitzen? Wahrscheinlich ist Ihre ganze Familie schon mit PalmPilots versorgt, aber zuhause steht immer noch nur ein einziger PC herum (was soll man sich auch um solch vorsintflutliche Apparaturen kümmern, wenn man ein Raumschiff fliegt!). Nur, wo soll der Rest der Familie »*hotsyncen*«, wenn bloß ein Rechner da ist? Antwort: An ein und demselben, am gleichen *Palm Desktop* sogar – man kann ihn nämlich mit verschiedenen Benutzerkonten führen.

Jedes Mal, wenn ein PalmPilot einen *HotSync* durchführen will, den der *Palm Desktop* noch nicht kennt, wird nachgefragt, ob für diesen Benutzer ein neues Konto angelegt werden soll. Und wird das Konto angelegt, erkennt der *HotSync-Manager* diesen PalmPilot beim nächsten Mal automatisch und sichert seine Daten in seinem eigenen Konto. Sie brauchen also keine Angst zu kriegen, dass da irgendwas durcheinanderkommt.

Und wenn Sie auf die Benutzeroberfläche des *Palm Desktops*, rechts von der Symbolleiste sehen, werden Sie auch das Feld BENUTZER entdecken.

Bild 11.27: Hier kann man zwischen den Benutzerkonten wechseln

Wenn mehrere Benutzerkonten existieren, klicken Sie in das Feld, um zwischen den Konten hin und her zu schalten. So kann jeder seinen eigenen PalmPilot am *Palm Desktop* verwalten. Und wenn Sie mal wieder Besuch kriegen, von irgendeinem verzweifelten Tropf, bei dem die Batterien des Palm III oder tiefer gerade zur Neige gehen, bevor er zuhause seinen *HotSync* machen kann, um die Daten zu sichern, lächeln Sie nur müde und lassen ihn das Ganze an Ihrem PC machen. No problem!

Sie sollten nicht mehrere Konten auf einem PC verwalten ...

... wenn Sie mit einem anderen PIM als dem *Palm Desktop* arbeiten. Nicht, dass es unmöglich ist, aber es kann Probleme bei der Synchronisation mit sich bringen. Und man kann leider nicht sicher sein, dass alles ordnungsgemäß abläuft. Wenn Sie mehrere PalmPilots an einen Computer hängen, möchte ich Ihnen wirklich ans Herz legen, den *Palm Desktop* zu benutzen.

12 Die Arbeit mit Outlook

Wie fanden Sie unseren kleinen Ausflug zur Palm-Mutterbasis? Was, er hat Ihnen nicht gefallen? Sie möchten lieber auf der sicheren Seite stehen und mit dem Imperium kooperieren? Nun gut, dann machen wir eben auch noch einen kleinen Abstecher zum Planeten Microsoft und sehen uns dessen Mondbasis *Outlook* an.

Sicher haben Sie Verständnis dafür, dass ich Ihnen an dieser Stelle nicht *Microsoft Outlook* erklären kann. Das würde meinen Rahmen wie ein Urknall zum Bersten bringen. Und wenn Sie bereits mit *Outlook* arbeiten, sind die allgemeinen Abläufe wohl auch nicht das Problem. (Sollten doch noch Fragen übrig geblieben sein, kann ich Ihnen das äußerst gute Buch in der echt-einfach-Reihe zu dem Thema empfehlen!) Aber da *Outlook* wohl der gängigste PIM (Personal Information Manager) ist, soll das Programm natürlich nicht gänzlich untern Tisch fallen. Hier wird es allerdings nur darum gehen, was in der Zusammenarbeit zwischen PalmPilot und *Microsoft Outlook* zu beachten ist.

12.1 PocketMirror

Wie ich bereits erwähnt habe, brauchen Sie so genannte *Conduits*, um den PalmPilot mit anderen PIMs als dem *Palm Desktop* zu synchronisieren. *Conduits* sind Programme, die diesen Vorgang überwachen und zustande bringen. Die gute Nachricht für alle *Microsoft Outlook*-Benutzer ist, dass sie das entsprechende *Conduits* nicht erst im Internet aufstöbern müssen. Die Entwickler des PalmPilots verbeugen sich vor dem Marktführer Microsoft, indem sie das benötigte Programm gleich mit auf die Installations-CD gepackt haben, die Ihrem PalmPilot beiliegt. Und wenn Sie sich während der Installation der *Desktop*-Software (siehe Kapitel 10) dafür entschieden haben, dass Ihr PalmPilot mit *Microsoft Outlook* synchronisiert werden soll, haben Sie wahrscheinlich bemerkt, dass dieses Programm gleich mit installiert wurde. Es heißt übrigens wie dieser Abschnitt: *PocketMirror*.

12.2 PocketMirror einstellen

Wenn Sie den PalmPilot mit *Outlook* synchronisieren, können Sie nach der Installation der *Palm Desktop*-Software sofort mit dem ersten *HotSync* loslegen. Die Grundeinstellung von *PocketMirror* ist darauf ausgelegt, die Daten von *Outlook* mit denen im PalmPilot abzugleichen.

☑ Wenn Sie an dieser Einstellung mal etwas ändern müssen, finden Sie *PocketMirror* folgendermaßen: Wählen Sie im *Outlook*-Menü EXTRAS, den Befehl POCKETMIRROR SETTINGS.

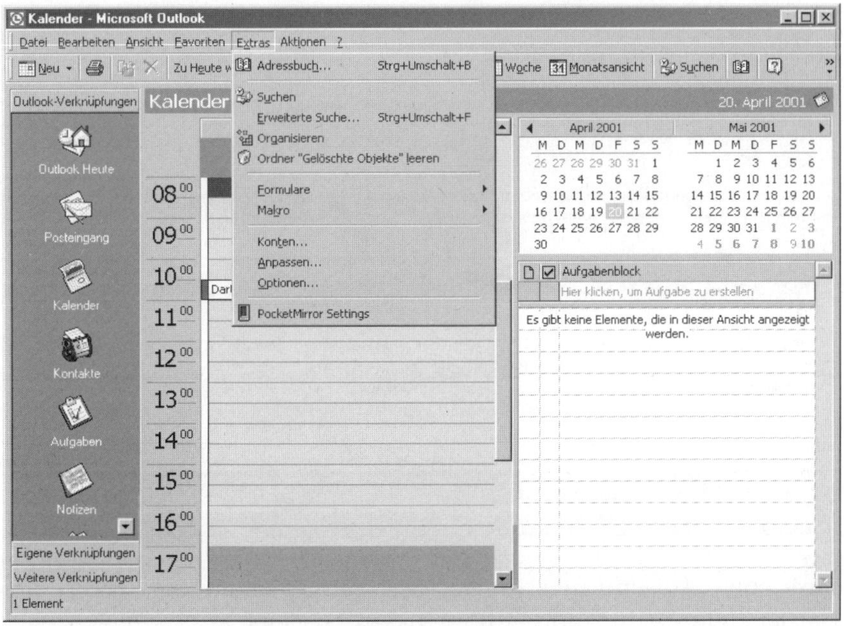

Bild 12.1: *PocketMirror*: Mittelsmann zwischen PalmPilot und *Outlook*

Das Fenster POCKETMIRROR SETTINGS erscheint.

Bild 12.2:
POCKETMIRROR SETTINGS

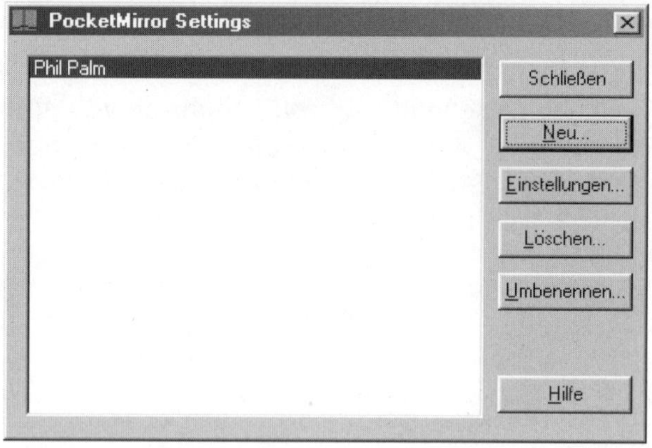

☑ Klicken Sie auf EINSTELLUNGEN.

Nun öffnet sich das Fenster SYNCHRONISIERUNGS-VOREINSTELLUNGEN ÄNDERN. (Was für ein Name – klingt doch irgendwie außerirdisch!)

Bild 12.3:
Ein anderer Modus beim *HotSync* gefällig?

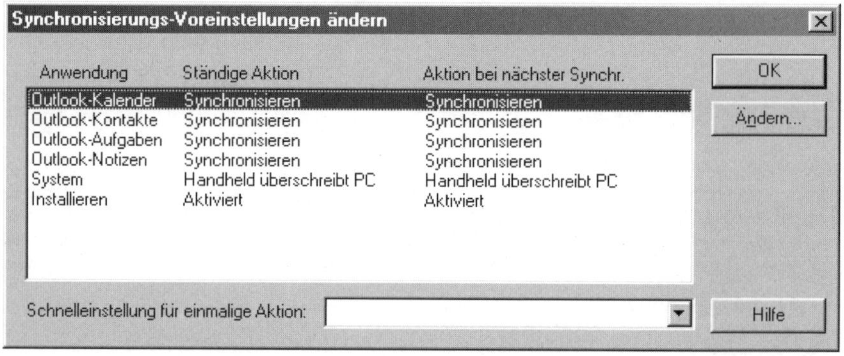

Für jeden Anwendungsbereich des Palms sehen Sie, was beim *HotSync* allgemein und beim nächsten *HotSync* im Speziellen passiert.

☑ Wenn Sie nicht möchten, dass die Datenbanken von Palm und *Outlook* miteinander abgeglichen werden, sondern dass z.B. eine die andere überschreibt, klicken Sie auf die Anwendung, für die Sie eine Änderung vornehmen wollen.

Wie in Bild 12.3 wird sie dunkel unterlegt.

☑ Klicken Sie auf ÄNDERN.

Das Fenster EIGENSCHAFTEN VON ... öffnet sich.

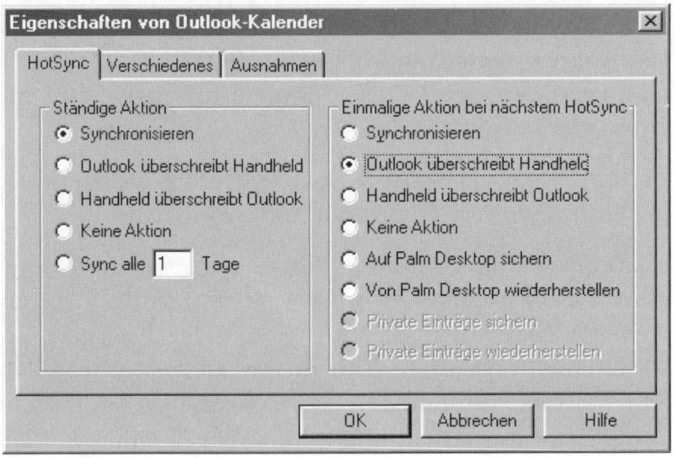

Bild 12.4:
Hier wird festgelegt, was beim *HotSync* abgeht

Wie Sie sehen, gibt es im ersten Register HOTSYNC zwei Spalten. In der linken legen Sie fest, was grundsätzlich bei einem *HotSync* geschieht und in der rechten, ob beim nächsten *HotSync* etwas Besonderes passieren soll. Die Auswahl reicht vom Synchronisieren (das ist der Datenabgleich beider Geräte und die Grundeinstellung), über die Möglichkeit, einem Gerät die Priorität zuzusprechen, damit es das andere überschreibt, bis zur Festlegung, dass überhaupt kein Datenaustausch für diese Anwendung beim *HotSync* fällig ist.

Wenn Sie auf das Register VERSCHIEDENES klicken, finden Sie noch ein paar nette Features.

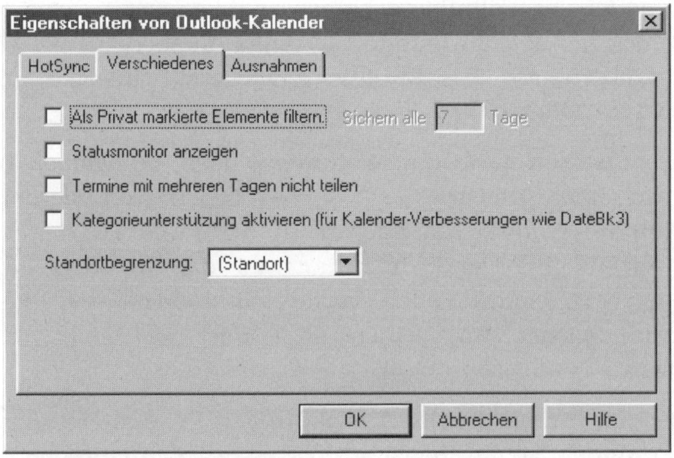

Bild 12.5:
Nomen est Omen – hier lässt sich verschiedenes einstellen

Microsoft Outlook bietet Ihnen keinen Kennwortschutz für Ihre privaten Einträge. Deshalb können Sie mit dem ersten Feld dieses

Registers festlegen, dass solche Einträge nicht übertragen werden. Wenn Sie nun auf dem PalmPilot einen bereits existenten Eintrag als privat markieren, wird dieser dann außerdem beim nächsten *HotSync* aus *Outlook* entfernt.

Das Feld STATUSMONITOR ANZEIGEN legt fest, dass während des *Hot-Syncs* ein Statusmonitor-Dialogfeld angezeigt wird.

Zwischen *Outlook* und PalmPilot gibt es einen kleinen Konflikt. In *Outlook* kann man nämlich durchaus einen Termin für einen Zeitraum, der einen oder mehrere Tage übersteigt festlegen. Das geht im PalmPilot nicht. Deshalb konvertiert *PocketMirror* solche Termine beim *HotSync* automatisch und schreibt sie als mehrere Einzeltermine sowohl in den PalmPilot als auch in *Outlook*. Wenn also ein Ereignis am Freitag beginnt und am Sonntagabend endet, liegen nach der Synchronisation drei einzelne ganztägige Termine in *Outlook* vor und desgleichen im PalmPilot.

Wenn Sie die *Outlook*-Funktion, Termine über mehrere Tage ziehen zu können, nicht missen möchten, müssen Sie das Kästchen TERMINE MIT MEHREREN TAGEN NICHT TEILEN aktivieren. So bleibt sie Ihnen in *Outlook* erhalten. Allerdings werden solche Termine im PalmPilot dann nur an dem Tag angezeigt, an dem sie beginnen. Sie sollten solche Einträge also mit einer entsprechenden Notiz versehen, die Ihnen klar macht, dass der Termin länger ist, als es im PalmPilot zunächst den Anschein hat.

Mit dem letzten Feld KATEGORIEUNTERSTÜTZUNG AKTIVIEREN können Sie den *Kalender* des PalmPilots kategoriefähig machen, wie Sie das von *Outlook* her gewohnt sind. Allerdings müssen Sie vorher noch eine entsprechende Zusatzsoftware wie z.B. *DateBk3* auf dem PalmPilot installieren.

Wichtig zu wissen ist in dem Fall auch, dass die *Outlook*-Termine somit auf eine Kategorie pro Termin beschränkt werden, und insgesamt im *Outlook*-Kalender nicht mehr als 15 verschiedene Kategorien möglich sind. Allerdings ist das für den PalmPilot schon ein Megaschritt nach vorne – immerhin war das Wort »Kategorie« vorher für seinen *Kalender* noch ein absolutes Fremdwort.

Je nachdem, für welche der Anwendungen Sie den *HotSync* konfigurieren, finden Sie im Register VERSCHIEDENES entsprechende Einstellmöglichkeiten.

12.3 HotSync: Schnelleinstellung

Es könnte die Situation kommen, dass Sie Ihre gesamten Daten auf dem PalmPilot mit den beim letzten *HotSync* gespeicherten überschreiben wollen (genauso natürlich auch der umgekehrte Fall). Und damit Sie das nun nicht mühsam für jede einzelne Anwendung bewerkstelligen müssen, gibt es die SCHNELLEINSTELLUNG FÜR EINMALIGE AKTION im Fenster SYNCHRONISIERUNGS-VOREINSTELLUNGEN ÄNDERN.

☑ Öffnen Sie dieses Fenster, wie unter 12.2 beschrieben.

☑ Klicken Sie dann ins Feld SCHNELLEINSTELLUNG FÜR EINMALIGE AKTION. Eine Auswahlliste präsentiert sich Ihnen.

Bild 12.6: Schnelleinstellung

☑ Wählen Sie in der Liste aus, was beim nächsten *HotSync* passieren soll.

☑ Klicken Sie dann auf OK und starten Sie den *HotSync*.

Es wird Sie nicht erstaunen, wenn ich Ihnen sage, dass Sie genau das kriegen, was Sie sich gewünscht haben. Fast wie Weihnachten, was?!

An alle *Palm Desktop* Benutzer – Sie kommen nicht zu kurz!

Natürlich können auch Sie festlegen, wie der *HotSync* abläuft, wenn Sie nicht *Outlook* benutzen, sondern mit dem *Palm Desktop* arbeiten! Klicken Sie dazu mit der rechten (!) Maustaste auf das Symbol des *HotSync-Managers* in der Taskleiste neben der Uhr, und wählen Sie aus dem aufklappenden Menü BENUTZERDEFINIERT. In dem Fenster, das nun erscheint, können Sie die Optionen wählen, die ich eben oben für die *Outlook*-Benutzer dargestellt habe. Sehen Sie sich meine Erklärungen dort an, und Sie werden auch beim *HotSync-Manager* ohne Probleme zurechtkommen.

12.4 Probleme mit E-Mails

Eine der häufigsten Klagen, die ich bisher aus der Zusammenarbeit von *Outlook* und PalmPilot gehört habe, ist das so genannte E-Mail-Problem. Deshalb möchte ich hier abschließend noch ein paar Takte zu diesem Thema von mir geben.

Vielleicht wollen Sie Ihre E-Mails gar nicht auf dem PalmPilot haben (der *HotSync* kann dann ja manchmal ganz schön lange dauern ...!) und sie suchen verzweifelt nach dem Knopf, um das abzustellen. Oder aber es kommen Ihnen viel zu viele Mails beim *HotSync* auf den PalmPilot. In *Outlook* machen ein paar Werbemails ja nicht viel aus, aber auf dem Palm können die schon ganz schön nerven. Wie dem auch sei – ich werde Sie erlösen!

Sie können lange in *Outlook* nach der Lösung des Problems suchen, Sie werden sie nicht finden. Wie beim *HotSync* mit E-Mails verfahren wird, wird nämlich nicht in *Outlook* eingestellt, sondern noch immer in Ihrem guten, alten, flachen, vollelektronischen Freund, dem Herrn Palm. Aber ich wiederhole mich, lesen Sie zu dem Thema am besten Kapitel 9.7 – da steht alles, was Sie wissen müssen.

13 PalmPilot Tuning!

Meine Damen und Herren, hier spricht Ihr Pilot. Ich möchte Ihnen mitteilen, dass wir die Schwelle zum Palm-Universum überschritten haben. Bis wir zur Landung auf dem Planeten Palm ansetzen, wird noch einige Zeit vergehen, aber solange können Sie sich mit den Gegebenheiten des Palm-Kosmos anfreunden. Vor allen Dingen sollten Sie den Ausblick auf das genießen, was hier für Ihr eigenes kleines Raumschiff möglich ist.

Bisher haben wir gesehen, was Ihnen der PalmPilot ab Lieferung bietet. Aber dabei muss es nicht bleiben. Und auch wenn ich von der Rüstungsindustrie nicht viel halte, ist das Aufrüsten des PalmPilots doch eine wirklich feine Sache. So können Sie problemlos das Betriebssystem Ihres Palms auf den neusten Stand bringen, seine Speicherkarte aufstocken, sich nettes Zubehör zulegen oder ein paar coole Programme aufspielen, die Ihnen das Leben angenehmer gestalten. Aber eins nach dem anderen.

13.1 Ein neues Betriebssystem

Jeder Computer arbeitet mit einem Betriebssystem (Computerfreaks sagen auch gerne OS, vom englischen »Operating System« dazu – aber gemeint ist dasselbe). Die bekanntesten Betriebssysteme sind solche Sachen wie *Windows*, das *Mac-OS* oder *Linux*. Auch Ihr PalmPilot hat sein eigenes Betriebssystem, das *Palm OS*. In aller Regel kommt mit einer neuen Generation PalmPilots auch ein neues Betriebssystem auf den Markt. Und so, wie Sie Ihren PC zuhause von *Windows95* auf *98* oder *2000* umgestellt haben, können Sie das auch mit Ihrem neuen kleinen Freund, dem Herrn Palm tun. So ein Update auf ein neueres OS bringt in der Regel eine ganze Menge Dinge mit sich, die der PalmPilot plötzlich mehr kann als früher. Es lohnt sich also!

Aber bevor wir Gefahr laufen, den zweiten Schritt vor dem ersten zu gehen, sollten Sie herausfinden, welches OS überhaupt bei Ihnen spielt.

13.1.1 Welches OS hab' ich eigentlich?

Die Versionshöhe des Betriebssystems erkennen Sie an der Nummer hinter dem OS. So wurde der Palm III zu Beginn mit dem *Palm OS 3.0* ausgeliefert. Der nächste Schritt war dann das *Palm OS 3.1.0* – aber inzwischen sind wir schon einige Sprünge weiter. Um herauszufinden, mit welchem OS Ihr Palm zur Zeit »fliegt«, tun Sie Folgendes:

☑ Drücken Sie eine der Anwendungstasten (ich nehme mal die Taste Kalender – aber Sie können auch gerne eine der anderen benutzen).

Der Kalender öffnet sich – zumindest bei mir.

☑ Wählen Sie Menü ◆ Optionen ◆ Kalender-Info (bzw. Adressen-, Aufgaben- oder Merkzettel-Info – je nachdem, welche der Tasten Sie bemüht haben).

Folgendes Fenster öffnet sich vor meinen Augen.

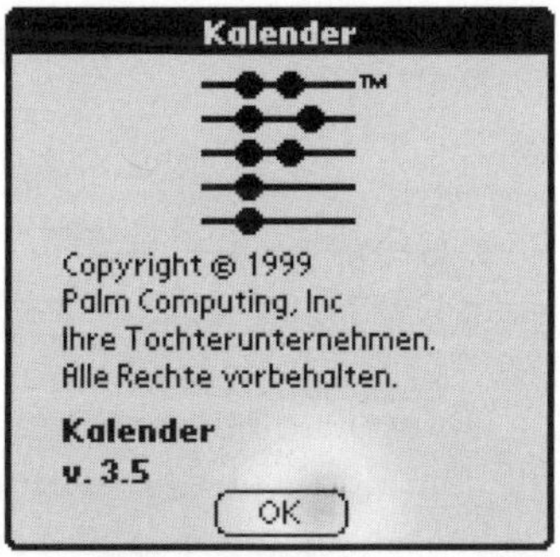

Bild 13.1:
Bei mir läuft das *Palm OS 3.5* – und bei Ihnen?

Hier sehen wir ganz unten zwar die Versionsnummer des *Kalenders*, aber die ist mit der OS-Versionshöhe identisch. Die Hauptanwendungen des PalmPilots wachsen nämlich mit dem Betriebssystem mit. Im Fall von Bild 13.1 haben wir es also mit der *Palm OS*-Version *3.5* zu tun.

13.1.2 Her mit dem neuen Betriebssystem!

Die netten Palm-Leute von nebenan verbessern das Palm-Betriebssystem ständig. Deshalb ist es klug, auf dem neusten Stand zu sein. Und wie gut, dass es das Internet gibt. Dort können Sie sich nämlich jeweils die neuste Version oder eine Update-Datei (Patches nennt man so was heutzutage auch) herunterladen.

Unter *http://www.palm.com/support/downloads* finden Sie einen Link, der Sie zu der OS-Update-Seite führt. Und so sieht es da aus:

Bild 13.2:
Wir wissen nicht, was dieser freundliche Marsianer empfehlen würde – aber wir empfehlen OS!

Laden Sie sich von der Homepage entsprechende Patches herunter und installieren Sie die Dateien mit dem Palm *Install-Tool*. Sie gehen dabei genauso vor, wie bei jeder anderen Palm-Anwendung, die Sie neu installieren. (Und sollten Sie nicht mehr so recht wissen, wie das funktioniert, gucken Sie einfach so lange schlau aus der Wäsche, bis keiner mehr zusieht und blättern dann schnell zurück zu Kapitel 11.7 – dort ist es ausführlichst erklärt.)

Worauf Sie besser achten sollten!

Wenn Sie Ihr Betriebssystem aufrüsten wollen, verwenden Sie nur solche Patches, die auch zu Ihrer Hardware (also zu Ihrem PalmPilot) passen. Einen Palm 1000 z.B. können Sie nur mit *Palm OS 1* betreiben. Sie können sein Betriebssystem demnach mit Patches auf die Version 1.1, 1.2 usw. aufstocken, aber nicht so ohne weiteres eine ganze Etage überspringen. Dazu müssen Sie erst die Hardware erweitern. Möchten Sie also von der Arbeit mit dem *Palm OS 2.0* auf *3.0* oder *3.5* springen, empfehle ich Ihnen vor der Erneuerung des Betriebssystems den Speicherplatz aufzustocken. Sonst wird ein 3'er OS bei Ihnen nicht laufen. Kaufen Sie sich am besten eine Palm-2MB-Upgrade-Speicherkarte und bauen Sie das Teil in Ihren PalmPilot ein. (Keine Angst, wie man das macht, klären wir gleich im nächsten Abschnitt.) Somit kriegen Sie nicht nur ein brandneues Betriebssystem, sondern machen Ihrem elektronischen Freund auch noch deutlich mehr Feuer unter dem Hintern.

13.2 Hardware aufstocken

Die PalmPilots der älteren Ära lassen sich am leichtesten hardwaremäßig in eine höhere Liga befördern. Palm III ist dann ein kleinwenig komplizierter und ab Palm V empfehle ich Ihnen, gleich den Fachmann ranzulassen.

13.2.1 Einen Dinosaurier mit Speicherplatz beglücken!

Na ja, Dinosaurier ist vielleicht etwas übertrieben, so alt sind die ältesten Pilots nun auch noch nicht. Aber ist auch ganz egal, mit einem neuen Speicherchip laufen nämlich auch diese Freunde fast wie ein Palm III.

Sehen wir uns also an, wie man eine neue Speicherkarte in einen Palm aus der Ära vor Version III einbaut.

- ☑ Führen Sie einen kompletten *HotSync* durch, um alle Ihre Daten zu sichern.

Beim Austausch der Speicherkarte gehen alle Ihre Daten verloren, deshalb ist es wichtig, auf diese später wieder zugreifen zu können. Sollten Sie zusätzlich Fremdprogramme installiert haben, bedenken Sie bitte, dass die Daten dieser Anwendungen durch einen normalen *HotSync* nicht gesichert werden. Wenn Sie auch diese sichern wollen, brauchen Sie ein Zusatztool wie z.B. *Backup Buddy*, das diese Arbeit übernimmt (in Abschnitt 13.3.2 hab ich dazu noch ein bisschen was zu sagen).

- ☑ Die Tür zum PalmPilot befindet sich auf der Rückseite des Geräts. Legen Sie also Ihren Palm mit dem Gesicht nach unten auf eine glatte, feste Unterlage.

- ☑ Berühren Sie irgendetwas aus Metall, um mögliche elektrische Aufladungen loszukriegen. Ein winziger Funke kann das Ende für die kleine Speicherkarte bedeuten.

- ☑ Entfernen Sie den Batteriedeckel und nehmen Sie die Batterien aus dem Gerät.

- ☑ Entfernen Sie die große Abdeckung am Kopf des PalmPilots.

Bisweilen brauchen Sie bloß etwas auf die Abdeckung zu drücken und sie dann nach oben wegzuschieben. Sie können die Abdeckung auch öffnen, indem Sie eine geradegebogene Büroklammer in das Loch unter der Abdeckung drücken (jedoch auf keinen Fall in das Loch, neben dem »Reset« steht!).

- ☑ Eine weiße Klammer hält die Speicherkarte fest. Öffnen Sie mit leichtem Druck die beiden metallenen Halter an den Seiten der Speicherkarte, um sie zu lösen. Kippen Sie die Karte ein wenig.

- ☑ Ziehen Sie die Speicherkarte heraus und verstauen Sie das gute Stück an einem sicheren Ort.

Sollte es nämlich mit der neuen Karte wider Erwarten nicht klappen, können Sie immer noch auf die alte zurückgreifen.

- ☑ Setzen Sie die neue Speicherkarte an dem Ort ein, aus dem Sie die alte entfernt haben.

Achten Sie darauf, dass die Karte in die Klammern einrastet. Wenn Sie eine Palm III-Karte einsetzen, müssen deren kleine Infrarotbirnchen zur Oberseite des Gehäuses zeigen.

☑ Legen Sie wieder die Batterien ein und schließen Sie die Batterieabdeckung.

Jetzt wird's spannend!

☑ Schalten Sie den PalmPilot an. Mal sehen, ob er geht ...!

Wenn Sie alles richtig gemacht haben, sollte Ihr Palm nun einwandfrei funktionieren. Ist das nicht der Fall, drücken Sie die Karte etwas fester in die Klammer.

☑ Bauen Sie die Speicherabdeckung wieder auf das Gehäuse. Wenn Sie sich eine Palm III-Karte geleistet haben, installieren Sie natürlich gleich die neue Abdeckung. Achten Sie darauf, dass die Speicherabdeckung einrastet.

Jetzt haben Sie einen brandneuen PalmPilot – allerdings noch ohne Daten. Darum empfehle ich Ihnen, nun einen *HotSync* durchzuführen, damit Sie sich wieder heimisch auf dem Palm fühlen. Außerdem sollten Sie auch die Fremdanwendungen neu installieren, mit denen Sie vorher gearbeitet haben (wie das vonstatten geht, haben wir in Kapitel 11.7 geklärt).

Trocken und staubfrei!

Bedenken Sie bitte beim Umbau, dass der PalmPilot ein empfindliches, elektronisches Gerät ist. Sie sollten sich also möglichst an einem trockenen und staubfreien Ort an diese Arbeit begeben. Strand oder Badezimmer sind nicht unbedingt das, was ich Idealplätze nennen würde.

13.2.2 Palm III aufrüsten

Sehen wir uns an, wie Sie Ihrem Palm III mehr Feuer unter dem Hintern machen. Die Schritte bis zum Aufschrauben des Gehäuses sind dieselben wie bei den Dinosauriern oben. Sie wollen doch nicht, dass ich hier alles wiederhole, oder? Doch? Na gut:

☑ Lesen Sie sich die Schritte von Abschnitt 13.2.1 gut durch und folgen Sie ihnen, bis es darum geht, die Speicherplatzabdeckung zu entfernen (hab' ich Sie jetzt ausgetrickst, oder was?).

☑ Entfernen Sie nun die vier Schräubchen auf der Rückseite des PalmPilots und nehmen Sie die Abdeckung ab.

Vor Ihnen liegt nun die Speicherkarte, eine kleine grüne Platine, die seitlich am Gehäuse befestigt wurde. Beim Palm III steckt der Speicher in einem Slot. Beim Palm IIIx dagegen befinden sich die 4 MB Speicher direkt auf der Hauptplatine. Allerdings finden Sie beim Palm IIIx noch einen unbesetzten Slot, in dem Platz für die Erweiterung ist.

☑ Wenn Sie einen Palm IIIx aufrüsten, stecken Sie die Speichererweiterung in den freien Slot.

Sitzen Sie vor einem Palm III, müssen Sie natürlich zuerst noch die alte Speicherkarte herausnehmen:

☑ Öffnen Sie mit leichtem Druck die beiden kleinen Halter oben an der Karte. Kippen Sie die Speicherkarte ein wenig und ziehen Sie das gute Stück vorsichtig heraus.

Leichtes Hin- und Herbewegen der Karte ist dabei von Vorteil.

☑ Verstauen Sie die alte Karte an einem sicheren Platz - immerhin könnte es sein, dass Sie doch wieder darauf zurückgreifen müssen, falls es mit der neuen nicht klappt.

☑ Nun setzen Sie die neue Karte in den Palm III an exakt der gleichen Stelle wieder ein, wo Sie die alte entfernt haben. Die Speicherkarte muss in den Klammern einrasten.

☑ Setzen Sie nun die Abdeckung wieder auf das Gehäuse und schrauben Sie sie fest.

☑ Legen Sie die Batterien ein und schließen Sie die Batterieabdeckung.

Achtung: Trommelwirbel!!!

☑ Schalten Sie den PalmPilot ein. Hoffentlich tut sich was.

Wenn nicht, dann schrauben Sie die Abdeckplatte noch einmal auf und drücken Sie die Speicherkarte etwas fester in die Klammern. Dann sollte es funktionieren.

☑ Führen Sie nun einen *HotSync* durch, um Ihren PalmPilot wieder auf den alten Stand zu bringen. Des Weiteren empfehle ich Ihnen, die Fremdprogramme neu zu installieren, mit denen Sie arbeiten (sonst wundern Sie sich noch, wo die plötzlich abgeblieben sind). Wie das mit der Installation funktioniert, steht immer noch in Abschnitt 11.7.

13.2.3 Aufrüstung ab Palm V

Ich muss Sie leider enttäuschen. Sowohl für die Palms der V'er- als auch für die der m500-Serie habe ich keine Anleitung zum selber Umbauen parat. Und da deren Gehäuse verschweißt ist (das kann man wohl den Preis fürs flotte Design nennen), empfehle ich Ihnen auch, das gar nicht erst selber zu versuchen. Mittlerweile gibt es genug Spezialfirmen, die sich auf diese Arbeit verstehen und die dabei auch keinerlei Kratzspuren an Ihr gutes Stück kommen lassen. So ist es vielleicht etwas umständlicher, den Palm aufzustocken, aber nichtsdestostrotz möglich.

13.3 Neue Software braucht das Kind

Dass die Grundausstattung Ihres PalmPilots nicht alles ist, womit man auf dem Palm arbeiten kann, haben Sie sicher bereits mitbekommen. Und ich sagte ja auch schon, dass das Internet eine wahre Fundgrube neuer Programme für den Palm darstellt (in Kapitel 15 habe ich Ihnen übrigens eine Liste mit den »hottesten« Palm-Pages im Internet zusammengestellt).

Der erste Rat, den ich Ihnen geben möchte, ist einfach mal die eine oder andere neue Anwendung auf Ihrem Palm auszuprobieren. Zieren Sie sich nicht so. Wenn Ihnen das Programm nicht zusagt, schmeißen Sie es einfach wieder runter. Und wenn es Ihnen zu mühsam ist, sich durchs Internet zu wühlen, legen Sie eben die CD-ROM, die diesem Buch beiliegt, in das Laufwerk Ihres PCs und probieren eins von den Programmen aus, die ich für Sie zusammengestellt habe. (Wie das mit der Installation funktioniert, erfahren Sie in Kapitel 11.7.) Aber Sie sollten auf jeden Fall damit anfangen. Sonst bleiben Ihnen viele Erleichterungen und Möglichkeiten des PalmPilots verwehrt.

Übrigens, eine ganze Menge Software für den Palm ist absolut kostenlos – Freeware nennt man so etwas. Andere läuft nur ein paar Tage kostenfrei (meistens sind es 30). Wenn Sie das Programm dann nicht gegen eine Gebühr registrieren, können Sie auch nicht mehr damit arbeiten. Aber zum Ausprobieren sind 30 Tage nun auch nicht unbedingt zu wenig. Und glauben Sie mir, es gibt für jeden Anwendungsbereich und für jede Berufsgruppe hilfreiche Programme. Selbst für Sie.

Ich kann hier unmöglich einen Überblick über alle erhältliche Software für den PalmPilot geben. Aber ein paar Hinweise zu wichtigen Bereichen habe ich schon noch auf Lager.

13.3.1 Synchronisationsprogramme

Und hier sind wir wieder und reden erneut über diese Dinger mit dem seltsamen Namen. *Conduits* meine ich – die kleinen Programme, die die Kommunikation zwischen Ihrem PalmPilot und dem PIM (Personal Information Manager) Ihrer Wahl regeln. Ich habe es schon ein paar mal erwähnt und werde dessen auch nicht müde, weil ich nicht möchte, dass Sie verzweifeln: Wenn Sie mit anderen PIMs als dem *Palm Desktop* Ihre Daten verwalten und Ihre tägliche Arbeit verrichten möchten, brauchen Sie passende *Conduits* (oder Synchronisationsprogramme – falls Ihnen der deutsche Ausdruck besser gefällt). In Kapitel 12 haben wir uns *PocketMirror* angesehen, das die Synchronisation für *Outlook* regelt. *Desktop To Go* oder *IntelliSync* (eines der bekanntesten und leistungsstärksten *Conduits*) sind andere Varianten.

Da ich nicht weiß, mit welchem PIM Sie arbeiten, kann ich Ihnen auch nicht sagen, was für Sie das richtige Synchronisationsprogramm ist. Aber das ist auch nicht notwendig. Gehen Sie einfach mal auf die Internetseite von dem Hersteller des PIMs, dort werden Sie ganz sicher fündig. Es kann sogar gut sein, dass dort kostenlose *Conduits* zum Download angeboten werden.

13.3.2 Thema Datensicherung

Wenn Sie lediglich die Standardanwendungen des PalmPilots verwenden, können Sie diesen Abschnitt getrost überspringen. Auch wenn Sie bloß ein paar zusätzliche Spiele auf dem Palm installiert haben, ist das kein wirklich wichtiges Thema für Sie. Interessant wird es in dem Augenblick, wenn Sie Programme benutzen, in die man Daten eingibt. Also Tabellenkalkulationen, Datenbankprogramme, Textverarbeitungen, Buchungsprogramme usw. Diese

Daten werden bei einem *HotSync* nämlich nicht gesichert. Der *HotSync* kümmert sich nur um die Daten der Standardanwendungen.

Und wenn Sie Ihren PalmPilot nun hardwaremäßig aufrüsten wollen, ihn verlieren oder aus irgendeinem Grund an einem »Hard Reset« nicht vorbeikommen, sind alle diese Daten futsch. Düstere Aussichten ...? Nicht unbedingt! Denn auch hier gibt es Programme, die sich um die Datensicherung für Sie kümmern. Ich kann Ihnen z.B. das Programm *Backup Buddy* empfehlen. Leider ist es keine Freeware, was bedeutet, dass Sie es gegen eine Gebühr registrieren müssen, um es uneingeschränkt benutzen zu können. Aber es sichert ziemlich problemlos alle Ihre Daten – und das kann einem doch ein paar Mark wert sein, oder? Im Internet finden Sie *Backup Buddy* unter *http://www.bluenomad.com* – surfen Sie einfach mal vorbei, laden Sie sich die Demo-Version herunter und probieren Sie es aus.

13.3.3 Hacks

Keine Sorge, ich will Sie nicht zum Hacker machen. Aber ich möchte Ihnen etwas zum Thema *Hacks* erklären. Das sind nämlich Anwendungen, die Ihren Palm plötzlich dazu bringen, Dinge zu können, die er vorher noch nicht konnte. Und dabei sind schon eine Menge nützliche Dinge herausgekommen. Programmierte *Hacks* schießen wie Pilze aus dem Boden. Es gibt *Hacks*, die Ihren Bildschirm auf den Kopf stellen, Funktionsweisen wie Kopieren und Einfügen verbessern und, und, und. Die meisten *Hacks* sind hilfreiche kleine Gesellen, z.B. *AppHack*, eine Anwendung mittels der sich jede Ihrer Anwendungstasten mit bis zu sechs Programmen belegen lässt. Aber es gibt natürlich auch eine Menge Nonsens auf dem Markt, der ist dann aber immerhin lustig.

Eines der wichtigsten Programme in diesem Bereich ist *HackMaster*. Der unbestrittene Meister seiner Zunft. Der Oberhack, könnte man vielleicht auch sagen. Eine Menge *Hacks* sind ohne *HackMaster* gar nicht installierbar.

Ich empfehle Ihnen auch hier: Mut zum Risiko. Sehen Sie sich mal in der Palm-Internet-Gemeinde um, und laden Sie sich ein paar interessante *Hacks* herunter. Sie werden staunen, zu was Ihr PalmPilot noch alles fähig ist.

13.3.4 Internet

Jawohl, wenn Sie wollen, können Sie mit Herrn Palm sogar durchs Internet surfen. Allerdings brauchen Sie nicht nur ein Modem dazu, sondern auch noch entsprechende Software. Mit einem Programm wie *AceMail* oder *MultiMail Pro* können Sie sich Ihre E-Mails direkt auf den PalmPilot holen. Und wenn Sie das entsprechende Handy dazu besitzen, geht das sogar im Park auf der Bank. Um im Internet zu surfen, brauchen Sie wiederum einen Browser, *HandWeb* oder *ProxiWeb* gibt es da zum Beispiel. Oder Sie probieren mal die *Eudora Internet Suite* aus, da kriegen Sie E-Mail- und Browserprogramm gleich in einem Paket. Die *Eudora Suite* ist übrigens Freeware.

Natürlich gibt es noch weitaus mehr Programme für jede Kategorie, als ich hier erwähne. Ich will Ihnen ja auch nur den Mund wässerig machen. Essen müssen Sie dann schon alleine.

13.4 Accessoires

Nun sagen Sie selbst, ist das Palm-Universum nicht interessant? Was es hier alles für Dinge gibt ...! Sagenhaft. Wenn Sie sich einmal umschauen, dann finden Sie für den PalmPilot so viel nützliches Zubehör, dass man aus dem Staunen gar nicht mehr herauskommt. An überflüssigem Zubehör gibt es allerdings mindestens genau so viel ...! Die Entscheidung, was Sie als sinnvoll empfinden, liegt aber glücklicherweise immer noch bei Ihnen.

Für alle Modelle des PalmPilots gibt es die verschiedensten Etuis, von Leder über Plastik zu Metall, schlicht oder in schrillen Farben. Alles ist möglich. Ein Modem bringt Sie mit dem Palm ins Internet und Ihre E-Mails auch ohne *HotSync* an ihren Bestimmungsort. Wenn's sein soll, sogar übers Handy! Das Modem für den PalmPilot macht Ihren kleinen Freund sogar zum Faxgerät, wenn Sie das wünschen.

Eine wirklich hilfreiche Sache sind Schutzfolien für das Display, damit es bei dem regen Gebrauch mit dem Stift nicht doch irgendwann verkratzt. Apropos Stifte, die gibt es für den PalmPilot in Hülle und Fülle, z.B. welche, die gleichzeitig auch Kugelschreiber sind. So können Sie, wenn doch mal nötig, ruck, zuck auch eine altertümliche Notiz auf einen Zettel kritzeln.

Wenn Sie sich immer noch nicht mit Graffiti angefreundet haben und die Bildschirmtastatur auch nicht ganz Ihren Anforderungen an die Dateneingabe entspricht, können Sie sich auch eine tragbare Tastatur zulegen, die einfach in Ihren PalmPilot hineingesteckt wird. Es gibt sogar Scanner für Visitenkarten. Immerhin ist ja nicht jeder schon Palm- und damit »beam«-fähig. So können Sie die altmodischen Dinger einfach einscannen und beim nächsten *HotSync* in Ihren Palm übertragen.

Ich könnte jetzt wohl noch stundenlang weitermachen, aber ich will Ihnen nicht die Freude nehmen, selber in der Ausstattungsflut des Palm-Universums herumzustöbern. Viel Spaß dabei!

14 In unendlicher Weite verloren? Zehn Problemlöser!

Es mag Sie wundern, dass Sie die Sicherheitsinformationen bei diesem Flug erst kurz vor der Landung erhalten. Normalerweise stehen die Stewardessen am Anfang da und machen ihre flotten Handbewegungen. Aber diesmal ist es anders. Denn erstens geht Ihr eigener Flug erst richtig nach unserer Landung los – und Sie sollten schon wissen, was Sie dann tun können, wenn Sie sich, sagen wir mal, in einem schwarzen Loch verfangen. Und zweitens habe ich fast alle meine Bilder aus dem Palm-Universum verbraucht, da will ich Sie kurz vor Ende unserer Reise doch wenigstens mit dem Anblick flotter Stewardessen bei Laune halten.

Normalerweise sollte es nur selten Probleme mit dem PalmPilot geben. Aber nobody is perfect – auch nicht Herr Palm. In aller Regel lassen sich die meisten Schwierigkeiten jedoch einfach beheben. Hier also von Ihrem Piloten die ultimativen Tipps für Problemlagen.

14.1 Herr Palm lässt sich nicht ausschalten

Lässt sich der PalmPilot nicht mehr dazu bewegen, zu einer anderen Anwendung zu wechseln oder weigert er sich, sich ausschalten zu lassen, hat sich wahrscheinlich eine Anwendung aufgehängt. Bei den Standardanwendungen passiert das eigentlich so gut wie nie. Für ein Programm, das Sie aus dem Internet heruntergeladen haben, würde ich meine Hand jedoch nicht unbedingt ins Feuer legen. Und bevor Sie nun ewig vor einem eingefrorenen Display meditieren, schlage ich vor, Sie probieren es mal mit einem »Soft Reset«. Das hat im Grunde dieselbe Wirkung wie das Aus- und Wiedereinschalten. Wahrscheinlich dürfte Ihnen der Knopf mit Namen RESET auch vom Computer her bekannt sein. Beim Palm-

Pilot ist es allerdings kein Knopf, sondern ein kleines Loch auf der Rückseite.

Drehen Sie Ihren hängen gebliebenen Freund mal um. Unter den ganzen Zeichen für »TÜV« und all diesem Krempel auf der Rückseite sehen Sie ganz klein das Wort RESET. Und daneben ist ein kleines Loch. Wenn Sie sich eine Büroklammer geradebiegen und deren Ende in das Loch stecken, führen Sie den »Soft Reset« durch. Alle Ihre Programme werden so geschlossen und der PalmPilot startet neu. Und keine Angst, Sie verlieren dabei keinerlei Daten – dafür braucht es schon den »Hard Reset«.

Sollte eine Anwendung mal hängen bleiben, ist das nicht so tragisch. Wenn das Ding aber immer wieder klemmt, würde ich es an Ihrer Stelle löschen. (Infos zum Löschen von Programmen finden Sie in Kapitel 11.7.)

Wo krieg ich nur eine Büroklammer her?

Sie sind unterwegs und müssen einen Reset durchführen? Natürlich haben Sie gerade keine Büroklammer zur Hand – wer hat die Dinger schon ständig einstecken? Nicht verzweifeln, die Firma Palm hat an Sie gedacht. Schrauben Sie einfach den Kopf des mitgelieferten PalmPilot-Stifts ab, und Sie erhalten ein kleines Stäbchen, das genau ins RESET-Loch passt. Gut, was?

14.2 Das Display tritt in Streik

Es kann vorkommen, dass Sie auf eines der Symbole des PalmPilot-Displays tippen und es tut sich absolut nichts. Sehr wahrscheinlich liegt das dann daran, dass die PalmPilot-Software etwas aus dem Gleichgewicht geraten ist. Manchmal neigt sie nach einiger Zeit dazu. Dann kann sie nicht mehr genau bestimmen, wohin Sie tippen. Aber auch dieses Problem ist nicht viele Gedanken wert.

☑ Öffnen Sie mit dem APPLICATION-LAUNCHER die *Anwendungsliste*.

☑ Hier wählen Sie die Anwendung EINSTELLEN.

☑ Tippen Sie auf das kleine Dreieck rechts oben im Einstellungsfenster und wählen Sie aus der aufklappenden Liste die Option DIGITIZER aus.

Nun werden Sie dreimal nacheinander aufgefordert, mit dem Stift auf eine bestimmte Stelle des Displays zu tippen.

Bild 14.1:
Das Display justieren

Tun Sie es. Danach sollte Herr Palm wieder klarkriegen, was Sie mit dem Stift machen.

14.3 Das Symbol Menü funktioniert nicht

Sie tippen auf das Symbol MENÜ und kriegen keine Reaktion? Das kann sehr gut daran liegen, dass es für das angezeigte Fenster gar kein Menü gibt. Es enthalten nämlich nicht alle Fenster Menübefehle. Schließen Sie das Fenster oder öffnen Sie eine andere Anwendung und probieren Sie es dann noch mal. Sehen Sie – hätten Sie mal gleich Ihren guten Phil gefragt ...! Nein, nein, Sie brauchen nicht rot werden – jeder hat mal klein angefangen.

14.4 Das Display zeigt nichts an

Wenn das Display nach dem Einschalten düster bleibt, kann ich verstehen, dass es Sie beunruhigt. Mir ginge es nicht anders – wie soll man durchs Weltall fliegen, wenn man nichts davon sieht? Meine erste Empfehlung ist, den Kontrast zu überprüfen.

Bei PalmPilots bis einschließlich Version III finden Sie ein kleines Rädchen auf der linken Seite des Gehäuses, das den Kontrast regelt. Vielleicht hat es sich ja aus Versehen verstellt. Drehen Sie es einfach mal und sehen Sie, ob sich auf dem Display etwas tut. Wenn es nicht am Kontrast gelegen hat, sollten Sie vielleicht frische Batterien ausprobieren.

Bei Palms ab Größe V finden Sie den Kontrast woanders: Drücken Sie oben links auf dem Kopf des Gehäuses auf den kleinen unscheinbaren Knopf. Normalerweise erscheint dann im unteren Drittel des Displays folgendes Fenster:

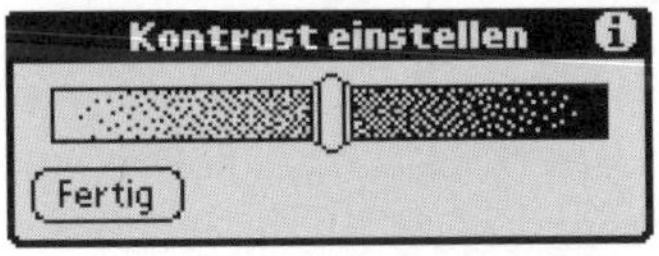

Bild 14.2: Kontrast ab Palm V

Wenn Sie den Schieberegler im Fenster KONTRAST EINSTELLEN mit dem Stift bewegen, wird das Bild heller oder dunkler.

Das oben beschriebene Problem kann nun aber ab Palm V eigentlich nicht am Kontrast liegen, da der ja auf Softwareebene eingestellt wird. Es sei denn, jemand hat sich einen Spaß erlaubt und den Kontrast auf »Nacht« gestellt, als Sie mit anderen Dingen beschäftigt waren. Dann bleibt Ihnen nichts weiter übrig, als im Blindflug zu versuchen, den Kontrastschieberegler zu verstellen. Bringt das nichts, versuchen Sie es mal damit, die Akkus aufzuladen.

Verheißen alle diese Möglichkeiten keinen Erfolg, müssen Sie das gute Stück wohl doch zum Onkel Doktor bringen.

14.5 Graffiti spielt verrückt

Versteht der PalmPilot Ihre Graffiti-Eingabe nicht, liegt das in 98% aller Fälle an Ihrer Sauklaue (schöner Trost, ich weiß!). Ich will Ihnen da nicht auf den Schlips treten – aber so schwer sind die Graffiti-Zeichen nun auch wieder nicht. Für den restlichen Prozentsatz könnte es helfen, den PalmPilot neu zu justieren. Und wie das geht, habe ich in Abschnitt 14.2 bereits beschrieben.

14.6 Herr Palm weigert sich zu »beamen«

Wenn das »Beamen« nicht klappt, kann es mehrere Ursachen haben. Die Grundregeln müssen Sie schon einhalten, wird eine verletzt, ist es Essig.

Hier noch mal zum Mitschreiben: Beide Palms müssen mindestens Versionshöhe III haben, eingeschaltet sein, aufeinander ausgerichtet und nicht mehr als einen Meter voneinander entfernt. Außerdem – und hier kann bei vielen der Casus Knacksus samt Hase im Pfeffer liegen – muss bei beiden Geräten die Übertragungsfunktion auf Empfang stehen.

Übertragungsfunktion? Ja, Übertragungsfunktion! Sehen Sie mich nicht so an, wir haben bereits darüber gesprochen – auch wenn es zugegebenermaßen eine ganze Weile her ist. Nun gut, Sie waren bisher ein freundliches Publikum, da werde ich Sie so kurz vor der Landung schon nicht hängen lassen.

Wenn Sie wissen wollen, ob Sie auf Empfang sind, tippen Sie in der *Anwendungsliste* auf Einstellen. Im sich öffnenden Fenster tippen Sie oben rechts auf das kleine Dreieck und wählen aus der Auswahlliste Allgemein aus. Dann kriegen Sie folgendes Fenster auf den Schirm:

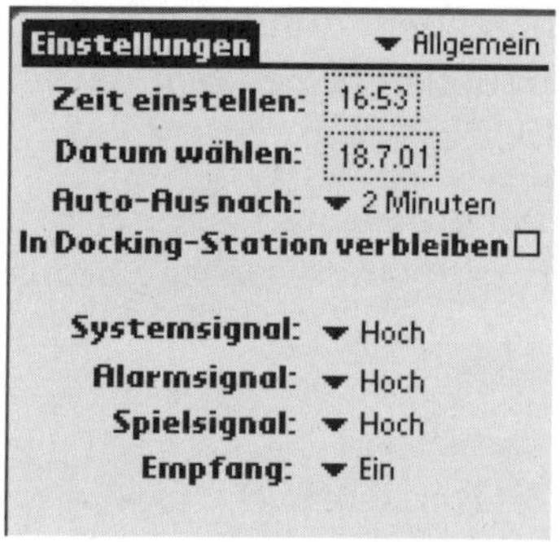

Bild 14.3: Sind Sie auf Empfang?

Stellen Sie sicher, dass dort ganz unten im Feld Empfang das Wort Ein zu lesen ist. Steht dort Aus, dann wissen Sie, warum Ihre »Beamerei« nicht so recht vom Fleck kommt. Tippen Sie in diesem Fall auf das Dreieck neben Empfang und wählen Sie Ein. Jetzt sollte dem »Beamvergnügen« nichts mehr im Wege stehen.

14.7 Anwendungstasten hängen

Sollten die Anwendungstasten im PalmPilot kleben bleiben, müssen Sie sich Ersatz beschaffen oder ihn reparieren lassen. Am besten wenden Sie sich in so einem Fall an den Kundendienst. Ihrem PalmPilot-Handbuch sollte eine Karte mit der Nummer des Kundendienstes beigelegen haben. Wenn Sie das Ding verschlampt haben, können Sie natürlich auch über die Palm-Website (*www.palm.com/europe/de_german*) Kontakt mit dem Support aufnehmen.

14.8 Herr Palm weigert sich zu starten

Normalerweise genügt ein Druck auf den Einschaltknopf und Ihr PalmPilot ist zur Stelle. Sollte er sich weigern zu starten, könnte es daran liegen, dass sich die Speicherkarte gelockert hat. Ist Ihnen das gute Stück vielleicht kürzlich hingefallen? Die Speicherkarte ist das Ein und Alles Ihres PalmPilots, Herz, Seele und Gehirn in einem. Aber mit Gehirnerschütterung läuft er natürlich nicht mehr ordnungsgemäß. Bis einschließlich der Version III können Sie durchaus selber versuchen, die Speicherkarte wieder reinzudrücken. In Kapitel 13.2 habe ich genau beschrieben, worauf Sie dabei bei den einzelnen Modellen achten müssen. Wenn Sie jedoch einen der Designer-Kollegen ab Palm V besitzen, muss ich Ihnen leider empfehlen, einen Spezialisten an die Sache zu lassen.

14.9 Meldung: Schwerwiegender Ausnahmefehler

Gehören Sie auch zu den No-risk-no-fun-Typen? Ich schon. Und ich bekenne, dass ich immer wieder gerne neue kostenlose Software auf dem PalmPilot ausprobiere. Früher oder später macht man dann aber die Erfahrung, dass sich eines dieser Programme nicht ordnungsgemäß verhält. Der PalmPilot kann in so einem Fall ganz schön garstig werden und mit Meldungen über schwerwiegende Ausnahmefehler um sich werfen. Aber keine Sorge, soll sich der Junge ruhig ein bisschen aufregen. Ist gar nicht so schlimm.

In der Regel lässt er sich schnell beruhigen, indem man ihn einfach aus- und wieder einschaltet. Wenn er danach immer noch schmollt, führen Sie einen »Soft Reset« durch – das bringt ihn ziemlich sicher wieder in Laune. (Wie der »Soft Reset« funktioniert, habe ich in Abschnitt 14.1 beschrieben.)

14.10 Wenn gar nichts mehr geht: »Hard Reset«

Wie ein »Soft Reset« funktioniert, habe ich gleich zu Beginn dieses Kapitels geklärt. Was liegt da näher, als es mit dem »Hard Reset« zu beenden. Beim »Hard Reset« werden alle Ihre Daten vom PalmPilot gelöscht – von daher erübrigt sich wohl zu sagen, dass Sie ihn nur in Ausnahmefällen anwenden sollten. Alles, was Sie per *HotSync* gesichert haben, lässt sich danach natürlich problemlos wieder zurück-»*hotsyncen*«. Was jedoch nicht gesichert ist, verraucht für alle Zeiten ungehört im Nirwana des unendlichen Palm-Kosmos. Nach einem »Hard Reset« ist Ihr Palm wieder so jungfräulich und rein wie am Kauftag.

Der klarste Fall, wann ein »Hard Reset« ansteht, ist, wenn Sie Ihren PalmPilot verkaufen möchten und ihn deshalb von Ihren Daten reinigen wollen. Kein Problem, der »Hard Reset« macht alles platt. Ein anderer Fall ist, wenn Sie Ihr Kennwort vergessen haben, partout nicht mehr darauf kommen und Ihren PalmPilot mit der AUS & SPERREN-Funktion abgeschaltet haben (wir sprachen über dieses Thema bereits in Kapitel 3.3). Dann ist ebenfalls der »Hard Reset« Ihre Rettung (vielleicht eine etwas bittere, aber immerhin). Der letzte Fall, der mir einfällt, tritt dann ein, wenn Ihr PalmPilot klemmt und Sie sämtliche Tipps in diesem Kapitel samt »Soft Reset« durchprobiert haben. Bevor Sie den Palm an die Wand schmeißen, probieren Sie den »Hard Reset« aus.

Also, was müssen Sie tun? Ein »Hard Reset« funktioniert fast genauso wie der »Soft Reset«, aber eben nur fast (was das Resultat ja bestätigt). Kramen Sie also schon mal Ihre geradegebogene Büroklammer hervor (natürlich können Sie auch den Kopf des PalmPilot-Stifts abschrauben und die Spitze darin benutzen). Jetzt geht's los:

Halten Sie den Ein-/Ausschaltknopf des PalmPilots gedrückt, und schieben Sie währenddessen das Ende einer Büroklammer in das kleine Loch auf der Rückseite Ihres PalmPilots mit der Bezeichnung RESET. Auf dem Display werden Sie nun gefragt, ob Sie Ihre Daten tatsächlich dahin schicken wollen, wo der Pfeffer wächst (natürlich nicht wortwörtlich). Noch ist der Weg zurück offen ...! Sie wissen was zu tun ist? Gut, dann drücken Sie die obere Hälfte der Bildlauftaste, wenn Ihre Daten gelöscht werden sollen. Und die untere Hälfte drücken Sie, wenn Sie plötzlich doch Muffensausen kriegen und den »Hard Reset« lieber abbrechen möchten.

Nach diesen Sicherheitsinformationen wird es Sie sicherlich freuen, dass der Landeanflug in Sicht ist.

15 Das Palm-Universum im Internet

Meine Damen und Herren, hier spricht noch mal Ihr Pilot. Wir befinden uns im Landeanflug auf den Planeten Palm. Ich hoffe, Ihnen hat die Reise gefallen und dass ich Ihnen die Elemente, die zum Fliegen eines Raumschiffs benötigt werden, gut vermitteln konnte. Von hier aus sind Sie auf sich alleine gestellt, wenn Sie den Palm-Kosmos explorieren.

Zum Schluss bleibt mir nicht mehr viel, als Sie in die Welt des Palms zu entlassen. Und dafür habe ich Ihnen an dieser Stelle noch eine ganze Liste mit Adressen zusammengestellt, die sich im Internet rund um das Thema PalmPilot versammeln. Denn auch, wenn es in meiner kleinen Durchsage eben so klang, als ob Sie nun mutterseelenallein durchs Weltall stolpern müssen, war das natürlich nicht so gemeint. Ich wollte nur andeuten, dass unsere Wege sich in absehbarer Zeit trennen. Allein müssen Sie das Palm-Universum nun wirklich nicht erkunden. Im Internet (sowie natürlich auf der Straße – aber das ist ein anderes Thema) finden Sie viele Menschen und Foren, die offene Ohren für alle Ihre Fragen haben. Mit meiner Adressliste in der Tasche haben Sie immer Anlaufpunkte für die neusten News, die frischeste Software sowie den aktuellsten Austausch und Klatsch mit anderen »Palmisten«. Auch wenn Sie Ihren alten Palm mal verscherbeln oder sich einen neuen kaufen wollen, finden Sie im Netz die richtigen Stellen.

www.palm.com

Hier ist Ihr Zuhause, die Page der Palm-Macher. Sie ist in Englisch, aber immerhin gut strukturiert. Hier finden Sie die letzten Updates, die neuesten Produktinfos, Überblick über Zubehör und so weiter und so fort. Natürlich gibt es auch eine deutschsprachige Palm-Page, aber ich muss gestehen, dass diese hier weitaus mehr bietet. Vor allem, wenn Sie ein Update für das Betriebssystem oder den Desktop suchen, sind Sie hier an der richtigen Adresse.

www.palm.com/europe/de_german

Und hier ist die deutsche Palmpage. Für den Anfang nicht schlecht, liegt Sie jedoch leider immer noch hinter Ihrem großen internationalen Bruder in weiter Ferne zurück.

www.palmconsult.de

Eine tolle deutsche Seite mit sehr umfangreichem Angebot. Hier können Sie im Onlineshop einkaufen und sich in einem äußerst umfangreichen Anwenderforum Antworten auf Ihre Fragen holen.

www.palmgear.com/faq

Das ist die bekannte Seite von Calvins PalmPilot FAQ. Calvin Parker hat hier einen der ältesten und umfangreichsten Frage- und Antwortkataloge zum Thema PalmPilot im Internet zusammengestellt. Hier finden Sie mehr Informationen zum Thema, als Sie sich vorstellen können. Die Seite ist übersichtlich aufgebaut und in Englisch.

www.palmdownload.de

Unter dieser Adresse erreicht man ein ansehnliches Softwareangebot für den PalmPilot mit der Möglichkeit, die besprochenen Programme gleich herunterzuladen. Die Seite ist in Deutsch und gut gegliedert. Außerdem gibt es noch Rubriken mit Tipps und Tricks und vielem mehr.

www.palmtopmagazin.de

Hinter dem Palmtopmagazin verbirgt sich eine meiner Lieblingsseiten. Sie ist in Deutsch, gut gegliedert und bietet die neusten News rund ums Thema Handheld. Dabei ist zu beachten, dass hier nicht nur der PalmPilot Aufmerksamkeit findet, sondern ebenso ein Auge auf die anderen gängigen Handheldsysteme geworfen wird. Dazu gibt es ein tolles Forum, in dem man sich mit anderen Usern zum Thema austauschen oder um Rat bitten kann. Ein zwar nicht gerade maßloser aber gut sortierter Downloadbereich rundet das Ganze mit nützlichen Freewareanwendungen für den PalmPilot ab.

www.palmos.com

Hier geht es in der Hauptsache um das *Palm OS*. Die Seite ist in Englisch und hält alle Neuigkeiten zum Palm-Betriebssystem für Sie bereit.

www.handango.com

Wiederum eine englische Seite. Auch sie beschränkt sich nicht einzig und alleine auf den PalmPilot-Handheld, sondern hält ebenfalls für jeden seiner Hauptkonkurrenten einen eigenen Bereich bereit. Wenn man dem Link in die PalmPilot-Seiten folgt, erwartet einen eine Fülle von Software, die ohnegleichen ist. Von richtig teurer Shareware über kostengünstige Varianten bis zu Freeware finden Sie hier alles, was das Herz begehrt. Suchen Sie ausgefallene und verrückte Programme, werden Sie hier ebenfalls nicht enttäuscht werden.

www.palmshop.de

Ein deutscher Onlineshop, in dem Sie nicht nur PalmPilots und deren Zubehör erwerben können, sondern auch Handheld-Computer anderer Firmen sowie jede Menge Handys. Zu den Produkten werden Bilder und natürlich die Preise ausgewiesen. Meistens gibt es hier das eine oder andere Schnäppchen zu machen.

http://pda.tucows.com/palm

Wenn Sie im Internet jemals nach einer Software gesucht haben, sind Sie bestimmt schon auf Tucows gestoßen. Es mag sein, dass es noch größere öffentliche Datenbanken mit Programmen zum Downloaden gibt, aber Tucows ist auf jeden Fall eine der größten, die ich kenne. Hier nun mit der direkten Adresse zum PalmPilot-Bereich. Die Software wird anschaulich nach einzelnen Rubriken sortiert, außerdem werden Kühe als Benotung verteilt. Fünf Kühe bedeuten, dass Sie es mit einem hervorragenden Programm zu tun haben, eine Kuh, dass es wohl eher bescheiden daherkommt. Die Seite ist in Englisch.

www.dco.net/go/wps

Hier haben wir das deutsche WorkpadShareware-Forum. Ebenfalls ein Ort, der durch eine gute Gliederung und die Fülle seines Softwareangebots glänzt. Die Programme werden hier sehr schön beschrieben, ohne dabei in epische Längen zu verfallen. Stöbern Sie einfach mal herum und laden Sie sich etwas herunter. Ist bestimmt auch für Sie was dabei.

Live long and prosper ...!

So. Nun ist es soweit. Die Türen öffnen sich und es heißt Abschied nehmen. Wenn es Ihnen gefallen hat, empfehlen Sie meinen Flugunterricht doch bitte weiter – ich heiße Phil Palm, nur damit Sie's nicht vergessen! Sollte es Ihnen nicht gefallen haben, dann sagen Sie bitte, Sie sind auf der Enterprise gewesen, ja?

Stoßen Sie sich beim Aussteigen nicht den Kopf ... Und lassen Sie sich nicht stressen, nur weil Sie jetzt ein Raumschiffpilot geworden sind. Der PalmPilot ist immer noch für den Menschen gemacht – nicht der Mensch für den PalmPilot! Vergessen Sie das bitte nicht.

Mit intergalaktischen Grüßen

Ihr Phil Palm

Index

A

B

C

D

E

F

G

H

I

K

L

M

O

P

S

666 mal Spass und Unterhaltung auf Ihrem Palm!

Spiele auf dem Mini-Palm? Das soll gehen? Ja! Mit dieser Sammlung machen Sie aus Ihrem Palm eine mobile Spielestation. Die 666 Spiele auf dieser CD lassen sich selbst auf dem beliebten Kleinst-Rechner problemlos nutzen. Versierte Programmierer haben das Letzte aus dem System herausgekitzelt und beeindruckende Games für den Winzling entwickelt: Arcadespiele, Adventures, Kartenspiele, Brettspiele, Puzzles, Logikspiele....

666 Spiele für Palm OS

Golla, Andreas, F.; 2001; CD-ROM; **ISBN** 3-7723-**3015-0**

Euro 15,31/DM **29,95**

Noch mehr Informationen?
Auch zu Ihrem Thema?
http://www.franzis.de